文化产业高质量发展研究
——以湖北省为例

黄 龙 著

吉林大学出版社

·长春·

图书在版编目（CIP）数据

文化产业高质量发展研究：以湖北省为例 / 黄龙著 . —
长春：吉林大学出版社，2021. 11

ISBN 978 - 7 - 5692 - 9691 - 4

Ⅰ. ①文… Ⅱ. ①黄… Ⅲ. ①文化产业—产业发展—
研究—湖北 Ⅳ. ①G127. 63

中国版本图书馆 CIP 数据核字（2021）第 252454 号

书　　　名	文化产业高质量发展研究——以湖北省为例
	WENHUA CHANYE GAOZHILIANG FAZHAN YANJIU——YI HUBEI SHENG WEI LI
作　　　者	黄龙　著
策划编辑	李潇潇
责任编辑	李婷婷
责任校对	李潇潇
装帧设计	中联华文
出版发行	吉林大学出版社
社　　　址	长春市人民大街 4059 号
邮政编码	130021
发行电话	0431 - 89580028/29/21
网　　　址	http：//www. jlup. com. cn
电子邮箱	jdcbs@ jlu. edu. cn
印　　　刷	三河市华东印刷有限公司
开　　　本	710mm × 1000mm　1/16
印　　　张	15
字　　　数	245 千字
版　　　次	2022 年 5 月第 1 版
印　　　次	2022 年 5 月第 1 次
书　　　号	ISBN 978 - 7 - 5692 - 9691 - 4
定　　　价	68. 00 元

目　录

第一章

导　论

第一节　研究的背景与意义

一、研究背景

自 2000 年《中共中央关于制定国民经济和社会发展第十个五年计划的建议》首次以中央正式文件的形式提出发展文化产业以来，我国文化产业至今已有 20 多年发展历史。在此期间，得益于国家政策的扶持、市场经济体制的确立和对外开放的持续深入，我国文化产业取得了引人瞩目的成就。统计数据显示，2019 年我国文化产业实现增加值为 44 363 亿元，比 2010 年增长了 4 倍多，2010—2019 年文化产业年均增长率近 17%，国内生产总值（GDP）占比近 5%，日益成为国民经济支柱型产业。2019 年我国文化产品进出口总额为 1 114.5 亿美元，与 2010 年的 143.9 亿美元相比增长了近 8 倍。总体而言，目前我国文化产业规模不断扩大、整体实力不断增强、对国民经济的拉动作用日益显著、文化产品在全球文化市场的影响力快速提升，文化产业已成为中国经济结构转型和经济社会可持续发展的重要推动力。①

2017 年，习近平总书记在党的十九大报告中指出："我国经济已由高速增长阶段转向高质量发展阶段"。我国文化产业在经历了 20 年的高速发展之后，同样也进入了高质量发展阶段。但是，与西方文化产业发达国家相比，中国文化产业虽然发展速度很快，但在创新能力、科技水平、资金实力、市

---

① 范周，杨裔．改革开放 40 年中国文化产业发展与成就［J］．社会科学文摘，2018（11）：115 – 117.

1

场竞争等方面还存在明显差距,现今很多地区之间和地区内部文化产业发展差异还比较大,文化产业投入产出还不均衡,高额投入低质产出的结构化问题还比较普遍,文化产业的国际化程度还不够高、国际影响力不够大等,整体仍处于由高速增长向高质量转型发展的攻坚时期。①

从国内形势看,2021 年 3 月发布的《中华人民共和国国民经济和社会发展第十四个五年规划和 2035 年远景目标纲要》(以下简称《规划纲要》),明确提出了发展社会主义先进文化、提升国家文化软实力的目标与措施——要进一步健全公共文化服务体系和文化产业体系,深化文化体制改革,推动文化旅游融合发展,特别是要扩大优质文化产品的供给,加快发展新型文化企业、文化业态、文化消费模式,鼓励优秀文化产品"走出去",使人民精神文化生活日益丰富,中华文化影响力进一步提升,到 2035 年建成社会主义文化强国。② 可以说《规划纲要》对文化产业提出的目标高,实现的难度大,我国文化产业只有通过高质量发展,才能完成任务目标。从外部形式看,在经济全球化和文化全球化背景下,当今世界各国文化之间的交流交锋日益频繁,文化产品的国际竞争日益激烈,文化在综合国力竞争中的地位和作用更加凸显。我国作为世界上最大的社会主义国家,将长期面对激烈的国际文化竞争,特别是面对西方国家传播其意识形态、进行文化扩张和思想渗透的压力。③ 2021 年 5 月 31 日,习近平总书记在中共中央政治局就加强我国国际传播能力建设的集体学习时强调,要下大气力加强我国国际传播能力建设,形成同我国综合国力和国际地位相匹配的国际话语权。目前,我国对外文化传播的总体实力仍不够强,文化产品在国际文化市场中的占比还比较低,有较强国际竞争力的跨国文化企业很少,文化出口主要集中在高耗能低附加值的产品上,竞争优势较弱。④ 以图书出口为例,2019 年中国图书、报刊和电子

① 魏鹏举. 中国文化产业高质量发展的战略使命与产业内涵 [J]. 深圳大学学报(人文社会科学版),2020,37 (05):48 – 55.
② 中国政府网. 中华人民共和国国民经济和社会发展第十四个五年规划和 2035 年远景目标纲要 [EB/OL]. (2021 – 03 – 12) [2021 – 03 – 13]. http://www.gov.cn/xin-wen/2021 – 03/13/content_ 5592681. htm.
③ 秋石. 论社会主义核心价值体系 [J]. 求是,2006 (24):3 – 6.
④ 陈柏福,刘莹. 我国对外文化贸易竞争力状况分析——基于"一带一路"沿线国家核心文化产品贸易的比较 [J]. 湖湘论坛,2021 (01):115 – 128.

出版物出口总额仅 1.08 亿美元,① 而英国、美国、德国等出版强国年均图书出口额高达数十亿美元。可见,我国的对外文化传播与发达国家还存在很大差距。

国内加速建设社会主义文化强国和对外加强国际传播能力建设的新形势,对我国文化产业高质量发展提出了更加迫切的需求。文化产业高质量发展的内涵是什么,文化产业高质量发展的特征与表现是什么,文化产业高质量发展的动力机制是什么,如何促进我国文化产业高质量发展?回顾文化产业发展历史,界定文化产业高质量发展的内涵与表现,厘清文化产业化的动力机制,分析文化产业高质量发展的演进路径,无疑能让我们更准确把握文化产业高质量发展的特点、要求与趋势,有利于我们提出文化产业高质量发展的措施与建议。本书将围绕上述问题展开系统研究。

二、研究意义

(一) 理论意义

在文化产业由高速增长向高质量发展转型的关键阶段,本书运用产业经济学的理论框架,通过文献检索、实证调研、对比分析等研究方法,深入研究文化产业高质量发展的内涵表现、动力机制、产业形态、目标引领、制度保障等重要问题,其理论价值主要体现在以下几个方面。第一,"高质量发展"的提出源于国家宏观经济政策,学界大都是从宏观层面论述我国经济问题,对于中观的产业层面,特别是文化产业层面的探索还不多。此外,已有对文化产业高质量的研究也大都是从国家宏观层面展开,有关区域文化产业高质量发展的研究成果还比较少,这是现有研究的不足之处。实际上,整体是由局部构成,文化产业也不例外。为了弥补上述不足,本书以中部地区湖北省文化产业为例,从中微观层面切入,由点及面分析探讨我国文化产业高质量发展问题,有利于构建并完善文化产业高质量发展的理论体系,为地区文化产业高质量发展提供理论支撑。第二,本书基于产业经济学相关理论,将产业经济学理论与文化产业发展相结合,考察分析文化企业主体的创新能力、地区发展能力、环境支撑能力等因素及其影响效应,为理解企业发展、

---

① 国家新闻出版署.2019 年新闻出版产业分析报告 [EB/OL]. (2020 – 11 – 03) [2020 – 11 – 03]. http://www.nppa.gov.cn/nppa/upload/files/2020/11/c46bb2bcafec205c.pdf.

市场因素、产业环境影响文化产业高质量发展的作用机理提供经验依据，有利于丰富和发展产业经济学、文化经济学的学科内容。

（二）现实意义

第一，本研究采用定量研究与定性分析相结合的研究方法，以新增长理论、熊彼特创新理论、产业集群理论、品牌战略理论等理论思想为基础，构建了文化产业集群发展评价指标体系、文化产业品牌发展评价指标体系、文化产业创新发展评价指标体系，这些指标体系对于分析评价区域文化产业高质量发展具有一定的实践价值，可以检测和评估某一省、市地区文化产业高质量发展状况。

第二，在当前全球意识形态领域分歧与冲突不断加剧，思想文化领域交流与交锋日益频繁的背景下，探索我国文化产业高质量发展的影响因素与实现路径，对于提升我国文化企业的国际竞争力，加强我国文化企业的国际话语权，提高我国文化产品在国际文化市场的份额，进而提高我国文化的软实力，实现文化强国的战略目标，也具有非常重要的现实意义。

第二节　文化产业高质量发展研究综述

一、研究概况

自 2017 年党的十九大报告作出了"我国经济已由高速增长阶段转向高质量发展阶段"的重大论断以来，国内学界开始关注文化产业高质量发展问题。知网上有关文化产业高质量发展的 CSSCI 期刊论文始于 2018 年，以"文化产业"和"高质量"为篇名关键词进行检索，截至 2021 年 7 月，知网总共检索出 37 篇 CSSCI 期刊论文。这些论文关注的领域主要集中在以下几个方面。

（一）文化产业高质量发展概念内涵

国内学者主要从宏观视角对文化产业高质量发展的内涵进行了论述。李培峰认为文化产业既有经济属性，又有意识形态属性，文化产业高质量发展的特殊内涵表现在产业管理体系的高质量、产业创新体系的高质量、产品服务体系的高质量、文化事业和文化产业双重高质量四个方面。① 宗祖盼将文化产业高质量发展与中国特色社会主义建设的总体布局进行关联，站在经济、政治、文化、社会、生态"五位一体"的高度对文化产业高质量发展内涵进行了阐释。② 包国强等则从市场主体、产品服务、创新生态、运营环境、创新驱动五个方面对数字文化产业高质量发展的内涵进行了分析。③

（二）文化产业高质量发展评价指标

研究文化产业高质量发展评价指标体系主要由经济学者、文化学者和社会机构合作完成。2000 年以后，随着国内文化产业的快速发展以及文化经济研究的兴盛，很多学者、机构都构建了文化产业发展相关评价指标体系，其中产生了广泛社会影响的是由中国人民大学文化产业研究院构建的"中国省市文化产业发展指数体系"。基于该指标体系，中国人民大学文化产业研究院联合其他机构连续十几年向社会公开发布了中国省市文化产业发展指数。2019 年，由中央财经大学文化经济研究院联合北京文投大数据有限公司、新华网编制了"中国文化产业高质量发展指数"，并在 2020 中国企业家博鳌论坛上正式发布了该指数。该指数主要包括高效率投入和高价值产出 2 个一级指标、7 个二级指标和 30 个三级指标。

论文方面，国内学者主要对文化产业高质量发展指标体系构建方法、意义等进行了关注。袁渊、于凡基于已公开的文化产业发展指数构建了由"产业效率、文化创新、协调发展、发展环境、对外开放"5 个一级指标、11 个二级指标、26 个三级指标构成的文化产业高质量发展指标体系。④ 喻蕾重点论述了构建文化产业高质量发展指标体系的政策意义。⑤ 江晓晗、任晓璐则通过自己构建的指标体系对长江经济带各省市文化产业高质量发展进行了测

① 李培峰. 新时代文化产业高质量发展：内涵、动力、效用和路径研究［J］. 重庆社会科学，2019（12）：113 – 123.

② 宗祖盼. 深刻理解文化产业高质量发展的内涵与要求［J］. 学习与探索，2020（10）：131 – 137.

③ 包国强，陈天成，黄诚. 数字文化产业高质量发展的内涵构建与路径选择［J］. 出版广角，2021（03）：36 – 39.

④ 袁渊，于凡. 文化产业高质量发展水平测度与评价［J］. 统计与决策，2020（21）：62 – 66.

⑤ 喻蕾. 文化产业高质量发展：评价指标体系构建及其政策意义［J］. 经济地理，2021，41（06）：147 – 153.

算分析。①

（三）文化产业高质量发展驱动方式

有关文化产业高质量发展的驱动方式是国内研究关注的重点，学者们主要从科技创新、科技与产业融合等方面进行了探讨。杨云霞、张宇龙分析了人工智能驱动文化产业高质量发展的动力机制，认为人工智能将创新文化产品生产模式、改进文化产业要素分配、优化文化产品交换形态。② 解学芳等认为"5G + AI"的技术群将主导数字文化产业创新，是推动数字文化产业高质量发展的驱动器。③ 崔波则从资源要素的视角出发，认为科技与文化融合形成的大数据资源将促进文化产业结构优化、总量提升和智慧转型，要建立数据资源驱动的文化产业新格局。④ 范周等学者则从融合的角度探讨了文化产业高质量发展的机理与策略，认为应处理好供给与需求、现代与传统、社会效益与经济效益、个性创新与协同发展、国内市场与国外市场等几对重要关系。⑤ 郑自立提出了以培育产业"新市场"为基础、激发产业"新动力"为重点、发展产业"新业态"为抓手、优化既有融合机制与政策支撑体系为保障的发展对策。⑥

（四）区域文化产业高质量发展路径

除了上述研究，还有学者对我国一些省市文化产业高质量发展进行了研究，学者们关注的地区，除了北京属于文化产业发达地区以外，其他像西藏、新疆、甘肃、江西等，都属于文化产业欠发达省份（自治区）。刘绍坚总结了北京推进全国文化中心建设的经验，认为构建良好的产业体系是北京

---

① 江晓晗，任晓璐. 长江经济带文化产业高质量发展水平测度［J］. 统计与决策，2021（02）：15 - 19.

② 杨云霞，张宇龙. 人工智能驱动文化产业高质量发展的理论逻辑与实践机制——以马克思主义政治经济学为视角［J］. 西北大学学报（哲学社会科学版），2021（02）：186 - 196.

③ 解学芳，陈思函. "5G + AI"技术群赋能数字文化产业：行业升维与高质量跃迁［J］. 出版广角，2021（03）：21 - 25.

④ 崔波. 以数据资源驱动文化产业高质量发展［J］. 出版广角，2021（03）：31 - 35.

⑤ 范周，祁吟墨. 深度融合，守正创新：助推新时代中国文化产业高质量发展［J］. 出版广角，2019（09）：6 - 10.

⑥ 郑自立. 文化科技融合助推文化产业高质量发展的机理与策略［J］. 当代经济管理，2019，41（02）：53 - 59.

文化产业高质量发展的关键。① 对于新疆、西藏等边疆地区文化产业如何高质量发展，李培峰认为必须充分考虑边疆民族地区特殊的地理位置和独特的民族文化资源，科学、充分地挖掘民族文化资源蕴涵的深层价值，在开发利用中注重保护文化生态环境和培育文化安全。② 有学者认为应充分发挥国家投资对社会资本的撬动作用，通过拓展文化产业投融资渠道和创新管理机制促进西藏文化产业高质量发展。③ 还有学者从拓宽融资渠道、搭建文化金融信息服务平台和文化产权交易评估中心等方面提出了金融助力西藏文化产业提质增效的优化对策。④ 郭建晖则从文化产业政策视角对江西省文化产业发展进行了分析，提出了加强顶层设计、构建"1 + N"政策体系等文化产业高质量发展的政策建议。⑤

二、研究述评

通过梳理文化产业高质量发展研究文献，我们发现已有研究具有以下特点。

第一，从研究对象上看，由于文化产业高质量发展这一论断提出的时间较短，我国文化产业目前还处于从高速增长向高质量发展的转型期，因此，已有研究成果主要是从国家层面对文化产业高质量发展进行宏观探讨，以及对区域特别是对边疆偏远地区文化产业高质量发展进行分析，缺乏对典型地区、典型行业、典型企业高质量发展进行系统研究。

第二，从研究内容上看，现有研究成果大都还停留在对一些基本概念和问题的探讨，并且学界对文化产业高质量发展的内涵、特点等还未形成统一的认识，还有待进一步研究。概念内涵是研究文化产业高质量发展的逻辑起点，只有准确把握其内涵才能对文化产业高质量发展的动力机制、特征表

---

① 刘绍坚. 北京文化产业高质量发展路径 [J]. 前线，2020 (03)：68 – 70.
② 李培峰. 边疆民族地区文化产业高质量发展路径创新研究——以新疆为例 [J]. 云南民族大学学报（哲学社会科学版），2020，37 (01)：38 – 45.
③ 黄林，赵毅. 新时代促进西藏文化产业高质量发展的投融资创新研究 [J]. 西藏民族大学学报（哲学社会科学版），2020，41 (01)：87 – 93.
④ 倪明辉. 金融助力西藏文化产业高质量发展的路径研究 [J]. 西藏民族大学学报（哲学社会科学版），2021，42 (01)：102 – 109.
⑤ 郭建晖. 江西文化产业高质量发展的政策创新路径 [J]. 江西社会科学，2019 (04)：221 – 227.

现、政策支撑等进行深入研究。

第三，从研究方法上看，已有关于文化产业高质量发展评价指标体系的研究主要使用了统计学方法和工具，以量化研究为主。其他研究大都属于定性分析，没有明确的学科范式。

所以总体上看，目前我国学界对文化产业高质量发展的研究仍停留在早期的探索阶段，在文化与科技正在加速融合、文化产业与其他产业正在不断交叉、文化体制改革正在加快突破的背景下，文化产业高质量发展研究亟须进一步深入，特别是从产业演进的视角关注文化产业高质量发展的研究成果还比较少。

因此，本书从产业经济学的视角出发，使用产业演进理论、产业创新理论、产业集群理论等理论工具，采用定性研究与定量分析相结合的研究方法，系统研究我国文化产业高质量发展的原理、路径、特征、表现、政策等，这既是我国文化产业高质量发展亟须回答的重大问题，也是本研究的出发点和落脚点。

第三节　研究内容与方法

一、研究框架

本书以中国文化产业高质量发展为研究主线，以湖北省文化产业作为主要研究对象，采取"总—分—总"的研究框架。第一，在文献检索的基础上，阐述研究的背景与意义，对现有研究进行综述，对主要概念、理论进行界定阐释，以此作为本研究的逻辑起点和理论根基。第二，将文化产业高质量发展的内涵特征分解为核心动力、特征表现、行业形态、目标引领、制度保障五个部分，从这五个方面进行分析论述，提出核心观点，以此作为本研究的理论支撑。第三，选取湖北省作为典型研究对象，在介绍湖北省文化产业概况后，从上述五个方面分别对湖北省文化产业高质量发展进行研究分析，并根据研究结果提出对应的策略建议。最后，在上述研究的基础上，从总体上对中国文化产业高质量发展进行展望总结。

二、研究方法

（一）文献分析法与理论分析法

本书围绕"文化产业高质量发展"这一选题，在查阅和分析大量资料数据的基础上，基于产业经济学企业创新理论、产业演进理论、产业集群理论等理论思想对文化产业高质量发展的内涵、动力、表现等进行界定，明确研究的内容与范围，并使用上述理论工具对文化产业高质量发展的问题、现象进行剖析，提出创新性的观点和建议措施。

（二）定量分析与定性分析法

为了全面准确把握文化产业高质量发展状况，本研究通过查阅相关文化企业年报、各地区国民经济和社会发展统计公报、统计年鉴等资料，获取相关数据资料，通过构建分析指标体系对湖北省及相关地区文化产业集群发展、品牌发展、创新发展状况进行定量分析。而产业融合、政策效果等内容，一般很难进行量化统计，属于定性分析的范畴，主要是对收集到的资料、媒体报道、政府文件等资料进行文本分析。在数据分析和定性研究的基础上，对湖北省文化产业高质量发展的问题进行研判，并提出有针对性的对策建议。

（三）典型调查法与比较研究法

首先，选择湖北省文化产业作为研究对象，是因为湖北省文化产业实力位居全国中游，产业资源、企业实力、政策环境与很多省份相仿，调查研究湖北省文化产业高质量发展的问题并提出有针对性的对策建议，对我国很多省份都具有较大的参考借鉴价值。

其次，除了湖北省，本研究还选取了广东、浙江、湖南、四川、上海等地。从地域上看，既包含沿海经济发达地区，也有中西部省份，而且这些地区的文化产业实力都很强，对这些地区的文化产业发展进行分析，有利于梳理和总结先进地区文化产业高质量发展的经验和路径，对我国其他地区文化产业高质量发展也能提供有益的借鉴和参考。

第四节　相关概念界定与理论阐释

一、文化产业化

从概念构成看，汉语"化"字加在名词或形容词后即成为动词，表示事物性质或状态的改变。由此，文化产业化指的是文化事业逐步、日益具有产业的性质。产业经济学认为，一个行业能否称之为产业主要看其是否具有生产性，是否具备规模效应，以及是否能盈利等。其中，生产性是产业的第一属性，即是否能生产社会所需的某种类型的物质财富或精神财富。①

从演变过程看，产业化即一个产业从初级阶段向高级阶段发展演化的过程，以及市场机制在产业发展过程中逐步占据主导地位的过程。② 对于文化产业而言，文化产业化是文化商品经济发展到高级阶段的产物。商品化主要是解决文化产品的市场流通和货币交易问题，产业化是在商品化的基础上进一步实现文化产品大规模生产、流通、消费，以及整个文化产业链不断扩张、扩大的问题。在产业化阶段，文化生产活动与规模化生产机制将高度融合，文化经济主体的规模将迅速扩大，文化产业增加值的 GDP 占比将迅速提高，生产提供文化产品和服务的文化企业在国民经济结构中将占有越来越重要的地位。③

从构成要素看，文化产业化的要素主要有文化资源、文化企业、文化人才、文化技术和文化市场等，文化产业化就是在市场经济环境下将特定的文化资源转化为文化产业，形成在文化市场中有核心竞争力的文化产品和服务系统。④ 随着文化产业化程度的不断提高、市场竞争的日益加剧，人才、创

① 李艳丽．社会事业产业化、市场化、社会化概念及关系辨析［J］．烟台大学学报（哲学社会科学版），2008（02）：55－60.
② 钟杏云．产业化发展阶段论［J］．技术经济与管理研究，2003（02）：67－68.
③ 张曾芳，张龙平．论文化产业及其运作规律［J］．中国社会科学，2002（02）：98－106，207.
④ 李书文，尹作升．文化产业化与传统文化资源的开发［J］．社会科学研究，2004（03）：64－66.

意以及与高技术相结合的文化创新日益成为文化产业化的核心要素，是文化产业化从低级向高级不断演进发展的主要动力。

二、文化产业化动力

长期以来，产业演化机制是经济学者关注的重点。产业经济学认为技术推动、需求拉动以及相关催生因素是推动产业演进的核心机制。因此，文化产业化的主要动力有以下几方面。

（一）科技推动力

科技推动力主要强调产业内部的科技进步、技术创新和企业学习能力等因素对产业演化所发挥的巨大推动作用。[①] 对于文化产业而言，科技创新既是其发展的内在驱动力，也是文化企业保持其活力和核心竞争力的根本所在。自工业革命以来，纵观文化产业的每一次巨变，科技创新都在背后发挥着决定性作用。印刷技术的创新导致了出版业的发展，电影技术的发明导致了电影工业的诞生，电视技术的发展造就了电视产业的崛起，IT 技术革命推动数字文化产业成为全球最具影响力的产业之一。

进入信息社会，以网络通信和数字技术为代表的科技高速发展为文化产业注入了强大的技术支撑，数字网络技术在文化产品生产、传播和消费上的应用正深刻地改变着文化产业的生产方式、传播渠道、经营模式和人们的娱乐方式，科技创新与文化产业已经交织汇合成一股强大的历史洪流，推动着文化产业螺旋式上升。[②] 在此背景下，科技创新已经成为文化产业发展的第一驱动力。

（二）市场拉动力

现代市场经济中，市场既是产业发展的基本要素，也是产业发展的基础保障，正是多元化的文化市场结构和复杂的文化市场机制，构成了现代文化产业发展的必要条件。一方面，文化企业通过了解和把握市场需求，动态调整企业的生产经营活动，可以提高企业的市场经营能力；另一方面，文化市

---

① 杨阳，焦郑珊，孙显斌. 产业演化的动力模型与经验研究——以全球汽车产业发展史为典型 [J]. 产经评论，2018（06）：92 - 103.
② 解学芳. 基于科技创新的文化产业发展脉络研究 [J]. 科技进步与对策，2008（11）：88 - 90.

场体系能把文化产业链上的各个环节和各个企业联结为一个有机整体,通过市场交换实现其价值形态的转变,为文化产品与服务的生产和再生产不断创造条件。①

因此,在文化产业化过程中,市场起着关键作用。人们对于文化旅游、影视演艺、出版传媒、创意设计、文化贸易、文化制造等文化产品和服务的需求越来越多,要求越来越高,人民日益增长的美好生活需要将倒逼文化产业供给侧改革,为文化产业发展创造更好的市场条件和更多的市场机会,促进市场配置资源效能的提升,为文化产业转型发展提供强劲的市场动力。

（三）创意驱动力

20世纪末以来,世界经济进入了以知识为核心竞争力的时代,包括文化产业在内的很多产业的发展逻辑发生了颠覆性改变:一是从传统注重有形资源和客体资源开发,硬性资本占据主导地位,转变为更注重人力资本、知识资本、技术资本、文化资本的开发,软性资源成为产业发展的核心要素;二是传统的以产业链为纽带的产业结构正在被以价值链为连接的新的产业结构所取代,创意成为整个产业结构的核心;三是产品的消费导向日益受到重视,以用户需求为导向,通过产品的创意吸引用户已经成为企业经营的主导型模式。② 目前,创意与创新已成为文化产业发展的关键要素,通过创意驱动文化产品和服务创新,通过创新来实现创意,使之成为具有价值性的成果并获得社会的认可,已成为文化产业不断发展的核心驱动力。③

（四）政策推动力

产业政策是一个国家中央政府或地方政府为促进文化市场机制发育,弥补市场机制的缺陷及失败,培育或引导特定产业发展而制定的指导思想和制度措施的总和。一方面,在现代产业运行过程中,市场是产业资源配置的基础性和决定性因素,但单纯依靠市场也会出现市场失灵问题,必须发挥政策的宏观引导和保障公平的作用。另一方面,发展中国家借鉴发达国家经济发

① 李昕烨,罗紫初. 文化市场体系对文化产业发展的支持机制与机理研究［J］. 湖北民族学院学报（哲学社会科学版）, 2016, 34（02）: 91-93, 107.

② 厉无畏,王慧敏. 创意产业促进经济增长方式转变——机理·模式·路径［J］. 中国工业经济, 2006（11）: 5-13.

③ 周莹,刘华. 以创意为核心的文化产业发展驱动要素研究［J］. 管理现代化, 2014（05）: 19-21.

展的成功经验，通过制定和推行更加合理的产业政策，扶持和培育本国新兴产业，淘汰落后产业，推动产业结构升级，有利于加强本国产业的竞争力，实现经济的快速发展，大大缩短追赶先进国家的时间。

20 世纪末期以来，文化产业政策日益受到世界各主要国家的高度重视，通过制定文化产业政策加强对文化产业的引导与扶持，促进文化领域的投资、贸易、竞争与就业，进而带动一个国家或地区文化产业特别是新兴文化产业以及城市文化的发展，已经成为欧美发达国家文化产业快速发展的重要推动因素。

三、文化产业高质量发展内涵

（一）文化产业高质量发展内涵

在经济学界，经济增长质量属于一种规范性的价值判断，虽然有很多学者关注到了经济增长质量问题，但国内外经济学界对其并没有一个统一的结论，早期研究倾向于将经济增长质量理解为经济增长的效率，以后更广泛的观点则是从更广义的视角来界定经济增长质量，认为其涵盖的范围更广，包括机会的均等、成果的分配、福利的改变、经济增长的稳定性、环境的可持续性、经济结构的协调等。[1]

党的十九大报告作出的我国经济由高速增长阶段转向高质量发展阶段的重大论断，立刻引起了国内经济学界对经济高质量发展的高度重视，学者们从不同视角对经济高质量发展的基本含义及相关理论问题进行了系统分析。中国社科院工业经济研究所金碚[2]认为，所谓质量指的是产品或服务所具有的用以满足人们需要的使用价值；同时，质量还指产品因性价比提升而具有的用户合意性和竞争力特性。由于人们需求的复杂性、动态性，从经济学视角看，高质量发展就是能够更好地满足人民不断增长的需要的经济发展方式、社会经济结构和经济发展动力。

与过去对经济增长速度的评价与测量相比，"质量"这个概念更复杂，

---

[1] 钞小静，任保平．中国经济增长结构与经济增长质量的实证分析 [J]．当代经济科学，2011，33（06）：50 – 56，123 – 124．

[2] 金碚．关于"高质量发展"的经济学研究 [J]．中国工业经济，2018（04）：5 – 18．

其内涵不再单指经济总量和物质财富的增长，还包括社会发展、民生改善、文化进步、生态和谐等多个维度，不仅涉及经济层面，还涉及社会层面甚至生态层面，需要综合考察经济发展能否满足人民群众在经济、社会、文化、生态等多个方面日益增长的需求来判断是否高质量发展。简言之，高质量发展就是淡化对经济数量和经济规模的追求而更加注重经济质量和经济效益的提升。

基于上述分析，文化产业高质量发展将不再一味追求文化经济总量的货币增加，而要更重视文化产品使用价值和消费者合意性的提升，文化产业高质量发展的内涵是能满足人民群众日益增长的对于优质文化产品和服务的需求的文化经济发展方式、文化经济结构和文化经济发展动力的总和。因此，对文化产业高质量发展的评判标准应该是多维度的，至少包括以下三个评价指标。

1. 系统提升

文化产业高质量发展是文化经济系统从量变到质变的根本性变化，是文化经济系统多因素、多层面共同推动发展的结果。从系统论的角度看，文化产业高质量发展涉及的因素包括质量、效率、动力、制度和全要素生产率等，涉及的层面包含企业发展、科技创新、市场建设、人才培养、对外交流、配套措施等。对我国而言，文化产业发展还是国家意识形态的重要组成部分，文化产业高质量发展的一个主要任务是加强社会主义精神文明建设、弘扬社会主义核心价值观，既要提高文化产业的经济效益，更要提升文化产业的社会效益。因此，只有整个文化产业体系不断健全、各子系统平衡发展、产业要素相互配合支持，才能实现文化产业高质量发展目标。

2. 经济发展

文化产业进入高质量发展阶段，从"速度优先"转向"质量优先"，是在文化经济发展到一定阶段的必然选择。淡化速度并不是完全不要经济增速，更不是把低速增长等同于高质量发展。实际上，一定的经济增长是高质量发展的基础和前提，经济增长仍然是高质量发展的一个重要评价指标，不能脱离经济增长去空谈高质量发展。美国、英国、日本等文化经济高度发达国家，近年来文化产业仍然保持了较高的增长速度。

在文化经济起步阶段，我国文化领域的主要矛盾是人民群众日益增长的精神文化需要同落后的文化社会生产力之间的矛盾，因此发展的主要任务是解决文化产品"有没有"的问题,这个阶段只有通过高速增长才能化解矛盾。新时代,文化领域的主要矛盾已经转化为人民群众日益增长的对优质文化精神内容的需要与我国文化经济发展不平衡、不充分,优质文化供给跟不上之间的矛盾,是要解决文化产品"好不好""优不优"的问题,光靠提高经济增长速度已经不能解决这个阶段的主要矛盾。因此,文化产业高质量发展,要突出质量导向,稳中求进,在保持文化经济增长在合理区间的前提下,实现文化经济结构的不断优化和文化经济的稳定增长。

3. 民生指向

经济学家汪同三认为,民生事业是经济高质量发展的出发点和落脚点,高质量发展必须落实在社会民生事业的高质量发展上。[①] 对应到文化产业,文化经济高质量发展的最终目的是要更好地满足人民群众日益增长的精神文化需求。从微观层面看,文化产业的高质量发展要求文化企业不断创新文化供给内容与形式,提高文化消费的体验感,拓宽消费者的选择空间,提高文化产品的使用价值即文化产品的合意性,满足人民群众多层次、多方面、多样化的文化消费需求。从宏观层面看,文化产业高质量发展就是要把扩大优质文化产品供给与促进满足人民文化需求和增强人民精神力量相统一,不断激发全民族人民的文化创新创造活力,推动文化建设和经济建设、政治建设、社会建设协调发展,建设社会主义文化强国。

(二)文化产业高质量发展框架

高质量发展可以从微观企业层面、中观产业层面和宏观环境层面三个层面进行考察,[②] 因此文化产业高质量发展也可以从微观的文化企业、中观的文化产业和宏观的支撑产业发展基础环境进行分析。在微观层面,文化企业高质量发展是推动和实现文化产业高质量发展的基础,只有建设更多先进的、有竞争力的、质量效益优秀的文化企业,在全国形成一大批文化企业集群,才能不断提升文化产品的供给水平,真正实现文化产业高质量发展。在中观层面,文化产业整体上规模不断壮大,在国民经济中的比重不断提高,产业结构、地区结构不断平衡优化,创新驱动产业升级日益明显,文化产业

---

① 汪同三. 深入理解我国经济转向高质量发展 [N]. 人民日报, 2018 – 06 – 07 (07).
② 史丹,赵剑波,邓洲. 推动高质量发展的变革机制与政策措施 [J]. 财经问题研究, 2018 (09): 19 – 27.

在国民经济乃至在全球的竞争力不断提高，满足人民群众日益增长的精神文化需要，是文化产业高质量发展的出发点和落脚点。在宏观层面，文化产业高质量发展离不开宏观环境支持，稳定健康的经济增长、区域平衡发展、科技创新能力大幅提高、生态环境不断改善是文化产业高质量发展的基础和保障。而文化产业高质量发展也会加速知识、信息、技术等关键性生产要素向整个经济生产领域的渗透，促进产业之间的交叉融合，提升产品的技术含量和附加值，通过不断创新促进经济、社会全面、协调、可持续发展。

四、中国文化产业化演进历史概述

（一）改革开放促使文化产业进入萌芽阶段（1978—1999 年）

改革开放前，我国因循苏联社会主义模式，文化领域建立的是国有和国办文化管理体制，没有"文化产业"这一说法。从 1949 年中华人民共和国成立到 20 世纪末很长一段时间，文化产业都没有获得其生长和发展应有的形态与合法身份。

1978 年党的十一届三中全会的召开开启了中国改革开放的序幕，经济体制的改革推动文化思想领域也开始出现变革。经济的快速发展、人民收入水平的稳步增长、政府在意识形态领域的管制逐步放松，使得人民群众对精神文化产品有了更高需求，这些因素加在一起推动着我国文化消费开始复苏，文化产业开始进入萌芽发展阶段。

萌芽阶段文化产业最大特点是民间自发形成的各种大众文化娱乐设施，基层各种新兴文化娱乐活动自下而上推动政府管理机构对文化产品、文化市场、文化经济的逐步接受和认可，以及由此产生了一系列文化领域的改革。比如，20 世纪 70 年代末，广州东方宾馆诞生了国内首家音乐茶座。20 世纪八九十年代，港台流行音乐大量涌入，言情武侠文学作品、卡拉 OK、营业性舞厅等新鲜事物大量出现。这些新的文化形态不仅丰富了人民群众的文化生活，也让社会逐渐意识到文化产品的经济属性和市场属性，政府相关部门开始重视"文化市场"问题。1987 年，文化部①、国家工商行政管理局等行政管理部门开始对营业性舞会等文化娱乐经营活动进行统一管理。1988 年，文化部联合国家工商行政管理局共同发布了《关于加强文化市场管理工作的

---

① 2018 年国务院机构改革，组建文化和旅游部，不再保留文化部、国家旅游局。

通知》，首次提出了"文化市场"概念以及文化市场的管理范围和管理原则。1989 年，中央人民政府在文化部设立文化市场管理局，地方文化管理部门也设置了对应的文化市场管理部门，这标志着我国文化市场管理的体制机制开始逐步形成。

（二）政策推动文化产业进入快速发展阶段（2000—2009 年）

进入 21 世纪，以互联网为代表的科技文化产业在全球的影响力快速扩大，中国加入 WTO 后外国文化产品的大量涌入，使得文化产业在国民经济中的地位日益凸显。在国家对文化产业的认识不断深入的背景下，把文化产业作为我国国民经济和社会发展的重要组成部分成为这个时期国家文化体制改革的重要内容，国家先后制定出台了一系列政策措施，推动我国文化产业从萌芽期进入快速发展时期。

2001 年《中华人民共和国国民经济和社会发展第十个五年计划纲要》首次以国家发展规划纲要的形式明确了文化产业的发展方向。2002 年 11 月，党的十六大报告首次提出积极发展文化事业和文化产业，推进文化体制改革，进一步厘清了公益性文化事业和经营性文化产业之间的关系，标志着我国文化发展理论日益系统化和清晰化。2004 年党的十六届四中全会通过的《中共中央关于加强党的执政能力建设的决定》首次提出要"深化文化体制改革，解放和发展文化生产力"这一重要目标。2005 年 12 月，中共中央、国务院发布的《关于深化文化体制改革的若干意见》，提出了深化文化体制改革的重点和方向。2006 年发布的《国家"十一五"时期文化发展规划纲要》确立"十一五"时期的重点文化产业，提出了转变文化产品生产方式、优化文化产业结构、健全文化市场、培育文化市场主体、推动文化创新的思路和举措。2009 年 7 月，我国第一部文化产业专项规划——《文化产业振兴规划》正式出台，文化产业的重要性得到了进一步提升，已经被国家确定为战略支柱产业。

21 世纪头十年，随着文化产业相关政策的密集出台、文化体制改革的不断深入、文化领域对外开放越来越大，我国文化产业进入快速增长期，文化产业在国民经济和社会发展中的作用越来越突出。根据国家统计局数据，"十一五"期间我国文化产业年均增长率在 15% 以上，高于同期 GDP 增速均值，成为拉动经济增长的新动能。北京、上海、广东等经济发达地区以及湖南、云南等地，文化产业增加值 GDP 占比已经远远突破了 5%，成为推动地方经济发展和社会转型的战略性支柱产业。尤其是在 2008 年金融危机期间，文化产业发展速度不仅没有受到影响，还逆势上扬，进一步凸显了文化产业低能耗、低排放、低污染的环保优势，以及高创意、高技术、高附加值的经济优势。

（三）资本拉动文化产业进入爆发增长阶段（2010—2017 年）

2010 年以后，随着国家对文化产业认识的进一步提升，特别是党的十八大将文化产业确定为国民经济的支柱性产业后，大力发展文化经济已经成为促进经济增长方式转变、发展社会主义文化、增强国家综合竞争力的重要要求。在国家政策的进一步扶持，特别是在资本拉动下我国文化产业进入爆发增长阶段。

金融支持是文化产业发展获得资金、技术、人才支持的重要途径，对文化产业发展能起到重要促进作用。2010 年 4 月，中国人民银行、文化部、广电总局①、新闻出版总署②、银监会③、保监会④等部门联合发布了《关于金融支持文化产业振兴和发展繁荣的指导意见》，从信贷、证券、保险等多方面全面支持文化产业发展。2012 年 6 月，文化部出台《关于鼓励和引导民间资本进入文化领域的实施意见》，鼓励民间资本投资文化产业，进一步丰富了文化产业的资金渠道。2014 年，文化部、中国人民银行、财政部三部委联合发布《关于深入推进文化金融合作的意见》，推动文化金融融合进入新阶段。

在资金支持方面，2012 年，财政部发布了修订后的《文化产业发展专项资金管理办法》。从 2012 至 2015 年，累计安排了 182.62 亿元文化产业专项扶持资金，用于各种文化艺术项目的创作研发。与此同时，各省、自治区、

---

① 2013 年国务院机构改革，组建国家新闻出版广电总局，不再保留国家广播电影电视总局。2018 年国务院机构改革，设立国家广播电视总局，不再保留国家新闻出版广电总局。

② 2013 年国务院机构改革，组建国家新闻出版广电总局，不再保留国家新闻出版总署。2018 年国务院机构改革，组建国家广播电视总局，不再保留国家新闻出版广电总局，新闻出版管理职责被划入中央宣传部，中央宣传部对外加挂国家新闻出版署（国家版权局）牌子。

③ 2018 年国务院机构改革，组建中国银行保险监督管理委员会（银保监会），不再保留中国银行业监督管理委员会（银监会）。

④ 2018 年国务院机构改革，组建中国银行保险监督管理委员会（银保监会），不再保留中国保险监督管理委员会（保监会）。

直辖市也建立了地方性的文化专项扶持资金，用于本地文化项目的使用。

截至目前，我国已经为文化产业发展构建起了包括债券融资、银行信贷融资、社会投资、上市融资等多层次、多渠道投融资方式，文化金融融合日益紧密，有力推动了文化产业爆发式发展。据国家统计局发布的调查数据，2012 年党的十八大以来，文化产业始终保持两位数的增长速度，文化及相关产业增加值从 2012 年的 18 071 亿元增加到 2019 年的 44 363 亿元，首次突破了 40 000 亿元，GDP 占比从 2012 年的 3.5% 提高到 2019 年的 4.5%。文化不仅与科技、旅游、娱乐、教育等的结合日趋紧密，对第一、第二产业的辐射带动作用也明显增强，文化产业已经呈现出越来越强劲的发展势头，为"十四五"时期文化产业高质量发展积蓄了强大的势能。

（四）党的十九大以后文化产业进入高质量发展阶段（2018 年至今）

2017 年，党的十九大报告指出我国经济已由高速增长阶段转向高质量发展阶段，预示着我国文化产业也进入了高质量发展阶段。2018 年 8 月，习近平总书记在全国宣传思想工作会议上指出："要推动文化产业高质量发展，健全现代文化产业体系和市场体系，推动各类文化市场主体发展壮大，培育新型文化业态和文化消费模式，以高质量文化供给增强人们的文化获得感、幸福感。"习近平总书记的重要论述，明确了文化产业高质量发展的方向，标志着文化产业从高速增长阶段转向高质量发展阶段。

2020 年 10 月，《中共中央关于制定国民经济和社会发展第十四个五年规划和二〇三五年远景目标的建议》明确提出了"十四五"时期以及 2035 年文化产业的发展目标——提升公共文化服务水平，健全现代文化产业体系，建设社会主义文化强国。因此，未来五到十年是中国文化产业发展的关键时期，只有高质量发展才能确保"十四五"规划和 2035 年远景目标的实现。因此，"十四五"规划建议提出了坚持创新驱动发展、推动产业融合发展、推进品牌化建设、完善产业政策等一系列推动文化产业高质量发展的理念、方针和措施，它们既是文化产业高质量发展的特征要求，也是本书论述的重点。

第二章

文化产业高质量发展的特征表现

第一节　创新驱动：文化产业高质量发展的核心动力

一、产业创新的理论内涵

（一）创新与企业创新

经济学家熊彼特（Joseph Alois Schumpeter）是第一位从经济学角度系统研究创新理论的人。熊彼特认为，所谓创新是要建立一种新的生产函数，即生产要素的重新组合，包括引入新产品、引入新技术、开辟新市场、掌握新材料供应来源、实现新的组织形式。① 这种由生产者主导，通过上述五种途径改进生产方式的创新行为，会不断从内部革新经济结构，不断破坏和淘汰旧的生产技术和产业结构，创造新的生产体系和经济结构，即熊彼特的创造性破坏理论（schumpeter's creative destruction）。熊彼特以后，还有很多经济学者也对创新进行了研究，如曼斯菲尔德（Mansfield）、乌特巴克（Utter-back）② 认为创新包括新思想创造、技术研发和市场应用三个环节。罗默等经济学家则认为创新与技术进步是在现有制度框架下企业追求利润的结果，市场是企业创新的决定性因素。③

---

① 侯彬，邝小文. 熊彼特的创新理论及其意义［J］. 科学社会主义，2005（02）：86－88.
② 王永伟，马洁. 企业惯例、行业惯例在技术创新中的作用——基于演化理论的分析［J］. 科技进步与对策，2011，28（08）：9－13.
③ 徐竹青. 专利、技术创新与经济增长：理论与实证［J］. 科技管理研究，2004（05）：109－111.

我国经济学者认为企业创新就是指企业在一系列制度框架的约束下，为获取超额利润、提高竞争力，开发新技术、新工艺、新产品并投入市场应用的行为集合，包括组织创新、管理创新、技术创新等多个方面。[①]

根据创新的对象与内容的不同，企业创新可以分为工艺创新和产品创新。[②] 前者主要是通过提高或改进生产流程、生产技术、生产方法、生产装备来提高生产效率，降低生产成本的开发与改进，如半导体生产厂商对芯片制程工艺不断进行精细化改进、生产企业通过引入自动化控制系统向智能化生产转变等；后者主要包括新产品研发和对现有产品改进，如苹果公司研发 AirPods 智能无线耳机对传统有线耳机的替代等。

根据创新过程是量变还是质变，可以将企业创新分为渐进式创新与突变或激进式创新。[③] 渐进式创新（incremental innovation）是指对原有技术或产品进行不断的、渐进的、连续的改进，最后实现创新的目的，如电脑 CPU 内核架构的更新、电脑操作系统的迭代等。激进式创新（radical innovation）是指那些在技术原理和观念上有巨大突破和根本性转变的创新，如智能手机对传统功能手机的替换、数码相机对传统胶片相机的替代等。

（二）产业创新

从熊彼特创新概念可以看到，创新本质上是企业带有商业目的的生产过程或生产活动，而产业本身就是由生产同一类产品或劳务的企业组成的集合，因此，产业创新与熊彼特所讲的企业创新的内涵具有一致性，他所提出的创新的五项内容，即产品创新、技术创新、市场创新、原材料或供应链创新、组织创新，就是产业创新的主要内容。[④]

宏观上，产业创新指的是一个国家产业结构转换的能力，即生产资源从较低生产率部门向较高生产率部门转换、资源配置效率不断得到提高的能力。微观层面的产业创新就是某一具体产业内企业开发新产品和新服务的能

① 王俊豪．产业经济学（第三版）［M］．北京：高等教育出版社，2016：116.

② 吴晓波，胡松翠，章威．创新分类研究综述［J］．重庆大学学报（社会科学版），2007（05）：35-41.

③ 任胜钢，吴娟，王龙伟．网络嵌入结构对企业创新行为影响的实证研究［J］．管理工程学报，2011（04）：75-80.

④ 陆国庆．产业创新：超越传统创新理论的新范式［J］．江汉论坛，2003（02）：10-13.

力，即加里·哈梅尔（Gary Hamel）和普拉哈拉德（C. K. Prahalad）① 在《竞争大未来》（*Competing for the Future*）所讲的企业转型的能力以及改造现有产业的能力。

英国经济学家弗里曼（Chris Freeman）是第一个从系统论的视角对创新，尤其是国家创新进行了研究。② 他认为创新是一个系统，包括科技创新、文化创新、组织创新、制度创新、管理创新、金融创新等多个方面，产业创新是一个系统的结果而不是单一因素的结果。③ 从国家层面看，企业虽然是国家的创新主体和核心，但企业创新并不是一个国家创新的全部。国家创新主体除了企业还包括科研、开发、教育、金融众多组织机构，同时还包含促进创新的相关制度与政策等。

综上，产业创新应该是一个系统，是技术创新、产品创新、管理创新、制度创新等所有创新的系统集合，是优势企业运用技术创新、产品创新、市场创新或组合创新等不断提高生产效率、引发生产资源向优势企业聚集，从而改变原有产业结构或创造全新产业的过程。

二、文化产业创新驱动发展

（一）文化产业技术创新

技术创新是产业创新能力提升的根本，文化产业必须高度重视技术创新，没有技术创新做支撑，文化产品创新、传播渠道创新、商业模式创新、组织管理创新都无从谈起。若干年前，学界曾有"内容为王""渠道为王"与"平台为王"之争。现在看来，所谓"渠道""平台"其实都是信息网络时代新技术的一种称谓，本质上都代表了这些概念背后的新技术。重视内容创作，并不意味着要否定渠道、平台等新技术，大力发展渠道、平台也不代表不重视内容。之所以有争论，根本原因还在于传统文化组织中的人力资源建设和知识积累速度明显滞后于新技术在文化传媒领域的发展速度。

从现实情况看，我国文化企业，特别是传统文化企业既不是科技研发的

① ［美］加里.哈梅尔，普拉哈拉德.竞争大未来［M］.北京：昆仑出版社，1998：19－27.

② 夏维力，孙晓菲.高新技术企业的产业创新路径研究［J］.中国软科学，2006（11）：151－155.

③ 刘健.区域创新网络的实质及其意义［J］.当代经济研究，2006（01）：36－39.

主要机构，一般也不从事具体的新技术开发。文化产业技术创新主要是对新技术的应用，将新技术与内容策划、信息采集、产品生产、内容审核、信息传输、效果监控等进行有机结合，以及运用新技术对企业的业务流程、组织管理、环境建设进行改造优化。为了加快推动文化产业技术创新，一方面应加强文化企业人力资源的建设，培养和引进更多技术型人才；另一方面要积极寻找市场缝隙，主动加大新技术和新知识在产品服务中的应用。

（二）文化产业产品创新

对于微观企业而言，产品创新一般是其创新活动的中心，企业生产活动往往是围绕产品创新展开。正是因为企业持续不断地研发新产品或对现有产品功能、外观等不断改进完善，从而推动了整个产业的不断进步，这是产业创新的基本范式。文化企业对其生产的产品不断进行创新，既是文化企业创新的核心，也是文化产业创新的主要内容。

文化企业的主要产品是内容作品，产品创新就是要打造生产优质的内容，不断向市场供应叫好又叫座的"拳头产品"，这是文化企业的立身之本、发展之基。但目前文化市场的情况是，文化产品虽然类型丰富、数量众多，但质量高、口碑好的精品力作还不够多，加大文化产品供给侧改革力度，加强文化产品的内容创新、打造文化优品精品是当下文化企业创新的一个突出任务。

以电影产业为例，近十几年以来，我国电影数量增长了十多倍，国产影片年产量近千部，但影片的质量却不太尽如人意。调查数据显示，2011 至 2019 年，国产电影上映数量从 183 部增加至 423 部，国产电影的上映数量实现了成倍增长，但优质电影的增幅却远远小于上映电影总数的增长。从豆瓣网观众评分看，2011 至 2016 年豆瓣 7 分以上的高分国产院线电影数量平均每年只有 15 部，最低的 2011 年只有 11 部。可见，在银幕数大幅增加、上映影片数量持续增长的这些年，能得到观众认可的国产优秀电影数量却一直停滞不前，没有形成同步增长的趋势。

因此，加强产品创新应该是文化企业创新工作的核心，要制作满足市场需求、受读者观众认可的内容精品，真正做到内容为王、质量第一。近年来，文化内容产品生产的一个突出特点是制作投入越来越大，视觉效果越来越炫。但是，文化产品的质量并不是由其外在的视觉特效所决定，主要还是看其内在质量。电影《我不是药神》成本仅几千万元，却获得了超过 30 亿元的电影票房，豆瓣网超过 135 万观众评分高达 9 分。因此，要进行文化产品创新，生产优质文化精品，必须有精益求精、"十年磨一剑"的匠心和耐心。

（三）文化产业组织创新

企业组织形式与生产方式会随着社会经济与产业发展水平而变化。一方面，产业发展水平决定了企业的生产方式；另一方面，企业组织形式变化对产业发展也会产生重要影响。在第一次技术革命前，制造业中占统治地位的生产组织方式是工场手工作坊式的生产方式，生产效率整体较低。第二次技术革命后，美国福特汽车公司对生产组织方式进行了创新，首创了科学化、标准化、流程化和流水化的大机器工厂生产方式，推动了汽车生产的一次革命。20 世纪 60 年代以后，日本丰田汽车公司在"福特制"生产模式的基础上又进行了创新和突破，探索出一套能实现低成本、高效率、高质量汽车生产的组织方式——"丰田制"，为日本成为汽车产业强国奠定了重要基础，可见组织创新对产业发展乃至整个社会发展的重要推动作用。

对于文化产业而言，产业组织创新包括两个层面：一是宏观上要继续深化文化体制改革，建立产权清晰、权责明确、科学管理的现代企业制度，为文化企业组织创新提供条件和保障；二是微观上文化企业要实行台长、社长、董事长负责制，在企业内部实行项目制、首席制等，以充分调动企业发展的动力和创造力。

佳能公司为了发挥人的创造性，鼓励全员创新，甚至取消了生产线，采用了单元生产方式，让每个人成为"万能工匠"，实现生产的持续改善及自我革新。谷歌公司采取的则是一种扁平化的、更有利于协同创新的小团队式的组织方式，从而实现对"知识型员工"的组织管理。

在我国经济转型和社会发展进入新时期，在文化企业发展更依赖于自主创新的新阶段，如何通过组织创新、管理创新和机制创新大力促进和激发组织员工创新，既是文化产业组织改革的出发点，也是文化产业组织自我进化、自我完善的落脚点。

（四）文化产业商业模式创新

管理学认为，商业模式创新是企业价值创造基本逻辑的变化。对于文化产业而言，其商业模式主要有广告模式、付费模式和电商分成等模式。

1. 广告模式

媒体向读者、观众或听众免费提供内容产品，同时向广告商售卖广告版面或时段为媒体盈利的主要商业逻辑。这种模式又被称为注意力盈利模式或注意力经济，其成功的前提是媒介能独占受众的注意力资源，或者文化企业能生产优质内容产品以吸引受众的注意力，进而将受众的注意力转化为广告收入，从而实现企业的经济收益。在互联网还未普及时期，大众传媒产业主要采用这种商业模式。

2. 付费模式

媒体不免费向用户提供内容产品，而是向用户收取订阅费、收视费、会员费等，只有付费用户才能获得相关内容产品以及其他的优惠特权。

3. 广告＋付费并行模式

媒体向用户免费提供一定数量的内容产品，但强制用户观看广告，免费用户能收看到的内容产品的数量、时长或者清晰度都会受到限制。这种模式2010年以后被大量视频网站所采用。2011年3月18日，著名的美国《纽约时报》也推出"数字订阅"收费方案，凡每月在《纽约时报》网站阅读文章超过20篇的，均须付费订阅，而20篇以下则免费，从而打开了传统纸媒付费盈利的大门。

4. 电商＋广告＋分成模式

这种模式主要用于UGC（user generated content，即用户内容生产）平台。近年来，自媒体风起云涌，成为越来越有影响力的媒体平台。与传统媒体自营内容产品不同，自媒体平台上的内容主要由用户自己生产，优质内容提供者（大"V"、大流量主播、优质内容原创者等）与媒体平台成为一种共生共长的利益共同体。这种商业模式较上述三种模式更复杂，不仅要考虑媒体盈利，还要保证优质内容提供者获利。以著名直播平台"斗鱼直播"为例，该直播平台盈利模式主要有电商购物（虚拟礼物、虚拟特权）、商家广告、版权分成、直播门票等，主播盈利主要靠用户打赏分成、电商渠道获利等。

从上述分析可以看出，文化企业要想实现变革性增长，固然需要打造优质内容，遵循"内容为王"的经营理念。但是，在互联网时代，文化企业仅有优质内容还不够，文化企业必须结合互联网技术及用户特点，将技术创新与商业模式创新有机结合，运用互联网思维改造传统商业模式，才能发挥出优质内容的巨大威力。苹果公司通过打造"终端＋应用"软硬件一体化的商业模式，从而掀起了手机智能终端市场的革命。360杀毒软件能快速占领市场的一个主要原因是颠覆了以往杀毒软件的商业模式，首创了"互联网免费安全"的理念，通过"免费杀毒软件＋收费增值服务"的模式创新，彻底改变了传统杀毒软件的市场格局，一跃成为世界最大的网络安全公司之一。

在互联网时代，新技术、新理念、新模式层出不穷，产业边界正在被打破，不同行业正在加速融合，文化企业必须紧贴用户需求，积极拥抱互联网新技术，善于用互联网思维结合企业实际情况不断探索新的产品模式、用户模式、市场模式、盈利模式，进而形成适合企业发展的新的商业模式。

（五）文化产业环境创新

1. 宏观环境创新

宏观环境即一般社会环境，包括政治、经济、社会和技术等各个方面，是产业内所有企业组织都必须面对的环境，对产业发展有重要影响。近年来，我国社会经济环境最大变化之一就是正在形成加速创新的宏观环境。

2012年，党的十八大提出实施创新驱动发展战略，为中国社会经济高质量发展提供了根本遵循。2017年，党的十九大报告进一步强调要加快建设创新型国家，要在理论、实践、制度、文化以及其他各方面实现创新突破，为中国各个方面的改革创新提供了政策支撑。从制度上看，中国既出台了总体性、纲领性的《国家创新驱动发展战略纲要》，国务院及各政府部门、各地区也纷纷制定出台了推动创新的相关政策制度，如《国务院关于深化科技体制改革若干问题的决定》等。在文化领域，国家先后发布了《国务院关于推进文化创意和设计服务与相关产业融合发展的若干意见》《国家文化科技创新工程纲要》等一系列政策文件，鼓励文化产业在融合、科技创新等方面不断突破。可以说，党的十八大以来，在创新驱动战略的带动下，整个社会创新氛围日益浓厚，科技创新环境不断优化，为文化产业创新提供了良好的社会土壤。

2. 微观环境创新

微观环境是推动产业创新的具体因素，包括政策、技术、制度等。例如，近年来中央发布了一系列推动文化产业融合的政策意见，如2014年发布的《关于推动传统媒体和新兴媒体融合发展的指导意见》、2018年发布的《关于加强县级融媒体中心建设的意见》、2020年发布的《关于加快推进媒体深度融合发展的意见》，这些政策有力推动了传统媒体和新兴媒体的融合以及关键核心技术领域的自主创新，产生了以人民日报"中央厨房"等为代表的一批媒介融合的典型案例，文化传媒产业生产力得到了显著提升。

第二节 产业融合：文化产业高质量发展的特征表现

一、产业融合与文化产业高质量发展

（一）产业融合缘起

有关产业融合的思想最早起源于 20 世纪 60 年代美国学者罗森伯格（Rosenberg）通过考察美国机械设备行业演化历史提出的"技术融合"概念，这是学界对产业融合最早的研究。① 此后，由于信息技术的发展和普及而导致产业间的交叉与重叠引起了学界的进一步关注。1978 年，尼古拉斯·尼葛洛庞帝（Nicholas Negroponte）发现计算机、印刷和广播三者之间具有明显的交叉，他用三个重叠的圆圈来描述三者之间的技术边界，认为三个圆圈的交叉重合处是发展速度最快、创新成果最多的领域，该项研究引起了人们的广泛关注。2001 年，日本著名产业经济学家植草益关注到 20 世纪末网络通信技术的快速发展，除了推动通信、邮政、广播、报刊等传媒之间的快速融合，还将电影、音乐、广告、教育等行业卷入其中，这些产业相互交织融合成为一个越来越大的产业。

理论上讲，产业融合是产业发展到特定历史阶段的必然产物，技术创新是推动产业融合发展的内因。20 世纪后期，产业融合加速发展的本质在于，随着各种技术革新，特别是以互联网技术、通信技术、数字技术为代表的颠覆性技术不断渗透到其他产业和领域，不断改变着这些产业的面貌，不断激发新的市场需求，不断扩大产业的空间和边界，从而导致产业边界的逐渐消失、产业范围的不断扩大，以及产业管制的不断放松，这是催生产业融合现象产生的根本性原因。

---

① 李美云. 国外产业融合研究新进展［J］. 外国经济与管理，2005，27（12）：12 -
20，27.

（二）产业融合内涵

20 世纪 80 年代以后，西方学者开始对产业融合现象进行界定，早期学者们大都将产业融合界定为技术驱动下的数字融合①、产品整合②、产业边界的收缩和消失③等。植草益给产业融合定义为通过技术革新和放宽限制来降低行业间的壁垒，加强行业企业间的竞争合作关系，揭示了产业融合的原因与结果。

2000 年以后，我国学者开始关注产业融合现象。周振华、厉无畏等学者从各自角度对产业融合概念进行了界定。马健在对上述研究进行综合的基础上提出产业融合就是由于技术进步和放松管制，在相关产业的边界和交叉处产生的技术融合，不断改变着原有产业生产的产品特征和市场结构，企业之间原有的竞争合作关系发生改变，最终导致产业之间界限的重新划定。

从过程上看，产业融合往往伴随着产业渗透、产业交叉和产业重组等环节，它们相互交叉、相互渗透，共同推动了产业融合的不断前进。一是产业渗透。产业渗透一般是新兴高技术产业向传统产业的延伸和扩张，例如以互联网公司为代表的数字网络产业和以电商、娱乐、文化等为代表的关联产业向传媒产业的渗透。二是产业交叉。产业交叉往往是产业融合的前奏，并最终导致产业边界的模糊与消失，如报业、广播、电视、网络等各个子产业之间的交叉并由此导致的媒介融合。三是产业重组。产业重组主要是指有紧密联系的产业之间的兼并、收购和重组，是产业融合的重要手段。产业重组往往是先进技术产业对传统产业的兼并和收购，从而组建成规模、范围、容量更大的融合性产业。如互联网业、文化娱乐业、电子商务业以及教育金融政务等产业之间的整合、重组、跨界联盟等。2000 年，美国互联网企业美国在线（AOL）斥巨资收购美国传媒巨头时代华纳，通过兼并收购实现了互联网产业与传媒娱乐产业的融合。

---

① M. Mueller, Telecom Policy and Digital Convergence. HongKong：City University of Hong Kong Press. 1997.

② Yoffie, D B. Competing in the Age of Digital Convergence. U. S. The Presidentand Fellows of Harvard Press，1997.

③ Greenstein. S and Khanna. T. "What Does It Mean for Industries to Converge?" In Competing in the Age of Digital Convergence，edited by D. B. Yoffie. Boston：Harvard Business School Press，1997.

（三）产业融合与文化产业高质量发展

从产业发展历史看，自第一次工业革命以来，每一次产业格局的确立都是上一轮技术革命所带来的产业内技术进步，以及由此形成的有固定边界的产业形态。而新一轮的科技革命所产生的颠覆性技术，必然会在更高维度改变原有的产品特征和市场需求，要求资源要素在更大范围内合理流动和配置，从而打破原有产业格局，促使产业在融合过程中不断演进发展。在互联网技术加持下，原有电视媒体向网络视频媒体的转型，传统图书出版机构向数字出版、数字阅读、IP 创作领域延伸都是产业融合的典型案例。从产业驱动因素看，文化产业高质量发展阶段，必然是以创新驱动，特别是技术创新作为产业发展的主要动力，产业、产品、服务的技术含量大幅提升的阶段。从表现形态上看，由于大量先进技术的深度应用，必然导致文化产业、文化企业和文化产品不断拓展其边界，不断向其他产业渗透发展，不断与高技术产业及其他产业中的企业组织合并重组，不断实现向更高技术的文化产业转型升级。

从这个角度看，文化产业高质量发展的过程，也就是产业不断向第一、第二和第三产业扩张，不断与其他产业深度融合的过程。因此，产业融合既是文化产业高质量发展的形态表现，也是文化产业高质量发展的过程和结果。

二、文化产业融合发展的特征

（一）技术融合

技术融合是产业融合的前提条件和主要动力，但由于其复杂性和多样性，学者们从各自角度对技术融合进行了探讨，提出了相关概念，如"技术汇聚""技术集成""技术融合"等，至今尚未形成统一的定义。从技术融合对产业融合的影响而言，技术融合指的是由于新技术而导致的不同市场的创新和产品概念出现，产业结构、产业边界的渗透性增强，一个产业中的技术可以对其他产业的产品、流程产生重要影响甚至改变它们。①

---

① Lei D T. Industry Evolution and Competence Development: the Imperatives of Technological Convergence [J]. International Journal of Technology Management, 2000, 19 (7/8): 699 – 738.

20世纪末以来，以计算机、互联网、大数据、人工智能为代表的新技术对传统文化产业进行技术渗透的同时，不断改变了原有产业的技术路线及经营形式，这就是文化产业的技术融合。例如，2010年至今，我国大力推动的"三网融合"即是典型案例。三网融合是指计算机互联网、有线和无线通信网、广播电视信号传输网，由于三者都采用统一的数字通信技术，就可以实现数字技术层面互联互通，业务应用层面互相渗透，终端设备层面通过软件相互支持，从而导致计算机互联网、通信网、广播电视网之间的交汇融合，用户通过互联网可以相互通信，通过有线电视网络也可以访问各种互联网应用等。

进入21世纪，在数字网络技术加速升级的推动下，文化产业技术融合的进度明显加快，基于超高清、5G网络、VR等各种新技术的文化创意产品层出不穷。在摩尔定律的作用下，计算机运算速度越来越快、性能越来越强、体积越来越小，计算机、手机等硬件的价格越来越低。与此同时，由于互联网带宽越来越大，移动通信网络技术迭代越来越快——在短短一二十年就从3G过渡到4G、5G，实现了计算机设备和数字网络技术在全社会的快速普及应用，将文化与技术深深绑定在一起，数字化、网络化、虚拟化技术正快速推动着文化产业的融合创新。

（二）业务融合

技术融合能促进各种新技术、新业务、新产品不断出现，帮助企业突破原有产业链束缚，打破因不同技术体系所导致的产品与业务的条块分割，在技术融合的环境下能帮助企业实现资源的一体化管理和产品的跨平台开发，从而推动产业发展战略的调整，实现不同产业、不同企业之间业务的相互融合与拓展。

仍以"三网融合"为例，由于电信运营商和广播电视网络运营商采用的是统一的数字技术网络，因此电信运营商可以在通信网络建设上重点发力，通过铺设高速光纤网络、建设高速WLAN节点、实现云网融合等措施来提升网络播放音乐、视频等内容的能力，就可以抢占原先由广电网络独占的IPTV传输业务的市场份额，让用户通过电信网络也可以收看电视节目。以上海为例，自上海电信2011年实施宽带提速计划以来，通过多次宽带扩容，其光纤网络已覆盖了整个上海市区，已经成为上海IPTV电视业务的主要供应商之一。

广播电视网络运营商在获得工信部颁发的电信业务牌照和通信业务牌照后，也可以基于广播电视网络向用户提供互联网信息服务和各类通信业务。2014 年，国务院批准成立中国广播电视网络有限公司，负责承担全国范围的广播电视网络建设与运营。2016 年，中国广播电视网络有限公司获得工信部颁发的《基础电信业务经营许可证》，可以在全国范围内经营互联网宽带等基础电信业务，成为继电信、移动、联通之后的国内第四大基础电信运营商。2019 年 6 月 6 日，中国广播电视网络有限公司与中国电信、中国移动、中国联通同时获得工信部颁发的 5G 商用牌照，从而可以正式开展全国范围的 5G 移动通信业务。至此，中国广播电视网络有限公司理论上可以经营传统通信运营商的几乎所有业务，从而从传统的广电网络运营商，转变成为具有全渠道全终端运营能力，集"电视＋语音＋互联网＋智能家居＋智慧城市"等多种业务于一身的综合型网络业务运营商。

（三）市场融合

市场既是一个地理学名词，也是一个管理学概念。《地理学名词》（第二版）① 将市场定义为商品交换的场所，管理学则认为市场是一项产品或服务所有现实和潜在顾客的集合。在技术融合、业务融合的带动下，无论是地理学意义上的市场，还是管理营销学意义上的市场，都必然出现融合的发展趋势。

从地理学视角上看，在原有产业格局下不同的商品市场在地理上占据着不同的位置空间。对文化产业而言，图书市场（书店）、报刊市场（报刊亭）、电影市场（电影院）、音像市场（音像商店）等都对应有特定地理意义上的位置空间，并且具有很强的专营性和专业性。比如电影院不会经营音像产品，即便是属性很近的图书市场一般也很少经营报纸杂志，有些专业性文化市场甚至只经营某一种类的商品，从而将本市场与其他市场区隔开来。

从管理学意义上看，原有产业格局下市场对应着对某一类商品有需求的顾客，如电影市场就是指消费电影产品的特殊人群，报刊市场就是订阅报刊的读者群体。因人们的消费取向有所不同，从而将市场与市场区别开来。

在产业融合的背景下，图书、报刊、电影、音乐、游戏等文化内容产

---

① 全国科学技术名词审定委员会（校）. 地理学名词（第二版）［M］. 北京：科学出版社，2007.

品，甚至博物馆、文化遗产等文化内容都能借助数字技术实现数字化再生再现，通过计算机、手机、移动媒体等设备走进人们的日常生活，人们购买不同的文化产品再也不用去不同的地点场所，只需要打开电脑、手机等设备即可完成从预览、试读、试看到付费购买的所有环节。从这个意义上讲，地理意义上的文化市场将日益被虚拟、数字化、网络化的文化市场所取代，不同类型的文化产品将越来越多地出现在同一市场之中。从这个意义上讲，文化科技的融合必然会带来文化市场的融合，以及在融合基础上不断创造出新的市场，从而不断扩大文化市场的边界和范围。

以电视剧《人民的名义》为例，其产品形态已经不限于电视产品，还包括各种类型的数字产品形态，从而在市场融合的基础上创造了更大的商业价值——纸质书销量突破 138 万册、电子书月点击破 5 亿、有声书累计播放量突破 5 000 万，打开相关 App 和设备，《人民的名义》推荐位随处可见。

（四）规制融合

产业融合既以政府放松管制为前提和条件，也对政府规制融合提出了更高要求。从过去电信业、互联网业和传媒业融合的历史看，美国 1996 年《电信法》（Telecommunications Act of 1996）准许电话公司经营有线电视、有线电视网提供通信服务，从而成为全球放松对传媒业管制的标志性事件，将电信业从垄断性行业转变为竞争性行业。2000 年，欧盟也全面开放了电信市场。在此背景下，欧美电信运营商、互联网服务提供商掀起了一股兼并重组浪潮。从这个角度看，正是由于政府规制的放松使得产业内的垄断性企业能凭借技术和经营优势介入相关产业，企业通过合并重组提高了生产效率和竞争力，通过产品研发不断培育新的业态，为产业重组、产业融合创造了条件，成为推动文化产业融合的重要动力。

与此同时，产业融合发展也对政策制度提出了新的要求，需要从制度层面建立融合性的制度机制。一方面，市场机制是产业发展的基础条件，是激发经济主体创新的根本性制度机制。融合性的制度机制不能削弱市场的地位，需要确保市场在资源配置中的决定性作用。另一方面，要通过制度创新、管理创新、机构创新等方式建立适应产业融合发展的管理规制，打破原有产业条块分割的管理体制，使原来分属不同部门、不同行业、不同地区的要素资源能按照产业融合的要求进行配置整合。

第三节　集群发展：文化产业高质量发展的行业形态

产业集群（industry cluster）是产业发展到一定阶段所呈现出的一种典型的布局形式。世界主要国家经济发展都呈现出集群化的趋势和特点，形成了许多耳熟能详的产业集群，如美国加州旧金山硅谷高科技产业集群、英国伦敦文化创意产业集群、中国北京中关村高新技术产业集群等。在全球经济竞争日趋激烈的今天，产业集群因其特有的创新优势已成为提升产业整体竞争力的关键，集群化发展已成产业发展的主要形态和潮流。

一、产业集群理论

（一）产业集群概念

自亚当·斯密（Adam Smith）以来，产业在地理上的集中与空间上的集聚现象受到了学界的普遍关注。100 多年前著名经济学家马歇尔在其《经济学原理》中就指出，包括自然资源在内的多种因素会使大量专业化的中小企业在地理上呈现出集中分布的特点。战略管理学家迈克尔·波特（Michael E. Porter）在其《国家竞争优势》一书中首先提出了产业集群的概念，并给产业集群下了一个被学界普遍认可的定义。波特认为，产业集群是在特定区域中，具有竞争合作关系，且在地理上集中，有交互关联性的企业、专业化供应商、服务供应商、金融机构、相关产业的厂商及其他相关机构等组成的群体。①

国内学界对产业集群的表述存在一些差异，例如将产业集群与产业集聚、企业集群进行等同，但这些表述与波特的产业集群并没有实质性区别。概括起来，产业集群概念有以下几个基本特征：一是企业机构在地理空间上的集中；二是相关企业具有高度的经济关联性；三是产业集群拥有巨大的创新优势；四是集群内企业组织会形成一定的社会化网络。

（二）产业集群类型

波特在《国家竞争优势》一书中就将产业集群分为垂直产业集群和水平

---

① 张宏伟. 产业集群研究的新进展［J］. 经济理论与经济管理，2004（04）：69 – 73.

产业集群两大类。垂直产业集群是具有买卖交易关系的企业所形成的产业集群，如制造产业按照生产环节分为产品研发、制造加工、流通等垂直分工的产业集群；水平产业集群是由包括共享终端产品市场、使用共同生产技术以及相似的自然资源的企业所组成的集群，如被誉为"中国运动鞋之都"的福建晋江，就拥有中国最大的运动鞋产业集群。

美国学者安·马库森（Ann Markusen）按照集群内部企业的规模结构，将产业集群分为三类：马歇尔式新产业区集群、中心辐射式集群、卫星平台式集群。马歇尔式新产业区集群主要指的是小企业集群，这些企业的规模通常都不大，企业生产经营呈现高度本地化特点；中心辐射式产业集群是指以大企业为核心，在大企业周边聚集着大量与之有业务往来的小企业，特点是大企业主导和决定了产业集群的发展水平。卫星平台式产业集群是孤立的企业分支机构的聚合体，集群内部企业大都是大型企业尤其是跨国公司的分公司，其经营决策主要由母公司或总公司做出，集群内部企业之间业务相对较少，企业主要与集群外的企业发生联系。

我国学者王俊豪按照产业性质，将集群分为传统产业集群和高新技术产业集群，前者包括纺织服装、五金制品、制造加工等，如浙江永康五金产业集群、诸暨的袜业产业集群等；后者主要依托当地科研力量发展高新技术产业，企业间紧密合作，具有强烈的创新氛围，如美国硅谷、北京中关村等。①

（三）产业集群的竞争力与创新优势

有关产业集群的传统产业区理论、新产业区理论、新经济地理理论、新制度经济学理论以及波特的竞争理论等，都关注到了产业集群发展与企业创新、经济发展之间的关系，认为产业集群里的企业通过沟通、协作与竞争，能促进企业的创新和竞争能力，提升产业整体竞争力。

1. 产业集群在形成后能通过降低成本、加强合作、提高效率等方式获得专业化的产品生产优势

例如，产业聚集可以扩大整个产业的市场容量，吸引企业投入更多资源扩大生产从而实现规模经济。而专业化、规模化和市场容量的进一步提升，可以提升整个区域的竞争力，而这种竞争力是单个企业所无法获得的。

---

①　王俊豪. 产业经济学（第三版）［M］. 北京：高等教育出版社，2016：225－226.

2. 产业集群通过增加区域劳动力市场优势提高产业竞争力

集群内大量企业的聚集能吸引同产业和关联产业的高技能劳动人口向集群区域大量汇聚，使企业能以更低的成本和更高的效率雇佣到所需的劳动人员，也可以解雇剩余员工，从而提高了企业劳动力的使用效益。如美国硅谷从 20 世纪 80 年代开始，就成为全球高技术人才的劳动力市场。硅谷有发达的产业体系，人才在企业之间横向流动居多，而在企业内部纵向流动较少。从这个角度看，劳动力市场优势是硅谷成功的一个关键因素。

3. 产业集群能大大增加企业的创新能力

我国学者陈柳钦将其总结为：一是产业集群为企业创新提供了良好氛围，企业间的交流学习更容易获取"学习经济（learning economies）"，增强企业科研和创新能力；二是集群有利于促进知识技术的转移扩散，企业在相互学习、竞争的环境中更容易实现各种创新性突破；三是集群可以降低企业的创新成本，集群内企业之间的邻近性，使得企业学习新知识新技术、开发新产品新工艺的成本更低。[①]

4. 产业集群有利于促进产业整体竞争力的提升

产业集群不仅能降低单个企业的生产成本、提高企业生产效率，还有利于促进相关劳动力向产业集群聚集，由此产生的知识溢出效应能大大提高企业的创新能力。根据知识溢出效益理论，作为人类在实践中获得的认识和经验，知识具有溢出效应，企业所获得的新知识能帮助企业在生产经营中占据优势地位，而知识溢出与企业的集聚有着密切联系。在知识经济时代，企业的竞争优势将更多地源于企业间的学习交流机制，而产业集群因其地理位置的接近性和人员交流的便利性，企业间的合作交流更加紧密，更有利于新知识、新思想、新观念的传播扩散。例如，集群内的不同企业人员常常可以面对面交流，一家企业所采用的新技术、新做法很容易外溢到集群内的其他企业，从而大大促进了整个产业的知识溢出。

如果进一步看，产业集群的作用还不仅限于对微观层面的企业创新、中观层面的产业创新所产生的重要的促进作用，甚至对一个地区乃至国家整体竞争力的提升都会带来重要影响。迈克尔·波特认为产业集群不仅是企业实现创新的一种有效途径，也是提升国家竞争力的主要途径，而提升国家竞争

---

① 陈柳钦. 产业集群与产业竞争力［J］. 南京社会科学，2005（05）：15－23.

优势的关键在于产业竞争。产业的发展又取决于一个国家具有竞争力的产业集群。产业集群是国家竞争优势的外在体现，是所有产业发达国家的核心特征。这样，波特就把产业集群的战略地位提高到了国与国之间竞争的高度。

二、文化产业集群与文化产业高质量发展

（一）文化产业集群内涵

由产业集群概念可知，文化产业集群就是在某一地区（通常指某一城市甚至城市中的某一区域），由大量有竞争协作关系的文化企业及相关机构的聚集而形成的文化企业组织群体。根据产业集群的分类标准，文化产业集群主要分为：第一，以大企业为核心形成的产业集群，例如美国加州的好莱坞，就聚集有迪士尼、梦工厂、派拉蒙、索尼、环球、20世纪福克斯、哥伦比亚、华纳兄弟等全球顶级影业公司；第二，以中小企业为主体的产业集群，例如被联合国教科文组织授予"文学之都"称号的英国爱丁堡，就聚集有大量的中小文化艺术机构；第三，以产业园区为载体的文化产业集群，如上海张江文化创意产业园、北京中关村互联网文化创意产业园、深圳华侨城创意文化园等，通常有数十家甚至上百家高新技术文化企业聚集于园内。

（二）文化产业集群将推动文化产业高质量发展

根据经济高质量发展的基本内涵与发展趋势，文化产业高质量发展就是按照创新、协商、绿色、开放、共享五大发展新理念，生产要素投入少、资源配置效率高、资源环境成本低、经济社会效益好、以创新为第一动力，能满足人民群众日益增长的精神文化需求的可持续的发展。集群化的发展模式刚好可以推动文化产业高质量发展。

1. 文化产业集群通过创新促进文化产业高质量发展

由大量关联企业组织构成的文化产业集群，从本质上讲就是促进创新的文化产业社区。集群内部既汇聚了大量的创新型企业家和科研人才，也有企业组织之间相互学习、相互竞争的创新环境，从而成为文化产业创新的孵化器和策源地，推动着本地乃至本国文化产业创新发展。

2. 文化产业集群通过降低成本促进文化产业高质量发展

产业集群所形成的虹吸效应能吸引更多本国甚至全球产业资源向集群所在地聚集，不仅能降低全产业链综合成本，还能为企业发展提供更多的机会和选择，企业可以用最快的速度聘用到合适的人才，可以用最小的成本筹措

到所需的资金，能够租赁或购买到距离合作伙伴更近的办公地点或厂房，从而大大降低了企业乃至整个产业的生产成本。

3. 文化产业集群通过研发高技术产品促进文化产业高质量发展

进入 21 世纪，文化产业数字化、虚拟化、高技术化发展已成为文化产业发展的显著特征。目前，全球主要的文化产业集群的一个突出特点是高技术化，如美国好莱坞电影产业集群中就汇聚有大量的数字特效企业，韩国游戏产业更是文化创意与计算机软件深度融合的结果。因此，高技术文化产业集群通过发展数字文化经济，不但能培育文化产业高质量发展的新业态，还有利于推动文化产业结构转型升级，促进文化产业质的提升。

第四节　品牌建设：文化产业高质量发展的目标引领

品牌是企业生存、发展的灵魂，是企业、地区乃至国家竞争力的标志。目前，全球文化产业竞争日趋激烈，中国文化产业要实现高质量发展的战略目标，必须打造高质量、高技术、高创新的文化产品，用"品牌至上"的理念指导和推动文化产业转型升级。

一、品牌的发展理论

（一）品牌的概念

"品牌"一词源于古斯堪的纳维亚语"brandr"，意思是"燃烧"，是指在牛、羊等牲畜身上"打上烙印"，从而与其他动物区别开来。自 20 世纪 90 年代以来，品牌建设与品牌管理日益成为国内外管理学和传播学热门话题之一。关于品牌的概念很多，主要有以下表述。

20 世纪全球最著名的广告人大卫·奥格威（David Ogilvy）认为品牌是一种错综复杂的象征，是品牌属性、品牌名称、品牌包装、品牌价格、品牌历史、品牌声誉和品牌广告风格的综合。[1]

美国市场营销协会（AMA）认为："品牌是一种名称、术语、标记、符号或设计，或是它们的组合运用，其目的是借以辨认某个销售者或某群销售

---

① 徐浩然. 企业品牌理论研究及战略运用 [J]. 南京社会科学, 2008 (07): 47–51.

者的产品或服务，并使之与竞争对手的产品或服务区别开来。"① 美国市场营销协会的品牌定义获得了大多数学者的认可，如著名营销管理大师菲利普·科特勒（Philip Kotler）、品牌管理著名学者凯文·莱恩·凯勒（Kevin Lane Keller）等。菲利普·科特勒在此基础上进一步提出品牌应包括属性、利益、价值、文化、个性、用户六大属性。凯文·莱恩·凯勒则认为品牌具有可记忆性、有意义性、可爱性、可转换性、可适应性、可保护性六大品牌元素，它们是形成品牌识别并使之差异化的重要内容。

（二）品牌资产

20 世纪末以来，随着品牌的作用和市场地位日益增强，尤其是强势品牌的附加值不断提高，为了度量和评估品牌作为一种重要无形资产的价值和市场效益，戴维·艾克、凯文·莱恩·凯勒（Kevin Lane Keller）等学者提出并完善了品牌资产（brand equity）这一概念。

品牌资产是品牌所产生的市场效应，主要包括三个层面的内容②：从消费者层面看，品牌资产是指与品牌名称及其标识相联系的一系列资产，它可以增加或减少产品给公司或顾客带来的价值，其中品牌忠诚度是品牌资产的核心。从产品的市场效应层面看，品牌资产指的是品牌在市场上表现出来的竞争力和影响力，如品牌的溢价能力、品牌的市场占有能力等。从金融市场效应看，品牌资产即企业所拥有的一种具有巨大价值的可交易的资产。

对企业而言，品牌及品牌资产的作用有以下几点：一是能大大节省企业的营销成本，如高知名度品牌即使不花费太多市场营销费用也能取得较好的营销效果。二是能增加产品的附加值，取得溢价效应，如多年来一直稳居全球品牌排行榜榜首的苹果公司，其产品售价比其他品牌要贵很多，但依然能取得很好的销售成绩。三是能提高企业形象，让顾客对公司留下良好的印象。另外，良好的品牌及品牌资产还有助于企业拓展新业务，提升企业的整体竞争力。

对于很多国家和地区的消费者来说，人们已经从过去购买产品过渡到消费品牌的阶段，品牌进入人们生活的各个领域，越来越多的消费者开始注重

---

① 菲利普·科特勒. 市场营销管理（亚洲版，第二版）［M］. 洪瑞云，等译. 北京：中国人民大学出版社，2001：422.

② 祝合良. 战略品牌管理［M］. 北京：首都经济贸易大学出版社，2013：17 - 31.

品牌、购买品牌。品牌的作用主要体现在能帮助顾客快速、安心地做出购买决策，简化人们的购买程序，降低购买成本。更重要的是，品牌能帮助消费者实现表现自我、实现自我、情感满足的心理需求，可以在消费者之间获得广泛传播，提高品牌的忠诚度。

二、品牌建设对文化产业高质量发展的促进作用

（一）品牌建设有利于推动文化产品质量提升

在品牌经济时代，品牌是企业形象和企业产品的一个或一系列识别符号，消费者通过品牌可以联想和感知企业产品的质量。感知质量与产品的真实质量不同，它是顾客根据自己的需求对相关产品或服务的全面质量或优越性的一种感知和心理判断，是消费者对企业产品的一种心理印象。影响感知质量的最重要因素是产品质量、服务质量和感知价格等，因此企业品牌建设的一项重要工作就是通过各种努力来提升产品和服务的质量，并用最有竞争力的价格来吸引目标顾客，不断提升顾客对企业产品的感知质量值。

一般而言，提升企业产品质量的方式主要有两种：一是通过技术创新提升产品的技术含量，通过技术优势在行业中取得领先，从而在消费者心中赢得质量信誉。例如，视频网站优酷网通过技术赋能，为其付费用户提供更高的品质服务——主打 HDR（high-dynamic range，高动态范围图像）技术、杜比影音技术等，给用户带来更悦目的色彩画面和更震撼的影音体验。二是在产品中注入更多的文化因素，将产品打造成为独特文化的载体，从心理上打动消费者。例如，人们在迪士尼乐园游乐实际上消费的是迪士尼独特的、能引人共鸣的文化体验和文化符号。

因此，无论是提升产品的技术含量，还是为产品注入独特的文化元素，都能大大提升文化产品的质量和品质，能大大提高消费者对文化产品的质量感知和文化认同。从这个角度看，企业“创品牌”无疑能大大推动文化产业高质量发展。

（二）品牌建设有利于推动文化产品消费升级

品牌建设不仅有利于提升文化产品的质量，还有利于文化产业需求侧升级，激发消费者的文化需求潜力。随着我国经济发展，居民收入快速增加，消费者对文化精神产品和服务的消费提出了更高要求，文化消费日益呈现出个性化、多元化、数字化、体验式的消费特点，“千人一面”式的产品将不

再有市场竞争力，消费者更加注重产品的品牌个性和独特的购买体验。品牌建设的一个基本理念就是坚持以消费者为中心，关注每一位消费者的感受和体验，为每一位顾客提供独特的消费体验，不断创造新的消费模式和新的消费业态，不断激发和满足消费者新的消费需求、消费样式和消费个性。例如，与同质化的新闻信息产品不同，今日头条在大数据和人工智能技术的基础上，能为每一个读者提供"千人千面"式的信息阅读体验，因而成为中国最具创新力的新媒体品牌之一。抖音为每一位用户提供了不一样的收视和自我表达体验，开启了一种新的音乐娱乐消费方式，在短短几年内就风靡世界，成为全球最火的音乐短视频社交平台。

可以说，品牌建设在创造新的消费需求、树立品牌消费信心、挖掘消费潜力的同时，又进一步激励企业加强品牌创新，促进消费进一步升级，在不断循环的过程中，充分发挥了品牌对文化经济的拉动作用，为文化产业高质量发展注入了新的动能。

（三）品牌建设有利于推动文化产业结构升级

文化产业结构升级既是文化产业高质量发展的重要表现，也是推动文化产业高质量发展的基本动力。当前我国文化产业发展的结构性问题仍比较多，突出表现为"文化资源与文化资本存在区域错配现象；国有文化企业原创动力不足，路径依赖和锁定效应明显；产业链条较短，商业模式跟风模仿较多；文化资源挖掘不够，中华优秀传统文化对文化产业的渗透力和辐射力不足；融资约束较为明显，各类文化中介和服务平台发展滞后；传统产业嫁接互联网和新技术的步伐缓慢，转型升级迫在眉睫。"①

从机理上讲，随着微观层面企业品牌建设力度的加大，企业技术创新投入的提高，企业从传统文化企业转变为高技术文化企业，必然从宏观层面推动文化产业向数字型、网络型、虚拟型高技术文化产业转型升级。例如，近年来进入"中国文化企业 30 强"名单中的网络科技型文化企业数量越来越多，上海东方明珠新媒体、湖南芒果超媒、浙江华数传媒、深圳华强方特、北京光线传媒等高科技文化企业正在成为中国文化企业的领军企业，文化企业整体实力日益增大。TikTok、腾讯、今日头条等中国文化品牌已经走出国

---

① 潘爱玲. 促进文化产业转型升级［EB/OL］. 中国社会科学网，［2018 – 08 – 17］. http：//www. cssn. cn/sf/bwsfgyk/yc_ ysx/201808/t20180817_ 4544702. shtml.

门，在全球范围发挥着广泛的影响力。

总之，文化企业的品牌建设，正推动着我国文化产业整体进步，新兴科技文化品牌正推动着我国文化产业快速转型升级，这必将大大促进我国文化产业高质量发展。

第五节　规制完善：文化产业高质量发展的制度保障

一、完善文化产业政策规制的必要性

政府规制是政府为了维护正常的经济秩序，提高市场资源配置效率，提升全社会福利，由政府机构按照相关法律法规对经济主体（企业）所进行的管理或制约。① 进入新时代以来，我国文化产业发展迅猛，新面貌、新业态、新动能不断涌现，必然会对传统的生产关系不断产生新的冲击，对文化体制改革、文化规制完善提出新的要求。而文化产业体制机制的不断完善，不仅有助于巩固文化产业高质量发展的成果，还有利于进一步解放和发展文化生产力，促进文化产业进一步高质量发展。

（一）文化产业高质量发展需要打破阻碍机制转变的体制性束缚

在市场经济体制下，企业是市场的真正主体。落实企业的主体地位，激发企业的主体活力，是推动文化产业高质量发展的基础和前提。自2002年党的十六大明确提出发展社会主义文化事业和文化产业以来，文化体制改革不断深化，大批经营性文化事业单位转制为企业。这些文化企业通过不断的市场打磨逐步发展成为真正的市场主体和推动我国文化产业快速发展的主导力量。

但是，目前仍有很多文化企业转企改制不彻底，不少文化企业挂着企业的牌子，但实际上仍在沿用事业单位的管理模式，事企不分、产权不清、主体虚置等根本性问题仍没有彻底解决，许多文化企业仍缺乏竞争力和自我造血的能力，这在一定程度上是导致我国一些地区文化产业效益欠佳、发展迟

---

① 张秉福. 发达国家政府规制创新特点及其对我国的启示［J］. 经济体制改革，2012（03）：149－153.

滞的主要原因。只有不断打破阻碍经营机制转变的体制性束缚，让企业成为真正意义上的市场主体，才能不断解放和发展文化生产力、推动文化产业内在活力进一步迸发。

（二）文化产业高质量发展需要破除阻碍产业结构升级的制度性障碍

文化产业结构既是文化产业内部生产关系的总和，也是文化产业与其他产业的比例关系。随着文化生产力的不断提高，文化产业自身也有不断调整的要求，让生产效率更高、市场需求更大、经济效益更好、资源消耗更少的新产业不断脱颖而出、发展壮大，同时让萎缩性的老产业从产业体系中逐步退出，从而实现文化产业的合理化和高度化，这既是文化产业发展的内在规律和要求，也是政府制定各项产业政策的目标导向。

目前，我国从国家层面已经制定了大量促进产业结构优化升级的政策制度，对推动文化产业结构升级起到了积极推动作用。但在一些地区，仍存在产业结构不尽合理的现象和问题，比如一些生产效率低、生产技术落后、产品销路较差的行业仍占据着行业主导地位，占用着大量宝贵的文化资源。又如很多地区文化产业所有制结构不合理，国有文化企业一家独大，非国有文化经济比例很小，文化市场活力明显不足。

因此，文化产业高质量发展，就需要从制度层面破除阻碍产业结构优化升级的各种障碍，通过体制和机制的不断变革和创新，建立适应文化产业高质量发展的产业结构体系，突出科技作为第一生产力在文化产业资源配置中的地位与作用，鼓励和推动科技型、绿色型、创意型、外向型等新兴文化产业的发展，推动文化产业结构不断优化升级。

（三）文化产业高质量发展需要突破产业监管的制度性藩篱

我国文化产业市场主体类型比较复杂，分为非经营性文化市场主体和经营性文化市场主体。前者主要指提供公共性文化产品的文化事业单位，包括公共文化服务性质的图书馆、文化馆、博物馆，各种物质、非物质文化遗产，文艺表演团体，意识形态和时政类新闻事业单位等。后者主要指各类文化内容生产企业，如出版公司、电影公司、游戏动漫公司等。对于监管部门而言，如何通过不同的管理措施激发不同类型文化企业的积极性，为人民群众提供更优质的文化产品和服务是一个一直困扰文化管理部门的难题。例如，对于非营利性的文化事业单位，如何在保持公益性质的前提下提高创新能力、提升服务效率、增加用户的满意度；对于营利性的文化企业而言，如何更好地发挥企业的社会效益和公共属性，都是亟待解决的难题。

文化产业发展的一个重要趋势是不同类型的文化企业组织正在走向融合，这对政府监管部门提出了更高的要求。目前我国文化产业管理分属多个部门，国家层面的管理机构包括国家新闻出版署、国家广播电视总局、国家电影局、文化和旅游部、工业和信息化部、国家文物局、国家版权局、国家体育总局等，各省、自治区、直辖市有对应的省级文化管理部门。理论上讲，多部门管理的模式既容易产生多头管理、管理越位，让文化企业主体无所适从，也容易产生因责权不明而导致的管理缺位等问题，最终导致管理效率降低。因此，文化产业高质量发展，必须认真研究和借鉴国内外文化产业管理的先进经验，不断破除产业管理的制度性障碍。

二、文化产业高质量发展的规制目标

（一）促进产业要素配置不断优化

不断优化文化产业的资源要素配置是激发文化企业创新活力、提高文化产业生产效率、创新文化产业发展模式的基础保障，也是推动文化产业高质量发展的关键抓手。优化产业要素资源配置方式主要是通过市场驱动，真正发挥市场配置资源的决定性作用，将稀缺的优质文化资源跨行业、跨地域、跨企业配置到效率最高、技术最先进的文化市场主体那里。因此，文化产业政策制度要进一步优化市场环境，建立统一开放、竞争有序的现代文化市场体系，鼓励文化资源要素在不同地域、不同企业、不同行业之间自由流动，鼓励社会资本参与包括国有文化企事业单位的转企改制，消除资源要素跨地区、跨行业与跨所有制流动的各种障碍因素。

（二）营造更加公平的市场竞争环境

文化市场要有活力、文化企业要有创造力、文化产业要素要实现优化配置，前提条件是通过健全法律法规和政府监管，构建一个公平透明的文化市场营商环境。2017 年 7 月 17 日，习近平总书记在中央财经领导小组[①]会议上强调，推动我国经济持续健康发展必须营造一个稳定公平透明的营商环境，为营造高质量文化市场环境提供了方向指引和根本遵循。对于经营性文化产

---

① 2018 年，根据《深化党和国家机构改革方案》，中央财经领导小组改为中央财经委员会。

业而言，政府要鼓励民营文化企业甚至外资文化企业发展，要营造出不同所有制、不同类型、不同地域、不同级别的文化企业都能公平竞争的市场环境。对于公共性文化事业，也要加大改革力度，鼓励非国有资本进入，在图书馆、博物馆、文化遗产等非意识形态领域，扩大对非公有资本的开放。只有构建出更加公平的市场竞争环境，才能孕育出高质量的文化经济成果。

（三）推动产业发展模式不断创新

党的十八大以来，我国实施的创新驱动战略对于文化产业高质量发展具有重要的理论和现实意义，特别是通过技术创新，将科技创新因素渗透到文化生产的各个环节，可以实现文化产出的乘数效应。因此，在创新驱动战略的指引下，政府通过制定相关政策突出创新的引领作用，加快将战略新兴文化产业培育成先导产业和支柱产业，鼓励各类文化企业加强新技术和新产品研发，推动产业发展模式不断创新。

（四）推动政策监管体制不断融合

在产业融合趋势下，文化产业内部、文化产业与IT产业、旅游产业、教育产业、体育产业、互联网产业等产业之间的边界日渐模糊，对现行的政策监管体制提出了新的要求。我国自2010年以来制定和颁布了若干鼓励产业融合的政策法规，有力促进了政策监管机制的融合。可以预见，随着文化产业高质量发展的进一步推进，文化产业管理机制一个重要发展趋势是进一步打破部门分割和行业壁垒，鼓励文化产业与其他产业在更多的维度、更大的空间、更广的范围进行交叉融合。

第三章

湖北文化产业的发展概况

第一节 湖北文化产业发展历程

湖北文化产业发展与我国文化产业发展同步，都是发端于 20 世纪 70 年代末 80 年代初。根据湖北文化产业发展的时间脉络，我们将湖北文化产业大致分为三个重要阶段：萌芽和初步形成期（20 世纪 70 年代末—2000 年）、快速发展期（2001—2011 年）、全面提升期（2012—2017 年）、高质量发展期（2018 年至今）。

一、湖北文化产业萌芽和初步形成期：20 世纪 70 年代末—2000 年

荆楚大地，人杰地灵。湖北是楚文化的发源地，是近代中国重要对外通商口岸，是新民主主义革命的主要策源地，也是全国科教和工业重镇，文化资源丰富，文化历史悠长，是名副其实的文化大省。

20 世纪 70 年代末改革开放的大幕开启后，湖北逐渐出现了以新闻报刊业为代表的文化市场。20 世纪 90 年代中期以后，武汉市新闻出版业发展迅猛，是中部新闻出版竞争最激烈的地区之一，也是全国新闻出版业发展的一个缩影。① 2000 年前后，武汉总共出现了 27 份报纸、20 多种期刊，包括全国创办最早的晚报之一——《武汉晚报》、全国都市报发行量排名前三的《楚天都市报》、全国期刊发行量超过 600 万份的《知音》杂志。此时，文化商品化浪潮在湖北大地掀起阵阵波浪，文化产品、文化服务开始深入人民群

---

① 冉华，周丽玲，等. 传媒风云——来自武汉传媒市场的报告［M］. 武汉：武汉大学出版社，2007：1.

众的日常生活中，不断改变着人们的消费心理、消费方式甚至消费习惯。

进入 20 世纪 90 年代，随着中国社会主义市场经济体制的确立，过去计划经济对报业经营主体的束缚逐渐得到解除，国家从政策层面逐步放开了诸如报纸定价权、报社纸张供应和广告刊登等限制，报刊新闻经营主体的自主经营权越来越大，经营意识越来越强，逐步以一个市场主体的身份参与市场竞争。从 20 世纪 80 年代初到 20 世纪末，中国报业基本完成了从事业单位到事实上的经济主体的转变，报业的所有制主体性质、市场底层逻辑、报业运作模式较以往都发生了颠覆性变化。这个阶段，《武汉晚报》依靠差异化的竞争策略，在全国众多晚报和都市报中脱颖而出，成为影响了几代武汉人、在全国有重要影响力的报纸媒体。

创刊于 1961 年 5 月 1 日的《武汉晚报》是我国最早的几家晚报之一，报头由董必武题写。"文革"期间，《武汉晚报》停刊，直到 1981 年 9 月 1日，长江日报社才恢复出版《武汉晚报》。复刊后，《武汉晚报》的办报方针是面向社会、进入家庭、陶冶情操、指导生活。1985 年年末，《武汉晚报》每期发行 8 万多份，周末版发行约 13 万份。1999 年 5 月 17 日，《武汉晚报》推出了以"范春歌"命名的品牌栏目，取得了良好的市场反应。此后，《武汉晚报》创立名栏目、名记者的势头一发不可收拾，先后树立了范春歌、胡俊、李红鹰等一批名记者、名主持人品牌，形成了差异化、品牌化的竞争优势，报纸总印数很快突破百万份。2004 年，《武汉晚报》在湖北省内重点城市实现分印，发行量进入"世界日报发行量前 100 名"榜单（排名第 87位），成为当年中国上升速度最快的报刊媒体。2003 至 2008 年，《武汉晚报》连续 5 年跻身"世界日报发行量百强"榜单，尤其是 2008 年，面对全球金融危机等不利因素的冲击，《武汉晚报》广告经营仍实现了 20% 的增长，成为中国经营效益最好的地方报刊之一。

二、湖北文化产业快速发展期：2001—2011 年

进入 21 世纪，在国家大力推动发展文化产业的战略背景下，各省纷纷提出建设文化强省的任务目标。2000 年以后，湖北省也先后制定出台了《湖北省文化事业和文化产业发展规划（2004—2010）》《湖北省深化文化体制改革实施方案》等一系列发展文化产业的政策文件，推动湖北文化强省建设不断取得新的突破。

（一）文化产业迅速发展，市场主体逐步壮大

在市场经济的推动下，湖北文化产业实力得到了快速提升。一方面，文化产业增加值快速提升。2006年，湖北文化产业增加值为206.6亿元，2011年增加到504.9亿元，年均增幅超过14%。另一方面，这个时期湖北涌现出了长江出版传媒集团、湖北日报传媒集团、湖北广播电视总台、知音传媒集团等一批在全国有较大影响力的大型国有文化企业集团，以及江通动画、盛泰传媒、玛雅动漫、金三峡印务等一批有影响力的民营文化企业。此外，华中国家绿色印刷包装物流产业园、华中图书交易中心、知音文化产业园、光谷动漫产业园等一批重点文化产业园区也显示出了很强的发展潜力。

（二）公共文化投入快速增长，文化服务体系初步建立

随着文化强省战略的实施，湖北省对公共文化设施的财政资金投入总量保持了快速增长的态势。根据《湖北文化发展报告（2016—2017）》和政府文化部门的统计，2011年湖北省文化事业费约11亿元，与2000年的4.09亿元相比，增长了近3倍；人均文化事业费从2000年的3.3元增加到2011年的近19元，增长了近6倍。截至2011年年底，湖北省共建成公共图书馆109个、博物馆125个、群众艺术馆13个、文化馆（站）1365个，广播综合人口覆盖率和电视综合人口覆盖率均超过98%，农家书屋覆盖率高达99%。这个时期，随着政府不断加大公共文化服务投入，湖北省实现了公共文化服务体系建设的跨越式发展。

三、湖北文化产业全面提升期：2012—2017年

2012年党的十八大提出要建设社会主义文化强国以来，湖北文化产业发展势头迅猛，新气象、新业态、新突破不断涌现，特别是湖北省紧抓国家"互联网＋"战略，利用湖北特有的科教优势，大力发展高知识、高技术、高融合的知识密集型文化产业，在资本利用、科技创新、产业融合等方面取得了全面提升。

在资本利用方面，2012年开始，湖北文化企业加快了融资上市的步伐。2012年以前，湖北省仅有长江传媒一家文化类上市企业。2012年以后，湖北文化企业上市步伐明显加快。2012年当年，湖北广播电视台旗下的湖北省广播电视信息网络股份有限公司（以下简称"湖北广电网络公司"）借壳武汉塑料在深圳证券交易所成功上市，成为湖北广电行业第一家上市企业。此

后，武汉当代明诚文化体育集团股份有限公司、湖北盛天网络技术股份有限公司、高升控股股份有限公司等湖北本地文化企业纷纷在沪深证券市场上市交易。2014 年和 2016 年，湖北日报控股的湖北荆楚网络科技股份有限公司（荆楚网）和湖北长江广电传媒集团有限责任公司的全资子公司北京长江文化股份有限公司（以下简称长江文化）在全国中小企业股份转让系统（新三板）正式挂牌，为湖北文化产业资本化运作增添了新的平台。2019 年，武汉斗鱼网络科技有限公司成功登录美国纳斯达克市场，成为湖北首家在美国上市的互联网文化企业。

在科技创新方面，党的十八大以来，湖北文化产业也取得了重要突破。一方面，湖北传统文化企业越来越重视技术创新，例如湖北广电网络公司正在加快技术一体化进程和广电 5G 布局，推进广电 5G + 智慧县城、融媒体 IDC 大数据中心、新型互联网交换中心等一大批重大技术创新项目。另一方面，近年来湖北本地高技术文化企业也在快速崛起，特别是"光谷"已经形成了高技术文化产业集群，武汉也因此正在成为继北京、上海、广州、杭州之后中国互联网产业的"第四极"。

产业融合方面也是湖北文化产业发展突破的一个重要方向，湖北省正在大力发展促进文化与旅游、文化与工业、文化与商业等方面的融合。例如，近年来湖北省重点建设了一批文旅综合体、文旅融合品牌、文旅消费集聚区。2017 年，武汉获批成为中国旅游休闲示范城市。2020 年，宜昌市入选首批国家文化和旅游消费试点城市。武汉、宜昌等地正在努力建设世界知名、全国一流的文化旅游目的地、长江国际黄金旅游带核心区。

四、湖北文化产业高质量发展期：2018 年至今

党的十九大报告中作出我国经济已由高速增长阶段转向高质量发展阶段的重要论断之后，特别是 2018 年以来习近平总书记对深化文化体制改革、繁荣发展文化事业和文化产业的一系列重要论述，为文化产业高质量发展提供了科学指引，国家和地方层面纷纷开始制定政策措施，推动文化产业高质量发展。

为了加快湖北文化产业高质量发展，建设文化强省，2018 年 11 月，湖北省委、省政府出台了《关于加快全省文化产业高质量发展的意见》（以下简称《意见》）。该《意见》提出到 2020 年年底，湖北省要建成一批主导产

业特色鲜明的文化产业聚集区，培育一批在全国具有较大影响力的骨干文化企业和文化品牌，要把文化产业建设成为湖北省的战略支柱产业。除了提出湖北省文化产业高质量发展的目标任务，该《意见》还系统地提出了湖北省文化产业高质量发展的区域布局、发展重点、支持政策、保障措施等，成为指导湖北文化产业高质量发展的一份纲领性文件。由此，湖北省文化产业正式步入高质量发展的新阶段。

第二节　湖北文化产业政策演变

一、湖北省文化产业政策制定原则及其思想来源

社会政策是指国家、政府或政党为了满足社会需求和社会发展而制定的一系列行为、法令和条例的总称。① 因此，文化产业政策就是指由党、国家和各级政府为了满足人民群众的文化需求、促进文化发展繁荣、优化和完善文化产业结构而制定的一系列行为准则和法令条例。湖北省作为我国中部地区的一个省，其文化产业政策的制定、实施，既离不开国家文化产业发展的大背景，也离不开湖北省自身社会经济文化发展的现实情况，是二者综合的产物。

（一）满足人民群众日益增长的精神文化需求是制定文化产业政策的一个基本原则

满足人民群众日益增长的精神文化需求是发展文化产业的根本任务，为人民服务是制定文化产业政策的一个基本原则。无论从国家还是地方层面，发展文化产业的根本目标都是为了满足人民群众的精神文化需要。毛泽东早在1942年《在延安文艺座谈会上的讲话》里就指出我们的文艺是为人民大众的。② 1949年，具有临时宪法性质的《中国人民政治协商会议共同纲领》

---

① 黄晨熹. 社会政策概念辨析［J］. 社会学研究，2008（04）：163 – 181，244 – 245.
② 毛泽东. 在延安文艺座谈会上的讲话（一九四二年五月）［M］//毛泽东选集第三卷（第二版）. 北京：人民出版社，1991：847 – 879.

提倡文学艺术为人民服务，发展人民的戏剧电影、广播、出版事业。①

改革开放后，党和国家历次发布的重要政策、纲领、文件无不强调文化发展和文化事业建设都必须满足人民群众的精神文化需求。进入 21 世纪，中国的文化改革更是强调要从人民群众的切身利益出发，不断解放和发展文化生产力，不断满足人民群众日益增长的精神文化需求。2014 年 10 月 15 日，习近平总书记《在文艺工作座谈会上的讲话》明确指出要坚持以人民为中心的创作导向，文艺工作者的中心任务是把最好的精神食粮奉献给人民。②

2017 年，党的十九大报告进一步明确了文化建设在新时代中国特色社会主义建设中的基本定位——在当代中国从站起来、富起来向强起来的发展进程中，精神文化内容已经代替物质产品成为当代中国人民的主要需求，不断满足人民群众日益增长的精神文化需求成为社会主义文化建设的核心。正如习近平总书记所指出，满足人民过上美好生活的新期待，必须提供丰富的精神食粮。

（二）加快社会主义现代化建设是制定文化产业政策的另一个基本原则

加快社会主义现代化建设是发展文化事业的核心目标，为社会主义服务是制定文化产业政策的另一个原则。1978 年《宪法》第十四条规定："各项文化事业都必须为工农兵服务，为社会主义服务。"社会主义现代化建设既包括物质层面的现代化建设，也包括精神层面的现代化建设，二者不能偏废。2012 年，胡锦涛在党的十八大报告中提出"全面建成小康社会，实现中华民族伟大复兴，必须推动社会主义文化大发展大繁荣，兴起社会主义文化建设新高潮，提高国家文化软实力，发挥文化引领风尚、教育人民、服务社

---

① 中国人民政治协商会议全国委员会网. 中国人民政治协商会议共同纲领［EB/OL］. （1949 - 09 - 29）［1949 - 09 - 29］. http：//www. cppcc. gov. cn/2011/12/16/AR-TI15133309181327976. shtml.

② 新华网. 习近平：在文艺工作座谈会上的讲话［EB/OL］. （2014 - 10 - 15）［2015 - 10 - 14］. http：//www. xinhuanet. com/politics/2015 - 10/14/c_ 1116825 558. htm.

会、推动发展的作用"。① 2017 年，习近平总书记在党的十九大报告中提出了新时代的文化建设目标，就是坚持中国特色社会主义文化发展道路，激发全民族文化创新创造活力，建设社会主义文化强国。

（三）经济效益与社会效益相统一、社会效益优先是发展文化产业的重要原则

改革开放以来，中国逐步确立了市场经济的主导地位。发展文化产业作为市场经济条件下满足人民群众日益增长的精神文化需求的重要途径，既有教育人民、引导社会的意识形态属性，又能在市场环境下通过文化产品的生产、交换、出售获得经济效益，实现文化产品的经济属性。可以说，文化产业从其诞生起，就是精神与物质的融合体。而中国始终强调把文化产业的社会效益放在首位，在此条件下实现文化产业经济效益与社会效益相统一。

首先，从本质上看，文化产品的意识形态属性和经济效益属性是一致的，可以实现有机统一。在社会主义市场经济条件下，文化产品的社会效益和经济效益最终都体现在受众的数量上。文化产品的受众数量越多，产品销量越大，产品的社会影响也越广泛。其次，文化产品的社会效益和经济效益如果发生冲突，在任何情况下都必须坚持把社会效益放在首位，经济效益要服从社会效益。否则，就会导致文化产品的媚俗、粗制滥造等问题，对社会产生负面影响。再次，实现两个效益的有机统一是社会主义市场经济的一个基本要求，在我国一切生产经营活动都必须讲社会效益，文化产业也不例外。要引导和鼓励文化企业通过市场竞争实现经济效益的同时，把社会效益放在企业发展的首要位置，通过创作生产更多优秀的、积极向上的、人民群众喜闻乐见的精神文化产品来占领文化市场，努力实现社会效益和经济效益的最大化。

（四）建设经济强省和文化强省是湖北发展文化产业的主要动力与目标

随着国民经济的发展与增长，文化产业在一个国家和地区的作用与影响

---

① 人民网. 胡锦涛在中国共产党第十八次全国代表大会上的报告［EB/OL］.（2013 - 04 - 03）［2013 - 04 - 03］. http://theory.people.com.cn/n/2013/0403/c359820 - 21013407. html.

日益突出，文化产业对整个经济的影响日益扩大，文化与经济的互动效应日益明显。美国、英国、日本等发达国家，它们往往既是经济强国，也是文化强国。我国广东、浙江等省份既是经济强省，也是文化强省。因此，湖北社会经济发展离不开文化产业的发展和支撑。

2002 年，湖北省文化厅①颁布了《湖北文化强省建设纲要（2002—2012年)》，从文化厅层面提出了湖北建设文化强省的十年战略设想，拟定了建设文化强省的基本路径、组织和政策保障，提出到 2012 年湖北省文化产业增加值、人均文化消费支出、文化产品进出口总额等主要指标要进入全国前列，湖北省要迈入全国文化经济强省行列。

2004 年 5 月，湖北省委省政府颁布《湖北省文化事业和文化产业发展规划（2004—2010)》（鄂办发〔2004〕34 号），从省级层面制定了湖北省文化事业和文化产业的指导思想、发展战略、任务重点和措施保障等。至此，湖北省级层面的文化强省建设战略正式启动实施。

2012 年，湖北省委办公厅、省政府办公厅出台《湖北省"十二五"时期文化改革发展规划纲要》。由于此阶段湖北省文化产业发展速度较先进地区仍有较大差距，因此该规划纲要的任务目标仍聚焦于文化产业提速和增量，要努力实现文化产业增速高于全省 GDP 和第三产业增速，"十二五"末期文化产业增加值与初期相比要翻一番，文化产业 GDP 占比要迈过 5% 的门槛，真正成为支柱性产业。

2016 年，湖北省制定了《湖北省国民经济和社会发展第十三个五年规划纲要》（以下简称《纲要》）。2010 年以后，由于数字网络技术，尤其是移动互联网的快速普及，新兴数字文化产业在全国蓬勃发展。为了加快湖北省文化产业结构转型升级，该《纲要》提出在"十三五"期间，要优化和完善文化产业体系，培育数字文化新业态，大力发展现代文创产业，做大做强文化产业主体，实施文化品牌战略，努力把文化产业建设成为湖北省支柱性产业。

党的十九大以后，我国文化产业进入高质量发展阶段。为推动湖北文化产业高质量发展，2018 年 11 月 3 日，中共湖北省委、湖北省人民政府出台

---

① 2018 年湖北省机构改革，组建湖北省文化和旅游厅，不再保留省文化厅和省旅游发展委员会。

了《关于加快全省文化产业高质量发展的意见》，其发文规格之高、总体要求之明、发展措施之新、支持力度之大，在湖北文化领域实属罕见，显示出湖北省对推动本省文化产业高质量发展的决心。

二、2000 年以来湖北省文化产业主要政策文件及内容要点

2000 年以来湖北省文化产业主要政策文件及内容要点见表 3 - 1。

表 3 - 1　2000 年以来湖北省文化产业主要政策文件统计

文件发布主体、发布时间和文件名称	政策内容要点
湖北省委办公厅湖北省人民政府办公厅 2004 年 5 月 4 日印发《湖北省文化事业和文化产业发展规划（2004—2010）》	提出努力实现文化体制机制充满活力、文化事业全面繁荣、文化产业实力增强、文化发展主要指标居中西部前列。实施文化经济、龙头带动、品牌特色、科技创新、人才聚集五大发展战略。首次提出大力发展信息网络业，重点建设"荆楚网"和"长江网"，形成以重点网站为主，省直和武汉市各媒体网络版及市州新闻网页为辅的全省新闻宣传网络平台。到 2010 年，把湖北省建设成为文化强省，文化信息化建设处于全国第一方阵。
湖北省人民政府办公厅 2009 年 9 月 11 日转发省文化厅等部门《关于推动全省动漫产业发展意见的通知》	制定了一系列扶持湖北省动漫产业发展的政策措施，包括财政扶持政策、税收扶持政策、信贷扶持政策、动漫产业园区（基地）建设扶持政策、人才培养政策等。通过政策扶持，建设一批国内一流的动漫产业园区（基地），培育一批具有国际竞争力的龙头企业，培养一批国内一流、国际知名的动漫创作人才，推出一批特色原创动漫作品，打造一批具有较大影响力和市场占有率的动漫品牌，建设全国动漫强省，努力使湖北省跻身全国动漫产业第一方阵。
湖北省人民政府 2010 年 12 月 4 日印发《关于进一步繁荣发展少数民族文化事业的意见》	通过少数民族文化重点工程，建设少数民族文化产业园区和基地，打造少数民族文化艺术精品，鼓励少数民族文化产业多样化发展，促进少数民族优秀传统文化得到有效保护、传承和弘扬。到 2020 年，民族地区文化基础设施相对完备，公共文化服务体系得到健全，主要指标达到全省平均水平。

续表

文件发布主体、发布时间和文件名称	政策内容要点
湖北省委办公厅、湖北省人民政府办公厅2012年4月28日印发《湖北省"十二五"时期文化改革发展规划纲要》	提出"十二五"时期湖北省文化强省建设要实现突破性进展，高素质文化人才队伍发展壮大，一流文化人才在全国有较大影响。文化产业体系和文化市场体系建设取得重大进展，全省文化产业增加值增幅高于全省GDP和第三产业增加值增幅，相对于"十二五"初期，2015年湖北省文化产业增加值实现倍增，成为重要支柱产业，进入全国头部阵营。
湖北省人民政府2014年9月10日印发《关于加快发展对外文化贸易的实施意见》	提出立足湖北省情，培育外向型、科技型、融合型文化贸易企业，建设文化贸易园区基地以及面向海外的文化贸易网络平台，积极开拓海外文化市场，扩大文化产品和服务出口，提升湖北省文化企业的国际竞争力。
湖北省人民政府2015年3月3日印发《关于推进文化创意和设计服务与相关产业融合发展的实施意见》	提出培育50家文创设计龙头企业，打造有湖北特色的文创设计产业链及产业集群，形成一批具有自主知识产权和较高市场占有率的产品，将湖北省打造成中部地区文创设计产业融合的发展高地。到"十三五"末，基本形成文化创意和设计服务与相关产业全方位、深层次、宽领域的融合发展格局，文化创意和设计服务总量在文化产业所占比重明显提高。

续表

文件发布主体、发布时间和文件名称	政策内容要点
湖北省委、省政府 2016 年发布《湖北省国民经济和社会发展第十三个五年规划纲要》	提出加快发展数字传媒产业,大力发展创意设计产业,支持设计创意与工业、时尚、建筑、城市规划等产业融合发展。大力发展信息经济,实施网络强省战略,推动互联网与经济社会发展深度融合,拓展信息经济发展新空间。构建互联网产业体系,大力推进"互联网+"行动,全面加强与阿里巴巴、腾讯、百度等互联网企业的战略合作,推动互联网向经济社会各领域加速渗透,通过融合发展培育新产业、新技术、新业态、新模式和新增长点。大力发展文化创意产业和新兴文化业态,促进文化与相关产业融合,形成一批具有市场竞争力的骨干企业和文化品牌,推动文化产业成为支柱产业,构建现代文化市场体系。
湖北省委、省政府 2018 年 11 月 3 日印发《关于加快全省文化产业高质量发展的意见》	提出要打造武汉文化产业核心区,襄阳、宜昌两个文化产业支撑区,培育文化产业新兴增长极。推动出版业、影视业、演艺业、先进文化装备制造业、创意设计服务业、游戏动漫业等重点领域加快发展,培育荆楚特色文化产业,推动文化与相关产业融合发展,健全现代文化产业体系和市场体系。在健全现代文化产业体系和市场体系方面,提出要做大做强文化市场主体,培育特色优势文化品牌,扩大对外文化贸易,创新文化金融服务体系,培育和扩大文化消费市场等。到"十三五"末,文化产业成为湖北省国民经济支柱性产业,2025 年年底,建立完善的现代文化产业体系和市场体系。

第三节 湖北文化产业发展概况

一、湖北文化产业基础环境

(一)湖北省经济环境

中华人民共和国成立以来,湖北省因其地理交通、经济贸易、科技教育等方面的优势,一直是国内经济、文化、科教大省。进入 21 世纪,湖北省紧抓中部崛起战略、长江经济带战略、"一带一路"倡议等多重政策机遇,经济结构加速调整、供给侧改革不断深化、基础设施建设加快推进,经济发展一直保持"稳中有进、进中向好"的良好态势,综合实力不断提升,正在成为中部崛起的战略支点和长江经济带发展的主力军。

1. 经济总量实现跨越式提升

1952 年,湖北省 GDP 仅 24.51 亿元。改革开放尤其是党的十八大以后,湖北省进入经济发展的快车道,全省经济总量于 2008 年、2012 年、2016 年分别跃上 1 万亿、2 万亿、3 万亿台阶,2019 年突破 4 万亿,2017 至 2019 年湖北省 GDP 排名连续三年保持全国第七。

2. 经济结构转型稳步推进

中华人民共和国成立以来,湖北省逐步实现了从以农业为主到以工业、服务业双主导的巨大转变,从传统农业大省迅速发展成门类齐全的工业大省,规模以上工业企业从中华人民共和国成立初期的 200 家增至近 2 万家,三次产业构成由 1952 年的 56.7∶15.6∶27.7 优化为 2018 年的 9.0∶43.4∶47.6,传统农业所占经济比重已经不到一成。近年来,湖北省充分发挥科教优势,大力实施创新驱动发展战略,推动经济结构转型升级。目前,湖北省约有 7 000 家高新技术企业,高新技术产业增加值 GDP 占比达到 20% 以上。光纤光缆、光通信、生物医药、新能源、新材料、高端装备等高新技术重点产业已成为带动湖北经济创新的主力军,光纤通信、北斗导航等战略性新兴产业已经走在全国前列,以"芯屏端网"为特色的世界级产业集群正在加速形成。

3. 对外开放高地正在形成

自中华人民共和国成立以来,湖北就在不断推动对外开放,使湖北省从一个内陆省份发展成为全国对外开放的高地。1953 年,湖北省进出口总额仅 0.82 亿美元。1978 年提升至 1.73 亿美元。2019 年,湖北省进出口总额高达 566 亿美元,与中华人民共和国成立之初相比增长了近 700 倍,出口商品由过去以农副产品和资源类产品为主,升级为以机电等高新技术产品为主,实现了对外贸易的转型升级和跨越式发展。2017 年 3 月,国务院正式批复设立湖北自贸试验区,包含武汉、襄阳、宜昌三个片区。湖北自贸试验区的设立和建设将促进湖北省进一步探索对外开放的新模式,优化湖北国际营商环境,带动湖北省对外开放再上一个新台阶。

（二）湖北文化资源

湖北历史悠久，底蕴厚重，自秦汉以来一直是中国文化重镇，为发展文化产业提供了良好的基础环境。以炎帝神农文化、三国文化为特色的历史文化，以辛亥首义、黄麻起义为代表的红色革命文化，以屈原、陆羽、李时珍、张之洞为代表的历史名人文化，形成了湖北深厚的文化底蕴。截至 2020 年年底，湖北共有 5 个城市被评选为国家历史文化名城，数量位居全国前列。湖北还有 2 处世界文化遗产，20 个全国文物重点保护单位和 365 个省级文物保护单位，14 个国家级红色旅游经典景区，1730 处重要历史机构旧址、重要党史人物故居等红色文化遗产，历史文物和革命文物蕴藏丰富。

湖北省非物质文化遗产更是星汉灿烂。非物质文化遗产既是历史发展的见证，又是珍贵的文化资源，是湖北省发展文化产业的宝贵财富和构建竞争优势的核心内容。截至 2019 年，湖北共有 127 个项目已被列入国家级非物质文化遗产名录，有数百个项目被列入湖北省级非物质文化遗产名录，其中端午节和雕花剪纸被列入了世界非物质文化遗产名录。

湖北也是中国文学大省。改革开放以来，湖北作家的影响日益增大，先后获得了 3 部茅盾文学奖、10 部鲁迅文学奖、8 部中宣部"五个一工程"奖、8 部全国优秀短篇小说奖等全国重要奖项，涌现出熊召政、池莉、刘醒龙、陈应松等一批实力雄厚的"文学鄂军"。可以说，湖北作家在改革开放每一个历史关键时期都创作出了与之匹配的文学作品。

湖北同样也是全国传媒大省。湖北拥有湖北日报传媒集团、湖北广播电视台、湖北长江出版传媒集团有限公司、湖北知音传媒集团、今古传奇传媒集团、湖北省新华书店集团等 9 个大型文化传媒集团，有"武汉晚报""知音"等知名品牌。近年来，湖北网络文化产业发展迅猛，腾讯、阿里巴巴、小米、科大讯飞、奇虎 360、小红书等一大批知名互联网企业纷纷将"第二总部"设在湖北武汉，为湖北社会经济发展注入了新的活力。

（三）湖北省教育发展

1. 各类教育规模迅速扩大，教育机会不断增加

（1）学前教育规模快速增长。2000 年以后，特别是近 10 年，湖北省学前教育实现了超常规、跨越式发展。截至 2020 年，湖北省共有幼儿园 8 000 所，与 20 世纪 70 年代末相比增加了近 1 500 所。2020 年，湖北省在园幼儿人数 178.4 万人，学前教育三年毛入园率近 90%，学前教育普及率位于全国

各省前列。

（2）义务教育县域均衡基本实现。"十二五"以来，湖北省通过实施全面基础教育行动计划、贫困地区免费教育工程、乡村教师支持计划等措施，实现了基础教育的总体升级和均衡发展。截至 2020 年，湖北省所有的县（市、区）均实现了 9 年义务教育的全面普及和义务教育基本均衡，基本实现了基础教育的现代化。

（3）高中阶段教育全面普及。改革开放以来，湖北省不断加大普通高中教育体制改革和结构性调整，主动适应高等教育发展的需要，扩大普通高中招生规模，加强优质高中建设。"十三五"末，湖北省高中阶段教育毛入学率达到 98%，高中阶段教育在全省全面普及。

（4）高等教育实现了"大众化"和"普及化"两次跨越。2001 年，湖北省普通高校本专科生招生 15.9 万人，在校生 45.3 万人，高等教育毛入学率 16%，高等教育进入大众化阶段。2019 年，湖北省共有高等学校 127 所，普通本专科在校生 150 万人，在校研究生 16 万人，大学生和研究生人数位居全国前列。目前，湖北省高等教育毛入学率已经超过 60%，远远超过了全国平均水平，高等教育已经进入普及化阶段。

2. 人才培养和科学研究成绩卓著，教育社会贡献力显著提升

（1）高校学科专业实力显著增强。2017 年，湖北入选国家"双一流"建设高校共 7 所、建设学科 29 个，分别居全国第 5 位、第 4 位。博士、硕士学位授予单位分别达到 30 所和 54 所，一级学科博士点、硕士点分别达到 181 个和 484 个，分别居全国第 4 位、第 5 位。在全国第四轮学科评估中，湖北进入前 70% 学科数 307 个、进入 A 类学科数 52 个，均居全国第 4 位，学科建设取得了明显成效。

（2）高校科研实力明显增强。目前，湖北高校建有国家实验室 1 个，国家研究中心 1 个（全国共 6 个），国家重大科技基础设施、国家协同创新中心各 2 个，国家重点实验室 17 个，国家工程技术研究中心、国家工程实验室 18 个，国家地方联合工程研究中心（工程实验室）10 个，教育部重点实验室 39 个，省部共建教育部重点实验室 12 个，教育部工程研究中心（含省部共建）26 个，教育部人文社会科学重点研究基地 11 个。近年来，湖北省获国家三大科技奖数量在全国始终位居前列。

（3）高校社会服务能力显著增强。湖北高校与省内市、县或企业建立长

期稳定战略性合作关系达 1 000 余个，直接对接湖北钢铁、汽车、石化、食品、电子信息等千亿产业。高校与地方、企业共建省级产业技术研究院 19家、研发中心 312 家。高校牵头建设协同创新中心 59 个，参与的企事业单位达 217 家，产出了一大批服务国家和湖北地方发展的标志性研究成果。

二、湖北文化产业经济现状

20 世纪 90 年代以来，湖北文化产业规模快速扩大，产业结构不断优化，产业体系不断健全，特别是一批新型文化传媒企业的社会效益与经济效益稳步提升，不断推动文化产业成为湖北社会经济发展的重要增长点。

（一）产业总量持续增长

近年来，湖北文化产业顶住了国内经济下行压力加大、经济发展面临的风险挑战不断增加的压力，产业发展保持了持续稳定的增长势头。近 10 年来，湖北文化及相关产业总值从 2008 年的约 216 亿元增长到 2018 年的超过1 000 亿元；GDP 占比从 2008 年的 1.9% 增长到 2018 年的 3%；文化产业增长速度分别为 2013 年 11.5%、2014 年 10.6%、2015 年 15.1%、2016 年11.7%、2017 年 22%，2013 年至 2017 年年均增长率为 14.2%，增长势头稳健。

（二）产业结构不断优化

2000 年以来，湖北省文化产业逐步形成了门类齐全的产业结构体系，既有新闻出版、广播影视、文化艺术等传统行业，也有互动直播、动漫游戏、广告电商等新兴网络行业，产业体系不断健全，产业结构不断优化，产业优势逐渐显现。

（三）区域市场协调发展

近年来，湖北除了武汉文化产业高速成长外，襄阳、宜昌两个副中心城市文化产业也在提速，逐步形成了以武汉市为龙头的"一主两副"协调发展的文化产业格局。其中，武汉是湖北文化产业发展的龙头城市，文化产业增加值在全省占比超过 50%。襄阳文化产业增加值也呈现出快速增长态势，2018 年该市文化产业增加值约为 125.61 亿元，连续 2 年位居全省第二。宜昌市 2019 年文化产业增加值为 200 亿元，2020 年文化产业增加值超过 250 亿元，文化产业增加值 GDP 占比达到 5%。可以预计，在"长江经济带""湖北自贸区""武汉城市圈"等多重战略机遇叠加的带动下，湖北省将有更多市县文化产业进入发展的快车道。

（四）文化旅游消费持续增长

当前，随着人民生活水平不断提高，文化和旅游消费成为人们的普遍生活方式，为文化产业发展提供了广阔的市场前景。

2018年，湖北省共接待海内外游客人数7.27亿人次，增长13.76%，实现旅游总收入6 344亿元。在旅游消费持续增长的同时，湖北省文化消费也在持续增长。根据湖北省文化和旅游厅发布的数据，目前湖北省有文艺表演团体约700个，从业人员14 000余人；演出场所经营单位近40个，从业人员1 400多人；演出经纪机构约200个，从业人员3 500余人。2017年，湖北17个市（州）共演出45 520场，年增长率达106%；观众人数达2 238万人次，较上年增加1 005万人次，增长82%。湖北省演出市场在演出场次、观众数量上，都呈显著增长态势。

在文化和旅游消费方面，演艺业、影视业扮演着重要角色，尤其是拉动了夜游经济强势增长。武汉市文化地标"知音号"轮船每年接待游客数十万人次；恩施女儿城从傍晚开始，各类演艺"你方唱罢我登场"，每年接待游客数百万人次；襄阳唐城依托全景秀《盛世唐城之大唐倚梦》，自2018年7月14日开通夜游活动以来，累计接待游客超过80万人次。2018年湖北省全年实现电影票房27.91亿元，全年观影人数8 461.95万人次，放映场次465.1万场，年度总票房持续保持中部第一位、全国第七位。

另外，为了进一步鼓励引导文化消费，2018年湖北省《关于加快全省文化产业高质量发展的意见》中明确提出要培育和扩大文化消费市场。具体措施包括要合理布局文化消费场所，提供有效覆盖、方便快捷的文化消费设施。要推广武汉市、宜昌市创建全国文化消费试点经验，增加政府购买公共文化产品和服务的品种范围，推动文化产品和服务提升品质。同时，还要大力探索开展城乡居民文化惠民消费季活动，刺激撬动大众文化消费。[1]

（五）与高新技术结合日益紧密

进入知识经济时代，文化产业与高新技术结合日趋紧密，正在演进成为

---

[1]　湖北省人民政府网．湖北省委、省政府印发《关于加快全省文化产业高质量发展的意见》［EB/OL］．（2019 - 02 - 20）［2019 - 02 - 20］．http：//www.hubei.gov.cn/szgq/gzl/zc_ 9460/201902/t20190220_ 1598352.shtml．

知识密集、信息密集、技术密集的数字化、网络化、智能化文化产业。2000年以来，湖北科研综合实力稳步提升，科技创新主体加速壮大，科技对文化产业发展的支撑力持续增强，为湖北文化产业加快新旧动能转换、实现高质量发展提供了强有力的科技支撑。

从 2010 年开始，湖北省网络型、数字型、技术型文化产业发展明显提速。2010 年，武汉城市圈 9 个城市全部入选国家三网融合试点城市，湖北成为全国开展三网融合试点城市最多的省份，有力推动了湖北广播电视业、互联网业、通信业的融合发展。2015 年以来，湖北广电产业数字化转型明显，湖北长江广电传媒集团有限责任公司 2016 年、2017 年连续两次入选"中国文化企业 30 强"名单，再加上多次入选"中国文化企业 30 强"的湖北长江出版传媒集团有限公司，湖北广播电视新闻出版业开始步入全国第一阵营。

与传统新闻出版业稳步转型升级相比较，湖北网络新媒体产业发展速度更快。2015 年 12 月 31 日，湖北首家互联网公司盛天网络登陆创业板，市值逾百亿。武汉市硚口、汉口北、葛店三大电商产业集群和斗鱼 TV、卷皮网、斑马快跑、安翰光电和直播优选五大"独角兽"，构成了领跑湖北互联网产业的"三剑客"和"五神兽"，湖北省正在成为中国互联网产业的"第四极"。

三、湖北文化产业主要问题

（一）文化内涵挖掘弘扬不够

文化资源内涵是文化产品开发的灵魂。湖北是文化资源大省，文化产业之所以上不去，一个重要原因是对湖北文化资源的内涵挖掘阐释不够。只有将湖北文化资源与新时代湖北社会经济发展对接，不断提炼出具有时代性、生活性、体验性的鲜活主题，才能让湖北文化产业生机勃勃。

（二）文化资源创意转换不足

文化资源优势不会天然地转变为文化产业的优势和市场竞争的优势，这是文化产业发展的一个重要特点。创意转化是文化产业价值创造的"裂变器"，开发文化资源、发展文化产业，关键就在于对文化资源要素进行创意转换，文化资源只有经过创意转化投入文化产品的设计开发和生产经营环节，才能赋予文化产业更多的文化内涵价值。与先进地区相比较，湖北省文化产业难以做强的一个关键因素在于文化资源的创意转换较差，无法运用新技术将湖北优秀文化资源转换为受消费者喜爱的各种形式的文化创意产品。

（三）优质资源作用不突出、品牌效应不明显

湖北省拥有全国乃至全球都为之瞩目的优质文化资源，但湖北文化资源的效应却不突出，尤其是品牌效应不明显，远远没有取得应有的发展成果。例如，湖北黄冈作为鄂豫皖革命根据地的中心，是中国大别山红色文化的核心地区，红色文化资源极其丰富。但近年来，黄冈市文化旅游产业却始终不温不火，2019 年该市旅游收入仅 309 亿元，远低于延安、遵义等国内红色旅游先进地区，远没有发挥出其文化资源的品牌效应和特色优势。

（四）开发利用未形成合力

湖北很多文化资源所在地，除了拥有珍贵的文化资源，同时还有风景、科教、古迹、民俗以及其他综合资源，这就需要加强资源的整合，形成开发合力。但目前，湖北省存在对文化资源与其他资源整合利用不够、对不同地点的文化资源整体开发不够等问题。只有将散布的资源整合起来，通过新技术新手段和宣讲理念的运用，放大互补与结合效应，才能实现"一加一大于二"的效果。

第四节　主要城市文化产业概况

一、武汉市

武汉市是湖北省会，是中国中部地区中心城市，是中部崛起的核心战略支点。改革开放以来，武汉市以文化体制改革为先导，以科技创新为引领，积极发展壮大文化产业，持续改善文化民生，文化建设取得了令人瞩目的成绩。

（一）文化产业资源丰富多彩

武汉市作为国家中部中心城市、全国工业重镇、科教重镇和综合交通枢纽，是国家历史文化名城，文化资源极其丰富。除了黄鹤楼文化、古琴台知音文化等历史文化资源，近代以来，武汉市重要的文化资源至少包括以下几个部分。

首先是清末汉口租界文化。1858 年《天津条约》签订后，英、法、俄等

国将武汉市江岸区中山大道至沿江大道之间的一片区域划定为租界区，并在此兴建起了领事馆、洋行等各式建筑。今天，汉口这片区域仍矗立着大量建于19世纪末至20世纪初的历史建筑，如江汉关大楼、大智门火车站、民众乐园等，形成一片饱含历史韵味的特色街区。汉口租界近代建筑群不仅是全国重点文物保护单位，也是武汉极其珍贵的历史文化资源。

其次是武汉红色革命文化。武汉是辛亥首义的爆发地，是中国共产党的重要诞生地和发祥地之一，是大革命中心和中共中央所在地，是人民军队建军的策源地，是第二次国共合作中心和1938年全国抗日运动中心，是中华人民共和国成立后毛泽东同志离京外出居留次数最多的城市之一，拥有众多的革命旧址，革命文物涉及各个历史时期，资源数量位居全省前列，红色文化底蕴深厚。[1]

再次是武汉社会主义建设文化和当代武汉科技创新文化。中华人民共和国成立后，武汉是中国重要的工业基地。"一五"期间，武汉被确定为全国工业建设的"重点城市"，国家投资在武汉建设了32家大型国有企业，使武汉拥有了钢铁、化工、汽车、冶金、纺织、造船等完整的工业体系，武钢、武重、武锅、武汉长江大桥等一大批标志性工程均在武汉。武汉还是全国科教大省，武汉的高校数量、在校大学生数量等指标在全国名列前茅。进入新时代，武汉作为中部崛起和长江经济带发展的重要支点城市，正在利用其科教优势大力发展"光芯屏端网"新一代信息技术、汽车制造和服务、大健康和生物技术、高端装备和先进基础材料、智能建造、商贸物流、绿色环保、文化旅游、现代金融等高新技术产业和战略新兴产业，加快把武汉打造成为全国经济中心、国家科技创新中心、国家商贸物流中心、国际交往中心和区域金融中心。

（二）文化体制改革加速推进

武汉市文化体制改革始于1979年。2000年以后，武汉文化体制改革明显提速。2002至2012年，武汉积极贯彻和落实党的十六大文化体制改革的精神和要求，以文化事业单位分类改革为抓手，深化公益性文化事业内部机

---

① 武汉市文化和旅游局网站.“建党百年红色旅游百条精品线路”发布“红色武汉·英雄城市”入选［EB/OL］.（2021 - 06 - 03）［2021 - 06 - 03］. http：//wlj. wu-han. gov. cn/zwgk_ 27/zwdt/jdxw/202106/t20210603_ 1712415. shtml.

制改革，实施经营性文化单位转企改制，积极培育文化市场主体，提高了市场竞争力。2004 年，武汉市出台《武汉市文化发展规划（2004—2010 年)》。2003 年以来，武汉市先后组建了武汉红金龙说唱团有限责任公司、武汉新华书店股份有限公司、武汉影视艺术传媒有限公司、长江日报报业集团、武汉出版集团公司、武汉广播电视总台等一批大型文化企业组织，成为武汉文化产业发展的骨干力量。

党的十八大以来，武汉市文化体制改革进一步向深水区迈进，改革力度空前加大，不断探索国有文化资产监管制度化，逐步理顺了政府、市场和文化企事业单位的关系，有力推动了文化与科技、金融、旅游的融合发展，形成了一批在全省乃至全国领先的文化企业、文化项目、文化园区。

（三）文艺精品创作硕果累累

武汉文化底蕴深厚，戏剧、文学、艺术等一直位列国内第一方阵。20 世纪 90 年代以来，武汉市以中宣部"五个一工程"为龙头，打造了琴台音乐节、武汉国际杂技艺术节（逢双年）、中华优秀戏曲文化艺术节等一批具有武汉特色的文化品牌，创作生产了一批在全国有影响力的优秀文艺作品。汉剧《宇宙锋》、楚剧《养命的儿子》、歌舞《楚韵》、话剧《春夏秋冬》《三峡魂》等获中宣部"五个一工程"奖；京剧《洪荒大裂变》《生活秀》、楚剧《三月茶香》、歌舞《山水谣》、儿童剧《希望》《柠檬黄的味道》、话剧《同船过渡》获文化部"文华大奖"、文华新剧目奖；舞剧《筑城记》获文化部"国家舞台艺术精品工程十大精品剧目"；儿童剧《古丢丢》、杂技《英雄天地间》获国家舞台艺术精品工程资助剧目；话剧《董必武》入选 2017 年度国家舞台艺术精品创作扶持工程"全国舞台艺术重点创作剧目名录"；杂技《柔术顶碗》获摩纳哥蒙特卡洛国际杂技马戏比赛"金小丑"奖，《跳板》《驯熊猫》等获全国杂技比赛"金狮奖"，《转碟》获法国"明日"国际杂技比赛金奖等。

文学方面，20 世纪 90 年代以来武汉文坛大师辈出，硕果累累，先后有数十部作品获得各类文学大奖，在全国产生了巨大影响。著名作家刘醒龙、池莉、邓一光等创作的文学作品不仅频获大奖，畅销不衰，而且有很多作品都被改编为影视剧作品，在全国产生了广泛影响。刘醒龙是国内少有的茅盾文学奖和鲁迅文学奖双料获奖作家。池莉创作的小说《生活秀》被改编为电影不仅获得金鸡奖、华表奖等重要奖项，还使汉口的吉庆街名扬全国。

（四）普惠型、全覆盖的公共文化服务体系基本形成

中华人民共和国成立之初，武汉市仅有 2 个公共图书馆，38 家影剧院。经过几代人的努力奋斗，武汉市公共文化实现了从单一服务型向服务经营型转变。进入 20 世纪 90 年代，武汉市文化基础设施建设投入不断增加，相继建成了武汉杂技厅、武汉图书馆新馆、武汉体育中心、湖北省奥体中心、琴台大剧院等一批大型文体工程项目。2012 年以来，武汉市又新建了辛亥革命博物馆、江汉关博物馆、长江文明馆、中国共产党纪律建设历史陈列馆、武汉科技馆等标志性文化场馆。

（五）文化产业蓬勃发展

2010 年以来，武汉市文化产业发展明显提速，文化产业 GDP 增加值明显增大，文化与科技融合明显增强、项目带动效应日益突出，在整个湖北省乃至中部地区的作用越来越突出。

从经济指标看，2017 年，武汉市文化产业实现增加值 619.10 亿元，比上年增长 29.7%，占 GDP 比重达到 4.62%，首次超过全国平均水平（4.2%），占全省总量的 53.2%。2020 年，武汉市在新冠肺炎疫情的不利影响下，规模以上文化企业仍实现营收约 1 700 亿元，武汉市文化产业增加值占湖北省文化产业增加值的比重连续多年超过 50%，文化产业已经成为武汉市的支柱性产业和带动湖北省文化产业快速发展的重要引擎。

从文化产业园区发展看，近年来，武汉市始终坚持创新驱动、特色发展，文化产业园区由小到大、由弱到强，逐步实现了产业集聚化和规模化发展。目前，武汉市共有各类文化产业园区近 30 个，特色文化产业园 20 个，文化产业园区集聚了数千家文化企业，呈现出特色化的园区发展态势。具体而言，武汉市不同城区、不同文化产业园已经形成了以文创设计、动画动漫、网络游戏、网络增值服务、数字体验和新媒体为特色的差异化发展路径，详见表 3-2。

表3-2 武汉市各城区特色文化产业园区

城区	产业园名称	特色
江汉区	红T时尚创意街区	文化创意、服装设计
江岸区	台北院子	艺术休闲、创意设计
	创立方产业园	文化创意、生命健康、"互联网+"
	多牛世界时尚创意产业园	创意科技、文化艺术、新媒体
硚口区	武汉博济智汇园	工业设计、文化创意
	猪八戒网（武汉）文化创意产业园	网络经济、创新创业
汉阳区	汉阳造创意园	文化艺术、创意产业
	叶开泰中医药文化创意产业园	中医药文化创意旅游
	黄鹤楼酒文化博览园	湖北、武汉酒文化
武昌区	大成汇"互联网+"文化产业众创孵化园区	"互联网+"文化产业众创孵化
洪山区	武汉创意天地	艺术+文化+创意
	德成文化创意产业园·DE未来港	文化创意+金融合作
东西湖区	慕金文岸	特色文化共创空间
东湖高新区	中国光谷创意产业基地	动漫游戏、影视出版
	武汉大学科技园	生物技术、新材料、信息技术
	华中科技大学科技园	光电制造、新材料、软件产业
	华中师大文化科技创意产业园	数字内容、数字教育、数字出版
	光谷新发展国际中心	武汉科技总部、新产业中心
	阿尔法文化创意园区	网络电竞、手游产业
武汉经济技术开发区	华中智谷	数字出版、文化工业、文化创意

二、襄阳市

有着2800多年建城历史的襄阳，地处鄂、豫、陕、渝的交汇处，自古以来就处于楚汉文化、巴蜀文化及豫陕文化的核心交互地带，是中国历史文化名城，拥有丰富的历史底蕴和文化遗产。

2012年9月，襄阳市正式提出"文化襄阳"建设战略，确定了"文化立市"战略，要打造在国内外具有较高关注度和美誉度的文化名城、全国文化产业聚集地和文化产业示范基地。此后，襄阳市文化产业进入快速发展期。经过不断的探索努力，襄阳市逐步形成了以唐城和汉城为核心的影视文化基地，相关规模以上文化企业合计达360多家，文化个体户总数达36 766个。

唐城景区全称为襄阳唐城影视基地，位于襄阳市襄城区。唐城影视基地一期襄阳文化产业园于2016年竣工，2017年被评选为国家4A级旅游景区。电影《妖猫传》、电视剧《将夜》等一批优秀影视作品均在唐城取景拍摄。汉城影视基地位于襄阳市枣阳市，于2012年投资22亿元兴建而成，占地面积120万平方米，建筑面积80万平方米，是以汉代文化为背景的仿古建筑群，以影视拍摄服务为主，兼具旅游观光等功能，2019年被评定为4A级旅游区。电影《影》、电视剧《九州缥缈录》《天盛长歌》等知名影视作品均在汉城影视基地拍摄。

目前，襄阳市正在按照湖北省委、省政府《关于加快全省文化产业高质量发展的意见》的要求，加快以古城文化、三国文化、汉水文化为特色的国家级文化旅游名城建设，打造全国知名影视拍摄基地、中部地区重要的文化创意产业基地和区域性工艺品生产基地，努力成为湖北文化产业发展的生力军。

三、宜昌市

宜昌古称"夷陵"，地处湖北省西南部，位于长江上游和中游的分界处，素有"三峡门户""川鄂咽喉"之称。宜昌历史悠久，人文荟萃，风景秀美，既是历史文化名人屈原、王昭君的故里，也是举世瞩目的三峡工程、葛洲坝水利枢纽工程的所在地。截至2021年8月，宜昌市共有4A及以上旅游景区23个，其中5A级旅游景区3个；全国重点文物保护单位18处，省级文物保护单位60个。

2010年以后，宜昌市经济发展明显提速。2012至2017年，宜昌市精细化工、食品医药、装备制造、现代物流、文化旅游五大产业相继发展成为千亿级产业，创造出了令人瞩目的"宜昌速度"。2020年宜昌市GDP总值为4 460.82亿元，与2010年相比增加了近3倍。目前，宜昌市是湖北省仅次于武汉、襄阳的第三经济强市和湖北省副中心城市。

　　党的十八大以来，在国家和湖北省高度重视文化产业发展的背景下，宜昌市对文化产业发展进行了规划部署。在 2016 年制定的《宜昌市国民经济和社会发展第十三个五年规划纲要》中，宜昌市提出要发挥文化资源优势，全面提升文明程度和文化品位，全面繁荣文化事业，不断满足人民群众的精神文明新需求，努力建成"中部领先、全国一流"的区域性文化中心城市，打造"诗歌之城""钢琴之城""读书之城"等城市品牌。

　　2019 年，湖北省制定了全省文化产业高质量发展的政策文件后，宜昌市也制定了推进宜昌市文化产业高质量发展的政策文件，拟通过文化领域的供给侧结构性改革和科技创新等措施，实现文化产业转型升级和创新发展。预计到"十四五"末，宜昌市将形成完善的现代文化产业体系和市场体系。

第四章

湖北文化产业创新驱动发展

第一节　文化产业创新驱动发展概述

一、产业创新内驱力

根据宏观经济理论，特别是 20 世纪 80 年代中后期的新增长理论（又称内生增长理论，the theory of endogenous growth），经济增长不是主要依靠外在因素推动，而是由内生的技术进步所决定。技术进步得以实现的各种机制，包括产品品类的增加、产品质量的改进、人力资本的积累、企业边干边学（或者称为做中学）、知识积累、技术模仿等，就成为新增长理论重点考察的对象。[①]

从微观上看，产业创新的主体是企业，产业创新与企业创新具有同一性，因此，产业创新的驱动力等同于企业创新的驱动力。对于企业来说，追求利润是其从事创新活动的根本动力，企业通过创新能节约原材料的使用，从而达到降低生产经营成本和增加企业利润的目的。如汽车生产厂商通过平台化生产模式的创新，能够做到多款车型的技术、零部件通用，从而实现降低汽车研发成本、提高生产效率的目的。另一方面，企业通过创新能研发出新产品，或者增加现有产品的功能，形成差异化的产品优势，也能给企业带来更多利润甚至超额利润。例如腾讯公司通过技术研发，在 QQ 即时通信软件上不断增加新功能，使 QQ 快速成为中国最大的即时通信软件。2011 年，

[①] 吴易风，朱勇．内生增长理论的新发展［J］．中国人民大学学报，2000（05）：25-32.

腾讯又针对移动终端推出了微信，形成了与 QQ 在功能上的差异化发展。目前，微信已经覆盖90%以上智能手机，月活跃用户数量超过 10 亿，成为腾讯公司打造的另一款成功的平台级应用。

从宏观上看，推动产业创新的因素主要有二：一是用户或市场需求，二是科技进步的推动。市场需求是决定产业创新的主要力量，科技进步是推动创新的根本因素。创新活动往往都是对市场机会的直接响应，市场越大、市场机会越多，产业中的创新活动也往往越多。而市场需求推动创新又离不开背后的科技支撑，没有科技支撑的创新，在创新水平方面只能停留在较低层面，产生不了颠覆性变革或所谓的"破坏性创造"的效果。这方面，我国互联网产业高速发展与产业创新活动的急剧增加可以充分说明。近年来，我国在网络通信领域持续创新研发产生的科技成果，为整个国家和社会，特别是互联网产业不断创新提供了坚实的底层平台支撑，激发了互联网产业乃至整个社会的创新的活力，推动互联网产业持续保持较高的增长速度，互联网产业也成为中国创新活动最集中、产出成果最多的产业之一。

二、文化产业技术创新

文化产业创新包括技术创新、产品创新、组织创新、商业模式创新和制度环境创新等，是多种创新因素的集合。而在这些创新因素中，技术创新属于根本性、底层性、全局性因素，其他因素要么属于技术创新的一部分，要么跟技术创新有着或多或少的关联，都是为了更好地去推动技术创新而存在。另外，技术创新的作用形式、驱动方式、产生的影响力会因产业的不同而存在一定差异。但在知识经济和信息时代，科技创新已经成为国家发展的核心支撑，主要依靠科技进步、知识创新来驱动整个社会和国民经济发展已经成为世界各国的共识。

党的十八大做出了创新驱动的战略部署，明确将科技创新摆在国家发展全局的核心位置。党的十八届五中全会把创新作为五大发展理念之首，提出创新是引领发展的第一动力。2016 年 5 月，中共中央、国务院发布《国家创新驱动发展战略纲要》，标志着我国社会经济发展驱动力开始进入根本性转型期，即由传统的依靠要素驱动增长转向依靠创新驱动增长，实现以科技创新为核心的全面创新。目前，与文化产业技术创新相关的新技术主要包括以下内容。

（一）大数据技术

根据麦肯锡发布的大数据研究报告，大数据是一种规模大到在获取、存储、管理、分析方面大大超出传统数据库软件工具能力范围的数据集合，具有海量的数据规模、快速的数据流转、多样的数据类型和价值密度低四大特征。① 随着云计算和大数据时代的来临，大数据已经成为企业和社会关注的重要战略资源和国家底层技术基础设施。马云认为，未来的时代将不再是 IT 时代，而是 DT（data technology）时代。对文化产业而言，大数据可以对用户进行快速精准画像，可以帮助企业快速找到自己的客户群体，大幅度提高企业研发设计、产品销售、用户服务的效率和质量，是文化产业技术创新的一个重要领域。②

例如，美国亚马逊作为一家信息公司，能获得用户在其网站平台上留下的大数据信息——页面停留时间、搜索关键词、浏览的商品信息、商品评论等。通过对这些数据进行准确分析就可以迅速了解用户的购物偏好，进而推荐他们喜爱的商品。亚马逊网络平台积累的各种类型的海量数据资源，以及亚马逊研发的各种智能化的数据分析模型和工具，赋予了亚马逊强大的数据挖掘分析能力。基于数据分析结果，亚马逊就能构建出更加精准、高效的盈利模式与运营方式，其拥有的海量数据资源和强大的研发实力是其竞争对手很难超越的。

（二）人工智能技术

根据百度百科词条解释，人工智能（artificial intelligence）是研究、开发用于模拟、延伸和扩展人的智能的理论、方法、技术及应用系统的一门新的技术科学。由斯图亚特·罗素（Stuart Russell）与彼得·诺维格（Peter Norvig）所著的全球人工智能权威教材——《人工智能：一种现代的方法》认为，人工智能是有关"智能主体（intelligent agent）的研究与设计"的学问。

近年来，在信息科技快速发展的带动下，人工智能技术已经开始全面进

---

① McKinsey Global Institute. Big data：The next frontier for innovation, competition, and productivity ［EB/OL］.（2011 - 05 - 01）［2011 - 05 - 01］. https：//www. mckinsey. com/business - functions/mckinsey - digital/our - insights/big - data - the - next - frontier - for - innovation.

② 新华网. 马云：DT 时代 闯出你的未来［EB/OL］.（2015 - 06 - 22）［2015 - 06 - 22］. http：//www. xinhuanet. com/world/2015 - 06/22/c_ 127937765. htm.

入包括文化产业在内的各行各业，语音合成、机器人写作、智能用户画像、机器人播报等 AI 技术正在应用到文化内容生产与文化内容交互传播等领域，正驱动着传统文化产品生产向智能化信息内容生产传播转变。

（三）区块链技术

作为第四次工业革命代表性技术之一和"最有潜力触发第五轮颠覆性革命浪潮的核心技术"，区块链本质上是一种分布式数据库技术，具有去中心化、防篡改、可溯源、集体维护、公开透明等特点。区块链的最大优势之一是能够实现多个网络主体之间的协作信任与一致行动，从而为构建信息不对称环境下的网络信任机制奠定了基础。[①]

目前区块链技术已从最初的数字金融、供应链管理、智能制造延伸到了物联网、数字资产交易等多个应用领域。区块链技术的不可篡改、可追溯、代币激励、公开透明等特点使得其与文化产业有着天然关联，目前已经应用到版权保护、知识产权管理、数字出版等行业。区块链技术在文化领域的应用对加强数字文化产品的知识产权保护和推动数字版权经济发展具有重要的推动作用。

（四）虚拟现实技术

虚拟现实（virtual reality，VR）技术是用计算机仿真建立三维虚拟环境的一种技术，用户可以以自然的方式与虚拟环境中的物体进行交互作用、相互影响，从而极大地扩展了人类认识世界，模拟和适应世界的能力。[②] 广义上讲，虚拟现实还包括增强现实（augmented reality，AR）与混合现实（mixed reality，MR）技术。它们都是通过智能眼镜等可穿戴设备将虚拟三维信息与真实世界信息进行混合，达到虚实结合的效果。

虚拟现实技术因具有沉浸性、交互性、多感知性等特点，因而在影视娱乐、教育培训、交互设计等领域有极大的发展前景。根据《数字娱乐产业蓝皮书：中国虚拟现实产业发展报告（2019）》，虚拟现实产业已成为经济发展的新增长点，目前已经在工业、军事、医疗、航天、教育、娱乐等领域形成较为成熟的应用，将撬动上万亿元的新兴市场。VR + 影视、VR + 游戏、

---

① 李拯. 区块链，换道超车的突破口 [N]. 人民日报，2019 – 11 – 04（05）.
② 周忠，周颐，肖江剑. 虚拟现实增强技术综述 [J]. 中国科学：信息科学，2015，45（02）：157 – 180.

VR + 游乐、VR + 教育、VR + 设计等将为文化产业在硬件制造、内容生产、用户体验等方面带来更多的创新可能与发展契机。

（五）物联网技术

物联网（internet of things，IoT）作为信息通信技术和互联网技术融合的典型代表，最早起源于美国麻省理工学院建立的用于物品识别和管理的无线射频识别系统（RFID）。根据工业和信息化部电信研究院编写的《中国物联网白皮书（2011）》，物联网是指连接物品到物品的网络，用以实现对物品的智能化感知、识别和管理，从而实现高智能化决策的网络。随着信息通信技术与互联网的不断融合发展，物联网还可以看作是虚拟网络空间与实体物理空间的融合，可以实现物与物、物与人、人与环境高效信息交互的技术方式，基于物联网技术的各种新的服务模式将使各种信息技术与人类社会行为实现融合，因此物联网是信息技术在人类社会综合应用达到的更高境界。①

早期，物联网主要应用于工业和农业领域，如工业自动控制、电力、交通、物流、智能节能环保、精细农业、环境监测等。近年来，随着信息科技的快速发展，物联网技术在全球正在加速发展，已经进入了万物互联的发展新阶段。在文化领域，文化 + 物联网是文化新业态发展的一个新方向。其特点是通过互联网与物联网的融合，实现消费者（人）、消费终端（物）、有形（实体）或无形（数字化）文化产品、各种网络平台的互联互通，从而深刻影响文化产品生产、文化内容传播和文化服务提供。②

可以预见，随着物联网、5G、云计算等新兴技术的快速普及，"万物互联""万物皆媒""处处皆媒"将成为现实。文化产业的生产要素、生产资源、生产工具、信息平台、体验模式将发生巨大变化，文化物联网将成为文化产业创新的又一个增长点。

---

① 孙其博，刘杰，黎羴，范春晓，孙娟娟．物联网：概念、架构与关键技术研究综述［J］．北京邮电大学学报，2010，33（03）：1 – 9.
② 张之益．大力推进文化物联网建设［N］．人民日报，2018 – 11 – 19（07）.

第二节 湖北文化产业创新发展概况

一、湖北文化产业技术创新

从地理位置看，湖北文化产业技术创新主要集中在武汉，尤其是武汉"中国光谷"。这里既诞生了湖北互联网上市第一股"盛天网络"，也孵化出了湖北第一家在美国纳斯达克上市的互联网企业"斗鱼直播"。截至2019年年底，光谷互联网企业数量已超过2 800家，从业人数逾10万人、"独角兽"级别的科技企业达到6家。随着湖北互联网经济的快速发展和"互联网＋"战略的持续推进，湖北省文化产业的科技创新能力将越来越强，技术创新型企业的数量将越来越多，技术创新的集聚效应将越来越突出，其中，具有较强技术创新能力的企业主要有以下几个。

（一）小米公司武汉研发总部

小米公司成立于2010年4月，是一家以手机、智能硬件和IoT平台为核心的互联网公司，业务遍及全球80多个国家和地区，手机、电视等产品在多个国家和地区销售量名列前茅。从2019年开始，小米公司已经连续两年入选美国《财富》杂志世界500强企业，是成立时间最短的世界500强企业。2017年，小米公司在光谷建立武汉总部，主要从事人工智能和"互联网＋"的技术和产品研发，涵盖软件设计、网络办公、游戏开发和互联网金融等业务板块。目前，小米公司及其生态链企业正在向武汉聚集，这将极大助力武汉市打造中国互联网发展的"第四极"。

（二）字节跳动公司武汉研发中心

北京字节跳动科技有限公司成立于2012年3月，仅用不到10年就发展成为全球最大的互联网企业之一。目前字节跳动的产品和服务已覆盖全球150个国家和地区，全球员工总数达到10万人，拥有今日头条、抖音、Tik-Tok、西瓜视频等大量优秀互联网产品。自2018年以来，抖音和TikTok已经连续3年蝉联全球娱乐应用下载榜冠军。2018年，字节跳动开始在武汉建立产品研发中心。2020年，字节跳动进一步扩大了武汉研发中心的规模，研发人员从3 000多人增加到5 000多人。

（三）湖北省广播电视信息网络股份有限公司

湖北省广播电视信息网络股份有限公司（湖北广电网络）是湖北省属国有控股大型文化高新技术企业。近年来，湖北广电网络公司除了继续推进湖北省内广电网络数字化、光纤化改造和下一代数字网络建设，还在积极打造智慧城市、智慧乡村、电子政务、社区管理等新型业务产品。除此以外，湖北广电网络还在加强与广电总局广播电视科学研究院、360 政企安全集团、启迪控股等科技机构和企业的合作，正在全面进入广电行业网络安全标准制定及网络智能制造领域。2019 年，湖北广电网络与华为签署合作协议，重点在基础网络升级改造、5G 网络建设、4K 超高清电视平台、融合媒体、集团客户专网、人工智能、智慧园区七大领域开展交流与合作。随着湖北广电网络在技术研发和产品创新等方面的持续投入，企业正在从传统广播电视网络运营商向智能化信息服务提供商和智慧城市综合服务平台快速转型。

（四）湖北盛天网络技术股份有限公司

湖北盛天网络技术股份有限公司（盛天网络）成立于 2009 年，主要从事网吧游戏运营与内容管理，市场占有率超过 30%，是国内网吧游戏运营、网吧内容管理、网吧增值服务的领导者。2018 年开始，盛天网络依托原有网吧的游戏客户，通过技术创新不断向游戏产业链上游拓展。2018 年，盛天网络成立全资子公司——盛游互动网络科技有限公司，直接参与游戏开发，打造全产业链的 Game + 游戏平台。目前，盛天网络已从成立之初的网吧运营商发展成为国内领先的场景化互联网用户运营平台。

（五）武汉斗鱼网络科技有限公司

武汉斗鱼网络科技有限公司（斗鱼 TV）是湖北新兴网络科技文化的代表企业。2014 年 1 月，斗鱼 TV 在广州注册成立。2015 年年底，因看中武汉互联网产业发展前景，斗鱼 TV"游"回武汉。从 2014 年公司成立到 2018 年，斗鱼 TV 先后获得了奥飞动漫、腾讯、红杉资本等企业数十亿人民币的投资。在资本推动下，斗鱼 TV 迅速发展成为中国最具影响力的游戏直播平台，用户和流量在同类网站中一直保持领先。2019 年 7 月 17 日，斗鱼 TV 正式在美国纳斯达克交易所上市，股票代码"DOYU"，这既是首家在海外上市的湖北本土互联网公司，也成为湖北文化产业发展的一个重要里程碑。

二、湖北文化产业产品创新

（一）平台型产品创新

近年来，湖北文化产业技术平台创新有不少亮点，主要集中在广电媒体与新媒体融合的"长江云"平台，网吧资源管理"易乐游""战吧"平台等。

"长江云"是湖北广播电视台新媒体大数据服务平台，是全国首个将舆论引导与意识形态管理、政务信息公开与移动政务、社会治理和智慧民生服务三者融为一体的"政务＋新闻＋服务"新媒体平台。目前，长江云平台综合用户达到 8 100 万，是"湖北新闻第一端""湖北移动政务第一端"，是全国省级广电媒体融合建设的样板。

"易乐游"是湖北盛天网络技术股份有限公司的核心产品，是针对网吧设计的平台产品，集合了存储、无盘、三层更新、增量更新、安全等技术，能将大量网络娱乐内容针对网吧进行组织、分发、管理、更新，是中国网吧运营的主流平台。

"战吧"电竞平台是盛天网络为电子竞技用户提供的游戏增强类服务平台，包含游戏赛事、战队、特权、活动、社交等功能。目前，战吧平台已经在约 3 万家网吧安装使用，是线上最具人气的电竞赛事活动平台。

（二）内容型产品创新

在新闻领域，湖北新闻媒体在节目开发方面进行了大量创新，成绩斐然。例如，湖北广播电视台打造的"帮女郎"等品牌已成为湖北广播电视新闻的名片和标识。大型民生新闻栏目《经视直播》荣获第 21 届中国新闻奖新闻名专栏奖，实现了湖北电视界零的突破。

在影视领域，近年来湖北文化企业大力开拓影视剧市场，发展影视文化产业，取得了不俗的成绩。如湖北广播电视台摄制了电影《世纪之梦》《山乡书记》、电视剧《徐海东大将》《中原突围》《武当》《武当2》等一批精品影视作品，获得了全国"五个一工程"奖、"飞天奖"和"金鹰奖"等多项国家级大奖。当代明诚等互联网公司则拍摄了《猎毒人》《我们的四十年》等网络热剧，参投了热播大剧《庆余年》。这些优秀影视作品大大提高了湖北影视产业在全国的地位。

在出版领域，湖北教育出版社《中国教育改革大系》荣获了第四届中国出版政府奖，长江文艺出版社出版的《雪祭》荣获了第十四届精神文明建设"五个一工程"奖。湖北长江出版传媒集团 2017 年起多次入选"中国文化企业 30 强"，一个主要原因就是该出版集团连续多年一直以打造优质图书产品作为企业生存发展的第一要务。

三、湖北文化产业组织创新

（一）宏观上：按照上市企业要求推动企业组织创新

宏观上看，近年来湖北省主要通过推动文化企业上市来带动文化企业组织革新——按照《公司法》《证券法》上市公司要求对符合条件的文化企业进行股份制改造，建立现代企业制度，引入企业战略合作者，提高企业的盈利能力。从效果上看，截至 2020 年年底，湖北国有文化企业仅有长江出版传媒集团、湖北广电网络公司等少数几家企业在国内证券市场上市交易，仅有斗鱼 TV 一家企业在境外上市，文化上市公司的数量与国内发达省市相比有较大差距。

（二）微观上：通过组织结构优化和生产模式创新推动企业组织变革

微观层面的组织创新是指文化企业内部通过调整组织结构、变革组织要素、完善组织制度以提高组织效率、降低管理成本的创新行为。湖北省文化企业组织创新主要表现在建立工作室制度和融媒体采编机制。

在我国，工作室（studio/workshop）大约产生于 20 世纪 90 年代，一般指由专业骨干或具有较强资源整合能力、影响力的核心人物牵头建立的团队，是一种团队组织形式和工作模式，适合于文学艺术、影视创作和策划设计等创意创造性领域。20 世纪 90 年代末期，《武汉晚报》较早在报社内部组建了名记者、名编辑工作室，在社会上产生了很大影响。此后，湖北广播电视台、武汉广播电视台等新闻媒体以及很多文艺团体也纷纷建立起了自己的工作室制度，为优质内容产品的创作生产提供了组织上的保障。

在 2018 年，党中央启动了以县级融媒体中心建设为代表的基层新闻机构改革，目的是通过体制机制创新让基层新闻媒体承担起应有的责任，为人民群众提供更优质的新闻资讯服务。截至 2019 年年底，湖北省内各市县已纷纷建立起了自己的县级融媒体中心，开始按照媒体融合的要求进行新闻采编生产和信息资讯传播。与此同时，湖北日报、湖北广播电视台等省级大型媒体也构建起了自己的融媒体采编中心，在组织结构方面进行了大刀阔斧的改革，实现了机制创新、流程优化和平台再造，将报纸、广播、电视、网站、"两微一端"等多个平台融为一体，以满足新媒体环境下新闻报道的要求。

四、湖北文化产业环境创新

（一）加大新技术推广应用，构建产业发展的技术环境

近年来，湖北省加快推进 5G、高速互联网、区块链、物联网等新技术在本省落地，为湖北省文化产业、互联网产业发展构筑起越来越好的发展环境。

其中，5G 技术是促进文化业态创新的重要驱动力，而武汉市发展应用 5G 技术的条件可谓得天独厚。武汉是"中国光谷"所在地，拥有国家信息光电子创新中心、武汉光电国家研究中心等一系列国家级创新平台，汇聚了众多科研院所，形成了从技术研发、生产制造到技术应用的全产业技术队伍，拥有中国信科、长飞光纤、光迅科技等一大批通信骨干企业，是国内少有的创新链、产业链、资金链、人才链、政策链"五链统筹"协同齐备的城市。在政策上，湖北省已经将"加快 5G 产业化进程"写进政府工作报告，武汉市正在全面落实《武汉市 5G 基站规划建设实施方案》，以确保实现 5G 网络市域全覆盖，在全国同类城市中处于领先水平。在产业生态上，湖北省正在发挥各类国家级创新平台的牵引作用，推进运营商、重点企业与高校、科研院所紧密合作，聚焦 5G 芯片、光纤光缆、基站天线、集成应用等领域，大力"补链、强链、延链"。在技术应用上，湖北省正在重点推动 5G 技术在数字政府、智慧城市、工业互联网、民生服务、创新创业等方面的应用，促进湖北经济社会数字化转型。

区块链方面，目前湖北已有数百家企业涉及区块链业务。武汉市正在打造国内区块链技术高地。武汉卓尔智联"中农网"上线的茧丝区块链项目是国内第一个"大宗农产品流通区块链"。武汉大学国家网络安全学院正在建设"密码学与区块链技术实验室"。在全球区块链企业专利前 100 名排行中，斗鱼 TV 位列第 67 位。

大数据方面，湖北省正在大力建设城市大数据平台，包括政务大数据平台、产业大数据平台和社会公益大数据平台。2015 年 7 月，国内第二家大数据交易中心——东湖大数据交易中心股份有限公司在武汉成立，成为国内"政务数据资产运营"的开拓者。2018 年 6 月，武汉市成立了大数据协会。

该协会将重点对武汉大数据产业发展、大数据平台建设、大数据产品研发等进行战略研究，推动武汉大数据产业发展。2019年1月，武汉市正式成立政务服务和大数据管理局，目的是集聚全市大数据资源、挖掘大数据价值、创新大数据应用。总体而言，湖北省发展大数据产业的技术基础、社会环境和市场条件都比较好，为文化产业与大数据结合，打造文化大数据新产品、新业态奠定了较好的基础和平台。

（二）大力推进"双创"工作，构建产业创新创业环境

湖北是全国科教大省，大学生群体集中，在创新创业方面基础雄厚、优势明显，为湖北文化产业创新创业提供了坚实的基础条件。近年来，湖北省各级政府高度重视创新创业工作，制定出台了一系列鼓励创新创业的政策措施，对湖北省创新创业发展起到了重要的推动作用。

2015年8月26日，湖北省颁布《湖北省人民政府办公厅关于发展众创空间推进大众创新创业的实施意见》（鄂政办发〔2015〕64号），提出要建设150个国内知名企业孵化器、20家品牌创业园区，企业孵化器面积达到2 000万平方米，聚集1 000家专业创业投资机构，孵化培育3万家新兴产业领域的创新型科技企业。2019年11月1日，湖北省政府发布《湖北省人民政府关于推动创新创业高质量发展打造"双创"升级版的实施意见》，提出要大力推动湖北省"双创"平台升级、环境升级、保障升级，进一步优化创新创业环境，大幅降低创新创业成本，提升创业带动就业能力，增强科技创新引领作用，以有效激发创新创业活力，增强创新创业内驱力，培育壮大经济发展的新动能。

除了政策上的大力支持，互联网产业对优质内容的迫切需求也为文化领域创新创业提供了极好的发展机遇。近年来，今日头条、喜马拉雅、新浪微博等新媒体平台纷纷推出内容创作扶持计划，高薪资助优质内容原创者利用新媒体平台创新创业。例如，早在2015年，字节跳动公司便推出了"千人万元"计划，支持各类自媒体创作者。2016至2018年，字节跳动又拿出10亿元奖励优秀的短视频创业者，并推出"千人百万粉""青云计划"等激励政策，重点资助优质原创内容及拥有大量粉丝的优质作者，鼓励网民利用今日头条、抖音等平台创新创业。

（三）文化旅游交叉融合，构筑大文化产业的融合发展环境

近年来，随着人们对高品质文化旅游产品需求的不断增加，文化产业与

旅游产业的产业链在不断延伸和交叉，呈现出你中有我、我中有你的态势。作为一项综合性、带动性很强的产业，文化旅游已明显呈现出多领域、多产业和多区域融合发展的势头。

2018年3月，文化部和国家旅游局合并为"文化和旅游部"，文化事业、文化产业、旅游产业开始进入加速融合期。文旅管理机构的合并为文化旅游产业融合发展带来新机遇，为文旅产品创新创造了广阔舞台，为文化和旅游产业跳出原有产业边界，向大文化产业扩张提供了良好的环境土壤和发展空间。

政策方面，近年来国家和地方政府制定了一系列推动文化旅游产业融合发展的政策措施，将文化旅游产业融合发展纳入国家整体发展框架之中，形成了良好的发展环境。2019年，湖北省《政府工作报告》也明确提出要推动文化和旅游深度融合，大力发展文旅产业，加快打造长江国际黄金旅游带核心区。

总之，经过近十年的推动，文化产业和旅游产业已经从早期的观念融合、机构融合、职能融合、管理融合，逐步发展到目前的功能融合、技术融合、要素融合和业态融合，文化＋旅游、文化＋休闲、文化＋体育、文化＋科技等的大文化产业格局正在快速形成，为湖北文化产业进一步做大做强提供了广阔的发展空间。

（四）建设数字中国、数字湖北，构建文化产业发展的智慧化环境

建设数字中国是新时代国家信息化发展的新战略。《国家信息化发展战略纲要》明确提出要"加快建设数字中国"。2016年，国务院提出"十三五"期间我国信息化发展的总体目标是要在数字中国建设方面取得显著成效。随着数字中国建设步伐的加快，我国信息化发展的速度将不断提高，信息化发展给各行各业带来的巨大潜能将不断释放，各种新产业、新模式、新业态将蓬勃发展。因此，数字中国建设战略的实施将为文化产业发展构建起智能化、网络化、数字化的高技术发展环境。

对湖北省而言，建设数字湖北，涵盖湖北经济、政治、文化、社会、生态等各领域的信息化建设，是驱动湖北省经济高质量发展的新引擎，对湖北省发展数字文化经济、网络文化新业态具有重要的支持作用。

2018年9月6日，湖北省人民政府成立湖北省数字政府建设领导小组。2019年1月15日，湖北省人民政府发布《省人民政府关于推进数字政府建

设的指导意见》（鄂政发〔2019〕4号），提出在云计算、大数据、物联网、人工智能、区块链等技术的支撑下，构建一体化的在线政务服务平台，推动政府全方位、系统性变革。上述措施为湖北省文化产业数字化、智能化、网络化发展构筑起了坚实的数字技术环境。

第三节　湖北文化产业创新能力实证研究

一、问题提出与研究方法

（一）理论背景

驱动经济发展的因素很多，包括增加劳动人口、增加资本投入、增加土地供应和知识进步等，其中知识进步以及由此产生的技术进步是推动经济发展的主要因素。经济学新古典增长理论认为，技术进步是促进经济发展的关键变量，内生的技术进步是经济实现持续增长的决定性因素。[①] 产业经济学也认为，知识创新以及由此产生的技术进步不仅是经济增长的主要推动力量，也是推动产业结构升级发展的主要动力。[②] 因此，技术进步是推动产业发展和结构演进的根本性因素，这一规律对文化产业同样适用。

从产业结构演进的历史看，工业化以来，工业结构呈现出"重工业化—高加工度化—技术和知识集约化"的变迁轨迹，不仅工业部门越来越采用先进的生产技术和工艺，大量高知识、高技术型服务业开始崛起，如工业设计、计算机软件、信息技术服务和金融证券等，并且在社会经济体系中占据越来越重要的地位。从世界文化产业发展的模式和特点看，进入21世纪以后，文化产业与各种高科技的结合日益紧密，文化生产数字化、文化消费数字化与技术装备数字化趋势越来越明显，文化产业高知识、高信息、高技术的特点越来越突出，科技创新已成为推动文化生产方式变革的最强动力，文化产业发展主要依靠以技术创新为主的创新驱动发展模式已成为文化产业发

①　朱勇、吴易风.技术进步与经济的内生增长——新增长理论发展述评〔J〕.中国社会科学，1999（01）：21-39.

②　王俊豪.产业经济学（第三版）〔M〕.北京：高等教育出版社，2016：187.

展的主要模式。

党的十八大以来，我国实施创新驱动发展战略，本质上就是要实施科技创新驱动，而不是传统的劳动力以及资源能源驱动。文化产业发展的特点和模式也是要依靠技术创新。因此，湖北文化产业创新发展的核心是不断提高湖北文化产业的技术创新能力。湖北文化产业技术创新能力越强，湖北文化产业高质量发展的动力就越强；反之，湖北文化产业在发展过程中必然会遇到重重困难和阻力。

（二）问题提出

1. 湖北文化企业技术创新成果不突出

企业是技术研发的主体，文化企业技术创新是文化产业转型升级的主要推动力。近年来，以计算机技术、网络通信技术、新材料技术为代表的基础科技发展迅猛，为文化产业技术创新和技术应用提供了广阔空间，推动文化领域创新技术成果层出不穷。2019年，阿里巴巴公司自主研发的分布式关系数据库系统 OceanBase 获得重大技术突破，打破了过去一直由西方科技企业保持的数据库基准性能测试世界纪录，成为全球性能最强的数据库系统。2018年，由腾讯公司自主开发的游戏大作《王者荣耀》营业收入高达230亿元人民币，2020年春节期间日活跃用户高达9 535万，成为当下中国乃至全球盈利能力最强的游戏产品之一。

与文化科技创新较突出的北京、广东、浙江等地相比较，湖北省在科研基础设施、科研技术平台、科研技术力量等方面还是有自己的优势，但文化技术创新却与上述地区存在很大差距，无论是传统的广播电视和报刊出版企业，还是新兴的互联网公司，总体上看都缺乏标志性、显著性和有影响力的科技创新产品。

2. 湖北文化企业技术人员数量不足

研发投入是实现技术创新的基础和前提，是衡量企业科技创新能力的主要指标。只有高额的研发投入，才有可能获得丰厚的回报，这已经成为产业技术创新的一条基本原则。当下，国内外文化企业均在技术和产品研发上投入巨资。在全球知名科技公司中，亚马逊、谷歌等公司研发人员比例高达35%。阿里巴巴研发人员占比超过了50%，是技术研发人员数量最多的中国科技公司之一。

相比较，湖北文化企业研发人员数量明显不足。拿湖北广电类上市公司

"湖北广电"与湖南广电类上市公司"电广传媒"进行比较，即可看到差距。根据两家上市公司发布的财报，从数量上看，2018 年"湖北广电"技术人员总数为 2 476 人，"电广传媒"为 3 385 人；从学历上看，"湖北广电"研究生学历（硕士含以上）人数 182 人，"电广传媒"为 253 人；从研发投入看，2018 年"电广传媒"的研发资金明显多于"湖北广电"。

3. 湖北缺乏技术创新型文化龙头企业

龙头企业往往都是行业的标杆和榜样，有很强的盈利能力、创新能力和影响力，对行业内的其他企业具有示范、引导和带动作用。目前，我国文化产业中的龙头创新企业大都集中在广东、浙江、北京、上海等沿海或经济发达地区。湖北省虽然科教基础力量雄厚，汽车、电子、通信、军工等产业均有技术龙头企业或科研机构，但文化产业却缺少像腾讯、阿里巴巴、百度这样的行业技术龙头，与发达地区存在明显差距。

二、研究思路、框架结构与研究内容

（一）构建分析比较框架

文化产业技术创新评价指标体系是为综合反映和评价文化产业技术创新状况和能力水平而设计的一组具有内在联系的经济指标。该指标体系能够综合考察地区文化产业技术创新投入、能力与效果，是客观指标与主观指标的统一，具有可计量性和可比较性的特点。

目前，学界对如何评价一般性、综合性产业，特别是以制造业为主的工业产业的技术创新能力已经有比较成熟、统一的指标体系。从投入和产出的角度，技术创新效果可以通过投入产出指标之间的比例关系测算出来。投入端的技术创新主要体现在企业研发资本投入和研发人员投入，产出端的技术创新绩效主要体现在发明专利、新产品与技术交易、科研论文数量等方面。文化产业技术创新与一般工业产业既有相似之处，也存在很大的差异。比如，文化产业技术创新产出一般不太重视科研论文的数量，但对新产品、新技术的市场规模和用户接受度却非常在意。

因此，借鉴已有工业产业技术创新评价指标体系，针对文化产业技术创新特点，考虑到数据的可获得性，文化产业技术创新评价指标体系应包含企业技术创新投入、企业技术创新产出和企业技术创新效果三个部分，具体评价内容、评价维度、评价指标见表 4 - 1。

表4-1　文化产业技术创新评价指标体系

评价内容	评价维度	评价指标	单位
技术创新投入	研发经费	文化企业研发经费投入	万元
		文化企业研发人员投入	万元
		文化企业研发经费比例	%
	研发人员	文化企业技术人员数量	个
		文化企业每百人拥有的专业技术人员数量	个
技术创新产出	专利	文化企业专利申请数	个
		文化企业有效发明专利数	个
	技术交易	文化企业技术交易收入	万元
技术创新效果	新产品产值	文化企业新产品收入	万元

（二）调研方法

1. 调研对象

调研对象主要包括湖北、广东、浙江、湖南、四川和上海六个省市文化类上市公司。广东、浙江均为全国经济发达地区，两个省文化企业创新能力全国排名领先。湖北和湖南虽然同为中部省份，但湖南省文化产业实力和文化技术创新能力长期位居全国前列。上海正在打造世界级科技创新中心，该市文化产业技术创新能力全国领先。四川省文化产业发展势头良好，技术创新有其独特优势。因此，分析上述省市文化上市公司技术创新经验，对湖北省文化产业技术创新能提供有益的借鉴。

2. 数据获取

对上述地区进行调研的企业全部为文化传媒和网络科技类上市公司，上市地点既包括我国沪、深和香港证券交易市场，也包括美国证券市场。调研数据来自相关市公司年报。

3. 统计评价方法

本研究主要使用数据统计比较法，计算各地区评价指标数据的总值与均值，在此基础上对各地文化产业技术创新能力进行分析评价。

（三）研究内容

1. 对湖北省上市文化企业技术创新进行调研，并与相关省市进行对比

通过比较分析上市公司技术研发投入数据，从而得出湖北省文化产业技术创新的现状与问题。

2. 分析湖北省培育高科技文化企业的现状与问题

新兴高技术文化企业大都属于小微文化企业，对其进行调研和获取资料存在很大难度。但小微高技术文化企业大都位于省内各文化产业示范园或文化产业基地，文化产业示范园区和基地的发展状况是这些高技术文化企业发展境况的直接反映。因此，调研湖北省国家级和省级文化产业示范园区和产业基地，并将调查结果与其他省市地区进行对比，可以得出湖北省新兴高技术文化企业的发展状况。

3. 对湖北省典型高技术文化企业调研分析

近年来，湖北省以斗鱼 TV 为代表的一批高技术互联网企业快速崛起，正在形成中国互联网的"湖北军团"。通过分析总结这些典型技术型文化企业的成长模式，可以为湖北省培育更多高技术文化企业提供经验参照。

4. 提出提高湖北省文化产业技术创新能力的措施建议

在上述分析的基础上，提出湖北省推动文化产业技术创新的方向、措施与政策建议。

三、湖北文化产业技术创新现状与问题的比较分析

根据上述研究方法，本研究共从沪深两市以及香港、美国证券市场挑选出 87 家文化类上市公司，其中湖北省 5 家、湖南省 6 家、四川省 8 家、浙江省 22 家、广东省 30 家、上海市 16 家。从上述上市公司 2017 年度报告中找出公司研发经费投入、技术人员总数、专利总数以及软件著作权总数，通过计算研发经费与公司营业总收入之比可以得出公司研发经费比例，通过计算技术人员数量与公司员工总数之比可以得出企业技术人员占比。对上述数据进行分析比较，可以推断出湖北省及其他省市文化产业技术创新概况。

需要指出的是，美国上市公司年报中并未明确公布公司技术研发经费，而是以产品开发费来代替。因此，携程旅游网等在美国上市公司的技术研发经费，均以产品开发费代替。上市公司专利数和软件著作权数主要来自"天

眼查",① 上市公司拥有的专利与软件著作权既包括本公司,也包括旗下子公司所拥有的。另外,部分文化上市公司虽拥有专利,如浙江帝龙文化,但专利内容与文化不相关,故未做统计。

(一)技术创新投入

从文化企业技术经费投入看,湖北 5 家文化类上市公司总计投入 28 699 万元,平均每家公司投入 5 740 万元。单纯从量上看,湖北文化企业技术研发投入不算少,但横向比较看,无论是研发经费总额还是研发经费均值,湖北与湖南、浙江、广东等地都存在明显的差距。哪怕与中西部的湖南、四川相比,湖北文化企业技术投入都存在一定距离。

从技术人员占比看,湖北 5 家文化企业技术人员占比高达 48%,是统计地区中技术人员占比最高的省份。其次是广东(37%)、上海(33%)、四川(32%)、浙江(29%)和湖南(28%),这说明湖北省文化企业技术经费投入虽然不高,但技术人员比例却是最高的,湖北文化企业拥有很好的从事技术创新的人力资源基础,如果能加大投入,湖北文化企业技术创新应该会取得更好的绩效。

表 4-2 相关地区文化产业技术投入情况②

地区	上市公司数量	研发经费总额（万元）	研发经费均额（万元）	研发经费占比（%）	技术人员占比（%）
湖北	5	28 699	5 740	5	48
湖南	6	55 994	9 332	9	28
四川	8	88 956	11 120	10	32
浙江	22	2 587 855	117 630	6	29
广东	30	2 654 993	88 500	10	37
上海	16	1 004 622	62 789	10	33

(二)技术创新产出

湖北省 5 家文化上市公司总共取得了 53 项专利和 71 项软件著作权,平

---

① 国家中小企业发展基金旗下官方备案企业征信机构,2020 年 2 月统计。
② 统计数据源于相关上市公司 2017 年度财务公报。

均每家公司 11 项专利、14 项软件著作权。从横向看，湖北文化企业技术产出在统计地区中处于垫底位置。首先，湖北文化企业专利和软件著作权产出的基数小，专利总数和平均数略高于湖南，远低于四川、浙江、上海和广东，特别是与广东和上海差距巨大。数据一方面说明湖北文化产业技术产出的规模较小；另一方面也说明湖北科技文化企业特别是互联网文化企业数量很少，缺乏龙头型互联网企业做引领。湖南、四川两地大部分文化上市企业的专利数量和软件著作权数量也不高，一些公司甚至没有专利和软件著作权，与湖北相似，但两地均有技术领导型企业做支撑，如湖南的拓维信息、四川的卫士通和金亚科技均是技术产出大户，从而大大拉高了两省的技术产出均值。浙江、广东和上海的技术型企业数量多、实力强，特别是有阿里巴巴和腾讯这样的互联网寡头，从而在技术产出方面与其他地区拉开了距离，详见表 4-3。

表 4-3　相关地区文化产业技术产出情况①

地区	专利总数	专利均数	软件著作权总数	软件著作权均数
湖北	53	11	71	14
湖南	49	8	320	53
四川	454	57	291	36
浙江	1 163	53	691	31
广东	44 828	1 494	5 390	180
上海	1 946	122	1 086	68

（三）技术创新效益

从统计地区技术投入、技术产出和技术创新效益之间的关系看（见表 4-4），上述地区文化企业技术投入与产出效益呈现出明显的正相关关系，即技术投入越多，技术产出越多，企业效益越高。需要注意的是，湖北技术人员占比与技术产出效益不成正比，说明技术产出有一个滞后过程，湖北目前还处于技术积累期，而浙江、广东等发达地区经过长期的技术积累，目前已经进入了技术收获期。因此，湖北省文化企业需要继续加大技术投入的力

① 统计数据源于相关上市公司 2017 年度财务公报。

度，为将来文化产业技术效益突破打好基础。

表 4-4 相关地区文化产业技术创新效益情况①

地区	研发经费均额 （万元）	技术人员占比 （%）	营业总收入均值 （万元）	利润均值 （亿元）
湖北	5 740	48	320 255	2.9
湖南	9 332	28	405 769	3.1
四川	11 120	32	266 575	3.7
浙江	117 630	29	1 393 485	48.7
广东	88 500	37	1 513 335	39.4
上海	62 789	33	467 393	10.1

第四节　湖北文化产业创新驱动发展策略

一、贯彻内涵式增长的发展理念

自湖北省首次提出建设文化强省至今，已有 20 年历史。20 年前，湖北文化产业与国内其他省市处于同一水平，彼此之间差距很小。但经过 20 年的发展，湖北文化产业实力在全国仅排名中游，不仅被广东、浙江等发达地区远远甩开，就是和中西部的湖南、四川等地的差距也在拉大，主要原因是湖北文化产业从"增量扩充"向"存量优化"的转型遇阻，仍在沿用文化产业发展初期的外延式发展模式，即主要依靠资本、人力、土地等要素投入的增加推动文化产业发展，而不是依靠技术水平的提升和生产组织方式的改善或全要素生产率的提高来发展文化产业。从经济学角度看，资本等要素的投入会遇到边际收益递减，即便投入更多的资源要素，对经济效益的提升作用也会越来越小，反而会导致有限的资源不能投入效率更高的领域。湖北文化产业在做大后始终无法做强，GDP 增加值占比始终徘徊在 3% 左右无法向上

---

① 统计数据源于相关上市公司 2017 年度财务公报。

突破，原因就在于湖北文化产业仍停留在依靠增加要素投入的外延发展模式。因此，湖北文化产业实行创新驱动发展，根本任务是要通过各种方式和措施，推动湖北文化产业从外延式发展模式转向内涵式发展模式。

相对于外延式发展，内涵式发展更注重文化资源的内容价值、创意价值和产业价值的挖掘，可从以下三个方面推进。

（一）以内容创新为源头，推动文化产业创新

文化产业本质上是内容产业，无论是传统的新闻出版、广播电视，还是新兴的游戏动漫、网络视听，优质的内容始终是文化产业安身立命之本。因此，文化产业创新发展，走内涵式发展道路，必须从内容源头上创新，不断打造能吸引受众的优质内容。这方面，广州的奥飞娱乐股份有限公司（奥飞娱乐）为湖北文化产业内容创新树立了一个榜样。奥飞娱乐主要从事动漫影视内容生产，近年来该公司打造出了"喜羊羊""巴啦啦小魔仙"等一系列优质内容 IP。2016 年以来，公司又打造了《三生三世桃花缘》《镇魂街》等多部爆红网络剧。目前，奥飞娱乐已构建起以优质 IP 为核心，涵盖漫画、动画、连续剧、电影、游戏、玩具等多元产业格局，正在打造中国版"迪士尼"。

湖北省影视动漫产业基础雄厚、人才储备充足，近年来创新亮点不断涌现。2019 年 1 月，武汉太崆动漫打造的动画片《冲破天际》获得奥斯卡最佳动画短片奖提名，实现了国产动画作品的突破。中国科幻文学巨作《三体》的动画制作落户武汉艺画开天。刷新了国产动画电影票房纪录的《哪吒之魔童降世》背后也有武汉动漫企业的身影。对湖北文化产业而言，不是没有内容创新，而是要对已有的创新成果进行扶持、扩大，不断培育内容创新的"火种"，尽快形成湖北文化产业的优势 IP 效应。

（二）以技术创新为依托，推动文化产业创新

在知识经济和信息时代，打造优质文化产品的关键是用先进的数字技术对文化内容进行创意转化，打造成富含时代感的高技术文化产品，要用技术力量驱动文化"精神内容"的创意创新。湖北省要充分发挥自己在 5G、"互联网＋"、大数据、云计算、物联网等新技术方面的优势，并不断将优势转化为湖北发展文化经济的催化剂，用先进的生产技术不断创造出新颖、优秀的内容产品。

(三) 以人才创新为保障，推动文化产业创新

人是一切创新的主体和本源，内容创新、产品创新、技术创新，归根到底还要靠优秀的人才来实现。湖北文化产业要实现创新驱动发展，必须依靠优秀的文化人才。一方面，要大力引进各类文化产品的创作设计师、软件设计师、文化经纪人等高级人才；另一方面，湖北是中国重要的人才培养基地，必须留住湖北培养的优秀文化人才。同时，湖北还要利用好网络优势，加强对外部人才的引进和利用，使更多优秀人才能为我所用。另外，围绕湖北文化产业的重点或薄弱领域，要加强对现有人员的培训与交流，为湖北文化产业创新提供内生性的人力支撑。

二、打造政府推动与市场驱动的文化产业发展双动力

文化产业发展与政府行政行为有着密切联系，从某种角度讲，文化产业发展离不开政府引导，但政府制定产业政策的一个重要目的是实现文化产业高效率竞争。因此，能否发挥市场竞争机制对产业发展的基本驱动作用，能否将有限的资源引导配置到效率更高的行业，是构建文化产业创新动力机制要厘清的基本问题。

从政府角色来看，在文化产业发展的起步阶段，政府对文化产业采用直接干预的行政政策，对文化产业快速发展确实能起到重要推动作用。但是，在文化产业发展进入成熟期，政府直接干预市场的做法已经越来越不符合市场经济的发展规律，即便用政策法规引导，产生的作用也会越来越小。

对于湖北省来说，现阶段文化产业政策总体上应该从扶持型政策向竞争性政策转变，但并不意味着政府在宏观调控方面毫无作为。一方面，政府要加强对文化产业发展的前瞻性调研，找准发展的突破点和发力点。比如在进入21世纪20年代后湖北文化产业的支撑点是什么，战略新兴产业如何聚焦？政府职能机构必须对新时期文化产业发展趋势进行预见性分析，进而实行选择性的产业扶持政策，鼓励和吸引资源向新兴战略性文化产业汇聚，快速形成产业优势，从而实现文化产业的转型升级。另一方面，宏观上政府应创造更公平、透明、激励性的发展环境，加大知识产权保护，通过财政政策、税收政策等方式对市场创新主体给予奖励，鼓励企业从事技术创新和产品创新。

从市场角度看，湖北文化产业创新发展，根本路径还是要依靠市场竞争

的驱动作用，真正落实党的十八届三中全会提出的要让市场机制成为资源配置的决定性因素的精神。从国内外文化产业发展经验看，文化产业发达、创新力强的国家、地区，无不是市场主体众多、竞争比较充分的地区。

因此，对湖北文化产业来说，政府应进一步简政放权、放松管制，营造更好的创新创业环境和市场竞争氛围，通过市场竞争机制挤出过剩的、不合市场需求的产能，鼓励企业通过竞争做大做强，以市场活力促进湖北文化生产力上新台阶，培育在全国乃至全球有影响力的文化企业和文化品牌。

三、培育优秀的市场创新主体

（一）大力培育企业家精神，培养湖北文化产业的企业家

熊彼特创新理论认为，对于企业创新而言，企业家的作用至关重要。创新是企业家的灵魂，是企业家精神的核心。企业家是企业的领导者、决策者，是企业的统帅和灵魂，决定着企业创新的思路、方向和水平。因此，企业家本身就是企业创新的关键因素，企业家精神在一定意义上就意味着创新精神。习近平总书记多次强调，市场活力来自企业，特别是来自企业家，来自企业家精神，要加快培养具有国际视野的企业家。

国内外无数企业发展经验表明，企业家对于企业创新至关重要，正如乔布斯之于苹果、柳传志之于联想、马云之于阿里巴巴。这些杰出的企业家是企业的名片、符号和品牌，已经内化为企业不可分割的一个部分。我国改革开放四十多年，经济发展之所以能取得举世瞩目的成就，一个重要原因就在于改革开放解放了人的创造力、激活了企业家精神，让一大批企业家脱颖而出，成为创新活动的实践者。当前，世界经济发展已经越来越不单纯地依赖要素和资本的投入，而更多地依靠内生创造力的投入，依靠优秀的企业家将技术研发、产品开发和企业创新有机结合起来。从这个角度看，湖北文化产业创新最缺的并不是资源，而是缺一流的企业家。湖北文化产业要实施创新驱动战略，就要创造尊重企业家、鼓励企业家创新的社会氛围与机制，不断调动企业家的积极性、主动性与创造性，企业家群体和企业家精神才能在市场经济下应运而生、生长繁荣。

（二）推动文化产业混合所有制改革，释放企业创新活力

经济学研究表明，技术创新是经济持续增长的动力，不同产权性质的企业往往具有不同的技术创新激励手段。在众多所有制形式中，混合所有制企业的技术创新能力最强，私营企业的技术创新能力次之，外商投资企业创新投入较少，但在新产品研发和劳动生产率上有优势，而国有企业技术创新能力最弱。产权性质差异是导致国有企业、私营企业和混合所有制企业技术创新能力差异的主要原因。由于技术创新常常伴随着较长的突破周期、更多的试错风险和较大的创新成本，这也导致国有企业管理者更愿意尝试在短期内能迅速产生业绩的生产性项目，而无激励去从事那些投资收益周期长、在任期内很难获得回报的创新性项目，从而导致国有企业的技术创新能力最差。①

我国虽然是社会主义国家，但改革开放以来非公有制经济发展迅猛、民营经济比重不断提高，已成为整个国民经济的重要组成部分。党的十八届三中全会明确了公有制和非公有制的同等地位。党的十九大指出要支持民营企业更加公平地发展。因此，推动文化产业体制机制改革，放开相关领域的进入管制，让民营资本享受国有资本的同等待遇，大力发展混合所有制文化企业是湖北省文化产业破除体制机制束缚，释放企业创新活力的必由之路，也是实现湖北文化产业内涵式发展、激活市场驱动力的基本前提条件。

（三）加强企业创新文化建设，提升企业创新能力

文化是一个企业组织的灵魂，② 是未来企业的第一竞争力。③ 因此，企业要发展创新，企业文化建设就是其中一个关键课题。④ 每一个企业都有自己的文化，但这些文化一般并不对企业创新具有直接的促进作用。企业文化不可能自动转变为企业创新文化，只有采取主动的、专门的企业创新文化建设，才能营造出更浓郁的创新氛围，才能不断提升企业的创新能力。⑤

企业创新文化建设是一个多层次、多要素的建设工程，涉及企业价值观文化、企业制度文化、企业网络文化、企业客户关系文化等。其中，企业创

---

① 吴延兵. 不同所有制企业技术创新能力考察 [J]. 产业经济研究, 2014 (02)：53 – 64.

② 水常青, 许庆瑞. 企业创新文化理论研究述评 [J]. 科学学与科学技术管理, 2005 (03)：138 – 142.

③ 周忠英. 企业文化——未来企业的第一竞争力 [J]. 商业研究, 2004 (03)：164 – 165.

④ 陈春花. 企业文化的改造与创新 [J]. 北京大学学报（哲学社会科学版）, 1999 (03)：52 – 57.

⑤ 束军意. 论创新管理视角下的"企业创新文化建设" [J]. 科学学与科学技术管理, 2010 (10)：108 – 111.

新精神、企业创新价值观是企业创新文化的灵魂，决定了企业制度创新、环境创新等其他创新文化的构建。[①] 以华为公司为例，华为公司的成功与企业决策、制度、产品等有直接关系，但在本质上是其创新哲学的成功。华为创新哲学的基本理念是开放、包容、鼓励试错等，这是华为公司的创新之源。

因此，湖北文化企业必须将有利于企业创新发展的企业文化精神、企业文化理念、企业文化哲学作为企业文化建设的核心，通过系统性的创新文化建设来不断构建、凝聚、提升企业的创新精神。

---

① 刘朝臣，鲍步云，彭建涛. 企业创新文化的精神层结构及其建设 ［J］. 技术经济，2008（01）：53－58.

第五章

湖北文化产业集群发展

第一节 问题提出与研究方法

一、研究背景与问题提出

（一）理论背景

产业集群是相互关联、地理位置相对集中的企业和机构的集合。产业集群能推动企业间合作，促进企业增长，提高产业的创新能力和整体竞争力。[①]随着全球文化产业的快速发展，文化市场竞争已经不只是单个文化企业之间的竞争，而是整个文化产业链和产业系统之间的竞争。只有打造出健全、完善、有特色的文化产业集群，才能从根本上增强湖北省文化产业发展的核心竞争力。

产业集群存在生命周期，一旦到成熟期，由于集群经营模式的固化，往往缺乏自我更新与提升的能力，集群以往形成的核心能力会演化成为导致集群衰退的风险，即集群的核心刚性或能力陷阱。产业经济学研究表明，产业集群发展越成功，集群的核心刚性会越来越大，其接受和学习新事物的意愿和能力也会越来越低，从而导致集群竞争力不断降低，甚至导致集群逐渐萎缩和消失。

因此，湖北省发展特色文化产业集群主要包括两大问题：一是如何培育新兴特色文化产业集群，为产业发展不断注入新鲜力量，优化文化产业结构；二是传统文化产业集群如何克服核心刚性，从而在新的市场环境下凝练

---

① 陈柳钦. 产业集群与产业竞争力 [J]. 南京社会科学，2005（05）：15 – 23.

特色，形成新的核心竞争能力。

（二）问题提出

1. 湖北省文化产业距离支柱产业有较大差距

湖北是全国经济文化和科教大省，但并不是文化强省，与先进地区相比，湖北省文化产业差距比较大。例如，"十二五"末期，湖北省文化产业增加值不到900亿元，约为湖南省的一半，文化产业实力仅居中部第四，甚至与西部四川省相比也有较大的差距。湖北省"十三五""十四五"规划均明确提出要将文化产业GDP比重从目前的3%提升至5%或更高，将文化产业发展成湖北省的支柱产业，迈入文化强省的行列。从产业组织的视角看，只有发展特色文化产业集群，做大做强文化市场主体，才能推动湖北文化产业高质量发展，实现文化强省的战略目标。

2. 湖北发展特色文化产业集群有较大难度

国家"十三五""十四五"规划纲要均提出要加快发展新型文化企业，加速形成特色新兴产业集群。当前，中国各地都在大力推进文化产业集群发展。然而，湖北省文化产业发展要取得突破性进展并不容易：一是传统文化产业集群亟须转型升级重新凝练特色，二是要尽快培育新兴特色文化产业集群，二者都亟待突破。

以武汉市纸媒产业集群为例，在21世纪的头十年，武汉市出现了以《武汉晚报》《楚天都市报》为代表的十几家地方报刊，形成了一个地区性纸质媒体繁荣集群。但是2010年以后，随着互联网新媒体的快速普及，传统纸媒的广告客户和受众群体出现大面积流失，造成集群整体业绩大幅下滑，生产规模大幅萎缩。《武汉晚报》2016年的广告收入仅6 500万元，经营亏损4 000多万元。另一家都市报《武汉晨报》从2016年开始则对版面进行了大幅压缩，从过去日均32版，缩减到日均12至16版，最低时仅有8版，以压缩经营成本。

科技革命给传统文化产业带来巨大冲击，如果传统文化企业群体仍抱守过去的经营模式，整个集群的衰退将不可避免。因此，必须大力推动传统文化产业集群整体转型，通过特色化和差异化发展来提升产业集群的创新能力和竞争实力，以规避产业集群衰退带来的风险。

二、研究思路、框架结构与研究方法

(一) 研究思路与分析框架

本研究的总思路是对湖北省文化产业集群的发展状况进行调研，与其他地区文化产业集群进行比较，通过对调研数据结果寻找差距、总结问题并总结经验，进而提出湖北省发展特色文化产业集群的建议措施。具体思路步骤如下。

1. 构建分析框架

文化产业集群作为社会生产的一个组成部分，与社会环境中的各种因素以及社会大生产网络中的其他环节有着密不可分的联系。集群的发展既受外部因素的影响，也受内部因素的影响；既有宏观因素，也包括各种中观、微观因素。

为了对众多因素进行简化和分类，本研究主要参考借鉴波特的"钻石理论模型"、Teece 等人的"动态学习框架"、国内熊澄宇等学者的"文化产业评价体系框架"等业界和学界公认有较大影响的理论框架作为研究基础。在此基础上，本研究提出了地区文化产业集群分析框架，以及地区文化产业集群发展评价指标体系。总体而言，本研究分析框架主要从文化产业集群的核心能力、基础能力和环境能力三大目标层进行考察。核心能力又分解为集群经营创新、集群产业战略两个子目标，基础能力分解为集群发展、集群集聚和集群创新三个子目标，环境能力分解成集群培育、公共服务两个子目标。每个目标再分解为若干个维度，每个维度分解为若干个测量指标（详见附录Ⅰ和表 5 - 1）。

需要指出的是，由于评价指标体系框架中的集群核心能力指标内容，一般很难进行量化统计，属于定性分析的范畴，主要是收集目标企业发布的经营策略、媒体对企业所做的新闻报道等，主要通过深入阅读这些文字资料进行分析定性判断，故表 5 - 1 与附录Ⅰ略有差异，即表 5 - 1 指标体系中的目标层不包含集群核心能力指标。

表 5-1 地区文化产业集群发展评价指标体系

目标层	维度层	指标层	单位	权重
A1 产业发展	B1 经济指数	C1 区域文化产业增加值总额	亿元	30%
		C2 文化产业增加值占全省 GDP 比重	%	
		C3 文化产业出口贸易额	亿美元	
		C4 规模以上企业数量	家	
		C5 文化产业吸纳就业人数	万人	
	B2 效益指数	C6 文化产业总收入年增长率	%	
A2 产业集聚	B3 业主指数	C7 区域内文化上市公司数	家	30%
		C8 境外上市文化公司数	家	
		C9 文化上市公司总市值	亿元	
		C10 文化上市公司营业总收入	亿元	
		C11 文化上市公司利润总额	亿元	
	B4 竞争力指数	C12 主业收入前 5 名企业占上市公司主业收入的百分比	%	
		C13 入选"中国文化企业 30 强"企业数（2008—2017 年）	家	
		C14 近三年入选"中国互联网企业 100 强"企业数（2015—2017 年）	家	
		C15 区域内知名文化传媒品牌数	个	
A3 产业创新	B5 创新指数	C16 国家级文化产业园区数和基地总数	个	20%
		C17 省级及以上文化产业园区和基地总数	个	
		C18 区域文化产业基金数额	亿元	
		C19 每百万人拥有发明专利授权数	个	

目标层 基础能力

续表

目标层	维度层	指标层		单位	权重
环境能力	A4 产业环境	B6 经济环境	C20 地区生产总值（2016 年）	亿元	10%
			C21 人均 GDP	元	
		B7 人才指数	C22 区域内高校总数	所	
			C23 区域内大学生总数（含研究生）	万人	
	A5 互联网环境	B8 网络基础设施指数	C24 网民总数	万人	10%
			C25 互联网普及率	%	
			C26 域名数	个	
			C27 占域名总数比例	%	
			C28 网站数	个	
		B9 网络发展指数	C29 "互联网＋" 指数		
			C30 "互联网＋" 数字经济指数		

2. 考核评价方法

（1）指标数据获取

本研究调研数据全部来源于正规渠道：对上市公司的统计调研来源于上市公司 2016 年的企业年报；对地区经济社会发展状况的统计调研来源于统计局网站；文化产业发展的数据来源于文化部、新闻出版广电总局或文化厅等相关政府机构网站；网络基础设施方面的数据来源于中国互联网络信息中心和腾讯研究院。

（2）统计评价方法

根据课题调研实际情况，本研究选取"指数基期法"进行评价，按照"指数标准化—指标赋权—指标数据合成"三个步骤展开，最终合成符合各省市文化产业集群客观发展实际的分指数和总指数，并在此基础上进行分析评价。

（3）具体计算方法

设：某省市文化产业集群发展指数得分为 X

$$X = A1 + A2 + A3 + A4 + A5$$

其中：

$$A1 = \frac{\sum \left(\dfrac{C1}{C1_{max}} \sim \dfrac{C6}{C6_{max}} \right)}{6} \times 30$$

$$A2 = \frac{\sum \left(\dfrac{C7}{C7_{max}} \sim \dfrac{C15}{C15_{max}} \right)}{9} \times 30$$

$$A3 = \frac{\sum \left(\dfrac{C16}{C16_{max}} \sim \dfrac{C19}{C19_{max}} \right)}{4} \times 20$$

$$A4 = \frac{\sum \left(\dfrac{C20}{C20_{max}} \sim \dfrac{C23}{C23_{max}} \right)}{4} \times 10$$

$$A5 = \frac{\sum \left(\dfrac{C24}{C24_{max}} \sim \dfrac{C30}{C30_{max}} \right)}{7} \times 10$$

注：Cn 为某一省市数值，Cn_{max} 为五省市统计最大值，即基期数值。

3. 调研分析湖北文化产业集群现状与特征

（1）对湖北省产业集群的发展环境进行研究

包括湖北省文化产业集群发展状况、产业创新情况、产业相关资源，以及湖北省社会环境、政策环境等方面的分析。

（2）对湖北省大型骨干文化产业集群的经营发展进行调研，并与其他省市进行对比

目前，我国已经有 100 多家在国内外证券市场上市的文化类上市公司，已经形成了一个文化产业上市公司集群。一个地区的文化上市公司在很大程度上能代表该地区文化产业集群的整体面貌和发展水平。因此，本研究主要选取湖北省与国内其他几个省市的文化类上市公司作为调研对象，通过调查分析上市公司主要经营指标，从而得出湖北省文化产业集群的经营发展现状与问题。

（3）分析湖北省培育打造特色文化产业集群的现状与问题

新兴文化产业集群一般是由小微文化企业构成，由于小微文化企业规模小、数量多，成立时间较短，在调研和资料获取方面存在较大难度。但这些小微文化企业大都位于省内各文化产业示范园或文化产业基地，文化产业示范园区和基地的发展状况就能直接反映这些小微文化企业的发展境况。因

此，本研究通过调研湖北省国家级和省级文化产业示范园区和产业基地，并将调查结果与其他省市地区进行对比，以分析总结湖北省新兴文化产业集群的状况。

(4) 对湖北省典型新兴文化企业集群调研分析

近年来，以"斗鱼TV""盛天网络""卷皮网"和"宁美国度"为代表的一批湖北省互联网企业在武汉光谷强势崛起，我国互联网产业中的"湖北军团"逐渐显现，产业集群效应正在快速释放。要分析总结这些典型企业的成长路径与发展模式，应研究进一步做大做强这些企业的办法措施。另外，还要总结新兴科技文化企业利用高新开发区政策、人才、技术和资金等资源的经验，为湖北省培育更多新兴文化产业集群提供参照。

4. 剖析深层次问题

本研究从湖北省文化产业的资源利用、布局与结构、格局与视野等层面对湖北省文化产业集群发展中的问题进行深度剖析，以期找到湖北省文化产业集群发展滞后的病根。另外，本研究还对湖北省骨干文化企业集群的转型升级进行重点分析，主要包括：一是对它们的核心能力即经营创新和战略创新进行深入剖析，通过与对标企业进行对比分析寻找差距和借鉴经验；二是调查比较骨干文化企业在国家创新战略形势下的环境适应能力和市场把握能力，分析传统文化产业如何利用互联网进行业务扩展和跨界融合，从而为湖北省文化企业集群克服核心刚性、更新核心能力，实现高质量发展提供参考。

5. 提出湖北省特色文化产业集群发展的措施建议

在上述分析的基础上，提出湖北省发展特色文化产业集群的战略目标、发展理念与发展方向，以及政策措施框架。

(二) 研究方法

1. 典型调查法

首先，选择文化类上市公司为调研对象。目前处于文化产业集群链核心的优势企业已纷纷上市，已然形成了文化上市公司集群，具有很大的典型性，在很大程度上能代表所在地区文化产业集群的发展状况。

其次，除了湖北省，本研究主要选取广东、湖南、四川和上海四个省市作为上市公司的选择地，原因是这些地区文化产业集群具有较强的典型性和先进性。广东省是全国经济发达省份，该省文化产业在全国名列前茅。湖南省和湖北省同为中部省份,但湖南省文化产业发达,在全国文化产业版图中占有重要地位。上海市是国际经济科技创新中心和国际文化大都市,也是我国文化产业最发达的城市之一。对上述省市文化产业集群转型升级和创新发展的路径模式进行分析,对湖北省发展文化产业新业态、打造新型文化产业集群有很强的借鉴意义。四川省虽地处我国西部,但该省的经济社会发展水平并不落后湖北省,其GDP排名连续多年都超过湖北省,文化产业发展势头也非常迅猛。对该省文化产业集群分析,可以找到西部偏远地区文化产业集群发展的优秀经验,对湖北省也能提供有益的借鉴。

2. 统计分析法

基于本研究构建的分析框架,通过数据统计,既可以就某一个指标或某一个维度对不同地区文化产业集群进行对比分析,也可以通过全部数据统计形成一个地区的文化产业集群综合发展指数,从而可以比较不同地区文化产业集群的发展水平。

3. 比较研究法

比较研究法是本研究主要采取的研究方法,在资料调研和数据统计的基础上,将湖北省文化产业集群与广东省、湖南省、四川省和上海市文化产业集群在多个维度进行对比,全面把握文化产业集群的本质及发展规律,从而为湖北省文化产业集群发展提供经验借鉴。

4. 个案分析法

对典型文化产业集群、典型文化产业园区/基地、典型文化企业等进行深入剖析,以全面准确把握现象背后的规律与经验,有助于本研究归纳总结先进经验做法,提出建议措施。

第二节 湖北文化产业集群发展现状

一、文化产业集群基本情况

(一)湖北省文化产业发展速度较快,距离支柱产业尚有距离

湖北省"十三五"规划正式将文化产业列为支柱产业。某一产业要成为国民经济发展的支柱产业,必须具备一定的条件:一是产业规模较大,占

GDP 的比重在 5% 以上；二是发展潜力大，属于朝阳产业；三是就业带动效应大，创造就业机会多；四是产业关联度高，能促进其他产业共同发展；五是节约资源和能源，属于绿色环保型产业。从目前湖北省文化产业发展的经济与效益情况看（见表 5 - 2），距离真正实现支柱产业的目标差距还较大。

表 5 - 2　湖北、湖南、四川、广东、上海文化产业发展经济效益调查①

指标 ＼ 地区	湖北	湖南	四川	广东	上海	单位
C1 区域文化产业增加值总额	954	1 911.3	1 141.2	4 000	1 632.7	亿元
C2 文化产业增加值占全省 GDP 比重	2.95%	6.10	3.80	5.03	6.50	%
C3 文化产业出口贸易额	10.2	7.2	7.24	418.1	45.3	亿美元
C4 规模以上企业数量	1 407	2 937	1 004	7 327	15 676	家
C5 文化产业吸纳就业人数	8	192.8	52.17	340	130	万人
C6 文化产业总收入年增长率	13.35	12.00	7.72	2.70	8.10	%

1. 湖北省文化产业体量较小，与文化强省差距在拉大

湖北省 2016 年文化产业增加值总额仅 954 亿元，占当年全省 GDP 比重的 2.95%，在统计地区中总额和比值都是最低的。四川省、上海市在 2015 年的文化产业增加值就分别达到了 1 141.2 亿元和 1 632.7 亿元。从增速上看，发达地区文化产业体量尽管已经很大，但仍能保持较快的增长速度，如上海和湖南文化产业年增长率均保持在 10% 左右。湖北省文化产业如果不能实现超常规发展，与其他文化强省的差距会进一步拉大。

---

① 在调研期间，因一些省市统计局未发布最新数据，导致数据统计年份不一致，对统计结果会造成一定影响。C1、C2、C6 指标，湖北为 2016 年数据，湖南、广东为 2016 年数据，四川、上海为 2015 年数据；C3 指标，湖北为 2011 年数据，四川为 2014 年数据，湖南、上海为 2015 年数据，广东为 2016 年数据；C4 指标，湖北、四川为 2014 年数据，上海为 2015 年数据，湖南、广东为 2016 年数据；C5 指标，湖北为 2012 年数据，上海为 2013 年数据，四川为 2014 年数据，广东为 2015 年数据，湖南为 2016 年数据。

2. 发达地区经济社会发展和文化产业发展的共振效应明显

广东和上海的统计数据的最大特点是文化产业的体量巨大，特别是 2016 年广东省文化产业增加值高达 4 000 亿元，文化贸易出口额超过 400 亿元，吸纳就业人数高达 340 万，文化产业对地区发展的贡献越来越大，已不是普通意义上的支柱产业，已成为引领地方经济和社会转型发展的重要引擎。广东"十三五"规划明确将文化旅游产业列为该省十大产值（或增加值）超万亿元产业，要继续强化文化强省的地位，建设全国文化产业示范区和在亚太地区文化创意中心。上海市文化产业的 GDP 占比高达 6.5%，是四个地区 GDP 占比最高的地区。如果把统计范围再扩大，该市文化创意产业的 GDP 占比高达 12%，文化创意产业已经成为引领上海新一轮发展的支柱型产业。

3. 湖北文化产业与湖北经济社会发展的关联度不大

表 5－3 统计了湖北省及相关省市的经济环境和人才情况。该表显示湖北、湖南和四川三省 GDP 总量非常接近，人均 GDP 湖北省最高、四川最低，高等教育方面湖北省高校数和在校大学生数都较高，但湖北文化产业发展在这几个地区中表现最差，这表明较高的经济发展水平并不意味着文化产业一定就强；相反，文化产业较社会经济发展具有一定的独立性，经济社会不是特别发达的地区，文化产业也可以发展得很好。

表 5－3 湖北、湖南、四川、广东、上海文化产业集群环境调查①

指标 地区		湖北	湖南	四川	广东	上海	单位
B6 经济环境	C20 地区生产总值	32 297.9	31 244.7	32 680.5	79 512.1	27 466.2	亿元
	C21 人均 GDP	55 196	45 931	39 695	72 787	113 600	元
B7 人才指数	C22 区域内高校总数	128	108	109	147	64	所
	C23 区域内大学生总数（含研究生）	152.4	33.6	153.9	198.6	51.5	万人

湖南省就是一个典型。该省经济社会发展水平在全国并不领先，甚至近

---

① 统计数据源于各地发布的 2016 年国民经济和社会发展统计公报。

年来 GDP 一直低于湖北省，但其文化产业发展水平却能保持较高水准，2016 年超过 1 900 亿元的增长值在全国排名靠前。更难能可贵的是，在文化产业体量越来越大的情况下，该省文化产业还能保持 12% 的高增长率，可见该省文化产业发展后劲充足。根据《湖南省"十三五"时期文化改革发展规划纲要》，该省到 2020 年，实现文化和创意产业总产值 7 500 亿元，增加值突破 3 000 亿元，占 GDP 比重达到 7%。

（二）湖北省文化企业形成了一定的集聚，但集聚度很低

从境内外文化上市公司数量、规模以上文化类企业数量，以及入选"中国文化企业 30 强"情况、连续三年入选"中国互联网企业 100 强"情况和区域知名文化传媒品牌数量等指标的统计结果看，湖北省文化产业集聚数据结果在五个地区中几乎全部垫底，虽然湖北已经有 5 家文化类上市公司，但上市公司数量太少，不仅远远落后于广东、上海，甚至低于西部的四川。从规模以上文化类企业数量看，湖北省 2014 年有 1 407 家规模以上企业，仅稍领先于四川，大幅度落后于其他三个省市。以上数据反映出湖北文化产业集群目前仍处于发展的初级阶段，产业集聚效应和企业协同效应远远没有发挥出来。

二、文化产业集群发展特点

（一）文化产业与上市公司集群发展呈现出强正相关关系

从上市公司数量上看，广东、上海等地文化上市公司数量明显多于湖北、湖南和四川，呈倍数级领先。从规模上看，从湖北到湖南、四川再到上海和广东，上市公司无论是市值、营业收入还是利润都呈现出逐级递增的态势，特别是广东省文化上市公司的总体经济规模与其他地区相比有巨大领先优势，背后是广东有几家体量巨大的互联网上市公司，例如我国互联网巨头腾讯就位于该省，而像网易、华侨城这样的大型企业的实力也远非一般上市公司可比。

（二）湖北文化产业集群经济效益与其他地区存在较大差距

统计结果显示，湖北、湖南、四川三省上市公司的数量相仿，但从市值、营业收入和利润总额看，三省却呈现出巨大的差别，与广东和上海相比差距就更大。从市值上看，湖北 5 家上市公司平均市值约 79 亿元，湖南 6 家

上市公司平均市值约 142 亿元，四川 8 家上市公司平均市值约 115 亿元，广东和上海上市公司平均市值则高达 1 073 亿元和 387 亿元，反映出资本市场明显更看好广东、上海等地的文化上市公司。从营业收入看，湖北、四川、湖南、广东和上海上市公司 2016 年平均营业收入分别为 35.8 亿元、30.6 亿元、39.5 亿元、108 亿元和 50 亿元，除广东外，湖北与其他地区上市公司营业收入没有拉开距离。从利润额看，湖北、四川、湖南、广东、上海上市公司 2016 年平均盈利总额分别为 2.7 亿元、12.9 亿元、5.4 亿元、31 亿元和 16 亿元。在营业收入差别不大的情况下，利润额的较大差别反映出其他地区上市公司的盈利能力和经济效益要大大强于湖北省。

（三）湖北省大型文化企业利润率低、小企业利润率高，利润率与企业规模呈反比关系

以湖北省营业收入最多的"长江传媒"为例，该公司 2016 年营业收入虽然高达近 138 亿元，但其盈利总额仅 6.1 亿元，利润率仅 4.3%；而规模最小的"盛天网络"2016 年营业收入只有 3.44 亿元，但利润却达到了 1.1 个亿元，利润率高达 32%。相比较，其他地区该问题却并不明显。以上海市文化传媒类上市公司"东方明珠"为例，该公司是上海广播电视台旗下的新媒体产业平台，也是上海文化传媒类大型龙头企业。"东方明珠"2020 年营业收入 100 亿元，利润超过 16 亿元，利润率 16%。湖北文化企业利润率与企业规模呈反向变化的关系，说明企业运营成本的增速要远远大于企业规模扩大的速度，企业盈利效率增速则刚好相反，湖北文化企业需要认真思考如何降低经营成本，提高盈利能力。

（四）湖北大型文化企业数量和规模在全国处于偏下位置，但近年来提升势头明显

从"中国文化企业 30 强"统计数据看，近年来湖北省文化企业入选的次数还比较少，十年来仅 2 家企业入选，不仅与东南部发达地区差距明显，与中部的湖南、安徽也存在较大距离。但另一方面，从统计数据中可以看到在 2016 年以前的 7 届评选中，湖北文化企业仅有 1 次入选，而 2016 年以后湖北文化企业已经连续 4 年有企业入选，2017 年更有 2 家企业同时入选，反映出 2016 年以后湖北文化企业进步明显。

另一个能比较全面反映我国互联网领军企业状况的"中国互联网企业100 强"数据也印证了湖北网络企业发展势头迅猛，已经在全国互联网产业

占据了重要位置。从已发布的数据看，2013—2015年未有湖北企业入选，但从2016年起湖北网络企业开始入选榜单。2016年2家入选，分别是"奇米网络"和"盛天网络"。2017年又有3家企业入选，分别是"斗鱼TV""盛天网络"和"换车网"。

无论是"中国文化企业30强"名单还是"中国互联网企业100强"榜单，近年来湖北文化企业入选势头都非常良好，不断有新企业加入，大大扩充了湖北文化企业阵容。

（五）湖北文化产业集群创新与发达地区比虽然有差距，但发展前景良好

当下，文化产业园区和基地已成为各地区文化产业发展的主要载体，文化产业园区与基地的数量与质量直接关系到一个地区文化产业的发展水平。另外，各地设立的文化产业发展培育基金也对文化企业特别是小微文化企业的孵化培育起到关键作用，能反映地方政府对文化产业的重视程度。通过调查统计湖北省与其他省市文化产业园区/基地情况（见表5-4），可以看到以下发展特点。

1. 各地区普遍重视文化产业示范园区和基地的建设，数量众多的国家级文化产业示范园区和基地已成为文化产业发展壮大的基础和依托

从类别上看，国家级文化产业示范（试验）园区申报难度较大，从2007年至今全国仅授权命名了10个，一个省、自治区、直辖市最多1个。2014年"湖北省武昌长江文化创意设计产业园"被评选为国家级文化产业试验园区，在该类别上湖北省与广东、上海等地数量一样，都是1个，在全国处于领先地位。而湖北省与发达地区的差距主要体现在国家级文化产业示范基地的数量上，目前湖北省仅10个国家级文化产业示范基地，上海市的基地数则多达16个，广东省更是多达27个，甚至四川省的基地数也多出湖北省的50%。

我国从2004年开启国家级文化产业示范基地评选工作，文化部先后评选了6批，总计评选出数百家优秀文化企事业单位成为国家级文化产业示范基地。在此期间，各地也开始评选省级文化产业示范基地。截至2020年年底，湖北省共评选出了10个国家级文化产业示范基地和174个省级基地，基地数量在全国排名靠前。在国家和湖北省大力扶持下，这些国家级和省级基地已经成为湖北省文化产业发展的重要支撑力量。

表5-4 湖北、湖南、四川、广东、上海文化产业集群创新情况统计

指标 \ 地区		湖北	湖南	四川	广东	上海	单位
B5 创新指数	C16 国家级文化产业园区数	1	1	1	1	1	个
	C16 国家级文化产业园区和基地总数	10	11	15	27	16	个
	C17 省级文化产业园区和基地总数	203	15	65	0	128	个
	C18 区域文化产业基金数额	106	30	50	202	210	亿元
	C19 每百万人拥有发明专利授权数	5.4	4.1	4.5	15.5	35.2	个

2. 湖北省高度重视省级文化产业示范园区和基地的建设工作，在省级园区和基地的数量方面处于领先地位

从2009年开始，湖北省先后命名了29个省级文化产业示范园区和174个省级文化产业示范基地（详见表5-5和附录Ⅲ）。在省级示范园区和基地的数量上，湖北省是几个统计地区中最多的，遥遥领先湖南、四川等地区，甚至大幅度高于上海等文化产业发达地区。说明湖北正在将文化产业园区和基地作为文化产业发展壮大的突破口，而且已经取得了一定的领先位置。

表5-5 湖北省省级文化产业示范园区和示范基地数量统计

名称 \ 批次	第一批	第二批	第三批	第四批	第五批	第六批	总计
湖北省省级文化产业示范园区	10	9	10				29
湖北省省级文化产业示范基地	10	12	49	27	33	43	174

（六）产业环境和互联网环境与发达地区有一定差距，但湖北省科教人才优势明显

文化产业集群发展环境既包括自然地理环境，也包括经济环境，还包括人文社会环境等多个方面。为了方便统计和数据对比，本研究主要从经济环境、人才指数、网络基础设施和互联网发展几个方面进行数据统计（详见表5-6）。统计结果显示出以下特点。

表5-6 湖北、湖南、四川、广东、上海文化产业集群环境与互联网环境统计

指标 \ 地区		湖北	湖南	四川	广东	上海	单位
B6 经济环境	C20 地区生产总值	32 297.9	31 244.7	32 680.5	79 512.1	27 466.2	亿元
	C21 人均GDP	55 196	45 931	39 695	72 787	113 600	元
B7 人才指数	C22 区域内高校总数	128	108	109	147	67	所
	C23 区域内大学生总数（含研究生）	152.4	33.6	153.9	198.6	51.5	万人
B8 网络基础设施指数	C24 网民总数	3 009	3 013	3 575	8 024	1791	万人
	C25 互联网普及率	51.40	44.40	43.60	74.00	74.10	
	C26 域名数	1 019 556	1 371 930	1 380 915	5 565 728	2 632 136	个
	C27 占域名总数比例	2.40	3.20	3.30	13.20	6.20	%
	C28 网站数	101 126	72 780	196 377	728 235	399 983	个
B9 网络发展指数	C29 "互联网＋"指数	2.797	2.884	3.591	18.072	6.179	
	C30 "互联网＋"数字经济指数	8.39	8.38	10.56	54.23	18.11	

1. 经济环境方面，广东、上海领先，其余省份差距不大

根据2016年各地区的GDP总值，除了广东大幅度领先以外，其余省和直辖市GDP都在3万亿元左右，差距不大。从城市GDP排名看，上海市2016年GDP值达到27 466.2亿元，居全国第一，远高于广州、武汉、成都和长沙等省会城市。在省会城市中，除了广州2016年GDP值为19 610.9亿元，武汉和成都GDP约1.2万亿元，长沙GDP不到1万亿元，都与广州差距较大。人均GDP方面也类似，上海、广东领先，其余省份差距不大。

2. 人才方面，广东省优势明显

无论从高校总数还是在校大学生总数，广东都要高于其他地区，但领先优势并不像其 GDP 那样明显，与湖北和四川等地差距不大。而上海在高校总数和大学生总数方面则与其他省份有较大差距。从省会城市看，武汉普通高校数（80 所）与广州（82 所）不相上下，武汉 2016 年高校在校学生人数（含研究生）132.7 万人，与广州 147.2 万人比较接近，均处于全国领先地位，在高等教育资源方面大幅度领先其他地区。

3. 互联网基础设施和网络发展方面，广东、上海遥遥领先，湖北、湖南、四川情况比较接近

从腾讯研究院 2017 年发布的"互联网＋"数字经济指数看，地处西部的四川省的指数反倒高于湖北和湖南两省，值得我们重视和反思。

总之，从统计结果看（见表 5 - 7 和图 5 - 1），湖北省文化产业集群发展综合得分 31 分，仅为上海市的一半，比广东省 79 分还有很大差距，显示了湖北省文化产业集群在整体上处于比较落后的地位。从分项得分看，体现各地文化产业集群当前实力的 A1 和 A2 项，湖北省在几个省市里面几乎都是倒数第一；产业环境和互联网环境这两项统计结果，除了广东省大幅度领先外，湖北省与其他省市差距并不大，说明湖北省发展文化产业集群有比较好的发展环境和网络环境。而体现发展创新的 A3 指标，湖北省虽然位于第三，但距离全国经济最发达的广东省仅相差 2 分，说明湖北省创新环境在全国处于比较领先的地位，有利于湖北文化产业集群通过科技创新等手段发挥后发优势。

表 5 - 7 湖北、湖南、四川、广东、上海文化产业集群发展综合得分统计

考察目标	湖北	湖南	四川	广东	上海
A1 产业发展	9	15	8	22	17
A2 产业集聚	5	8	8	26	18
A3 产业创新	10	4	6	12	16
A4 产业环境	4	4	6	9	5
A5 互联网环境	3	3	3	10	5
总分	31	34	31	79	61

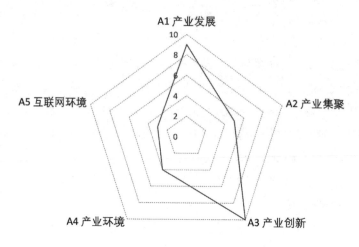

图 5 - 1　湖北省文化产业集群综合实力评价

第三节　问题与经验深层次分析

一、湖北省传统大型文化企业资源整合利用比较低

文化产业资源是从事文化产业活动所利用和可利用的各种资源的总和，包括资本、技术、材料、信息和人力等资源。在产业发展过程中，这些资源彼此依赖、缺一不可。而湖北省传统文化企业在资源的利用与开发整合方面与发达地区相比差距较大。

（一）湖北省传统文化企业上市融资的进度迟缓

资本是产业运作的润滑剂和发展的助推剂。近年来，随着高科技对文化产业的加速渗透以及文化产业与其他产业边界的日益模糊，文化产业日趋成为技术密集型、知识密集型和资本密集型产业，对资金的需求日趋增加。

企业融资渠道一般包括银行信贷、企业借贷、社会投资和资本市场融资等方式，而在证券市场 IPO 公开上市被公认是企业最有效的长期融资形式，不仅能从根本上解决企业对资本的需求，还能提升企业品牌形象，增加企业的透明度和竞争力，是企业获得发展资源提升核心能力的有效途径。"十一五"以来，国家一直大力支持有条件的文化企业上市融资。2009 年 8 月 17 日，国务院颁布的《关于印发文化产业振兴规划的通知》（国发〔2009〕30 号），明确提出支持文化企业上市融资。2010 年 4 月 8 日，中国人民银行等部门联合颁布了《关于金融支持文化产业振兴和发展繁荣的指导意见》（银发〔2010〕94 号），进一步提出要扩大文化企业的融资规模。此后，中国证券市场掀起了一波文化传媒类企业的上市热潮。

截至 2020 年，沪深证券市场共计有近百家文化、传媒、影视类上市公司，如果加上旅游、信息传输、软件和信息技术服务等行业，在沪深证券市场上市的文化类上市公司则高达数百家。另外，我国还有很多优秀高科技文化企业选择在境外资本市场上市，如阿里巴巴、网易、携程旅游等互联网企业均选在美国上市。

目前，湖北省仅有 5 家文化传媒类上市公司，而像湖北日报报业集团、长江日报报业集团和湖北电影制片厂这样的大型骨干文化企业均未在证券市场上市，不仅与广东、上海等发达地区差距明显，甚至还赶不上像四川这样的西部省份。以湖北日报报业集团为例，该集团是湖北最大的综合型文化传媒集团之一，业务范围涵盖报刊、网站、出版、新媒体、文创、房地产等领域，集团旗下多个文化产品的销量在全国位居前列，在省内乃至全国都拥有较大的社会影响力。然而，与国内很多省份国有大型传媒集团整体上市不同，该集团整体资产一直没有上市，仅将旗下新媒体部分资产（荆楚网）和杂志期刊资产（特别关注）在全国中小企业股份转让系统（新三板）挂牌交易。两家企业挂牌至今，在新三板交易系统中查询不到它们的股权交易记录。可以说，到目前为止"荆楚网"和"特别关注"在新三板挂牌仅具有象征意义，并没有起到实质性的融资作用。

（二）湖北省传统文化企业人才优势不明显

湖北省特别是武汉市虽然高校数量、在校大学生数在全国名列前茅，但湖北省一直是全国人才外流大省。2015 年 7 月 2 日，阿里巴巴旗下蚂蚁金服发布了全国首份基于互联网大数据的《大学生就业流向报告》。该报告显示前五大热门的跨省远距离迁移路线中，湖北独占 3 条，分别是武汉到深圳（第一）、武汉到北京（第二）、武汉到广州（第五）。这说明湖北省作为中部的科教大省，对人才的汇聚能力比较弱，大量人才外流，特别是高端人才出走对湖北文化产业发展非常不利。另一方面，近年来新媒体对传统文化产业的冲击力度越来越大，大量文化企业特别是报刊、广电媒体效益下滑、经济待遇变差，导致这类企业不但招收不到优质人才，已有人才还在不断流失。

近年来，人才流失问题已经引起了湖北省和武汉市政府的高度重视，2017 年年初，武汉市正式启动了"百万大学生留汉创业就业工程"，创新出台了一系列措施力争留住优秀大学毕业生。从宏观来看，随着湖北省、武汉市经济地位的进一步提高，湖北省人才外流将会得到遏制。但从微观层面看，还需要文化企业不断提高自身的竞争实力和经济效益才能吸引和留住优质人才。

（三）湖北省传统文化企业的产品科技含量较低

从湖北省与广东省、上海市、湖南省和四川省的横向比较看，一是其他省市高新技术型文化企业数量明显多于湖北省。如广东省 30 家上市的文化类公司中，互联网企业、软件技术公司、网络电商等高科技文化企业占到了 20 家，体量最大的几家上市公司（如腾讯、网易、唯品会等）也都是互联网技术企业。科技类文化企业已不再是文化产业中的点缀，日趋成为企业集群的主流和主体。二是文化企业的科研投入日趋加大，发达地区文化企业的科研投入明显高于中西部地区，文化产品和服务的科技含量在快速提升。如广东、上海、四川文化上市公司平均研发经费已经达到 10%，科技力量已经成为推动企业进步和产业升级的第一生产力。以传统的广播电视运营商上海"东方明珠"为例，该公司近年来在科技研发方面不断发力，不仅投入增加，还大力探索跨界联合，携手微软、腾讯、奇虎 360 等一批重量级科技公司在人工智能、云计算、网络游戏、网络安全、虚拟现实技术（VR）等领域开展合作，旗下的百视通已成为国内最重要的 IPTV 和 OTT 播放平台，已经成功转型为一家科技导向型的综合性文化娱乐公司。相比较，湖北省 5 家上市公司无论是科研经费总量还是经费占比，不仅大幅度落后于广东、浙江、上海，较四川、湖南也有较大差距。

技术和产品研发往往需要大量资金投入，湖北文化产业科技含量较低的一个直接原因是企业研发资金投入较少，更深层次的原因是文化企业的现代企业制度建设比较滞后，无法通过上市融资等渠道筹措研发资金。具体表现为：第一，现代企业制度建设迟缓，非经营类和经营类资产、事业单位和股份公司的资产界限不清，企业运营的行政化色彩比较浓厚。第二，企业还未探索出一套完整、独立、长期盈利的业务模式，很难获得投资者的青睐。仍以湖北日报为例，有学者研究发现，近年来在网络新媒体的冲击下，报纸传统"二次售卖"的盈利模式已经在新媒体环境下难以为继，而集团旗下新媒体平台的盈利能力又比较弱，导致集团的经营收入和利润逐年下滑，进而感到前所未有的"报业生存危机感"。① 第三，面对新一轮科技革命，传统文化企业转型升级动作迟缓，目标方向不明晰。可以说，目前湖北传统文化企业乃至整个产业集群至今还没有完全走出过去长期形成的能力刚性，这些能力刚性已经演变成为企业发展的能力陷阱，大大降低了企业应对环境变化的能力。过去越是经营成功的企业，其核心刚性往往越强，转型起来就越困难，需要的外部推动力就越大。

二、湖北省文化产业的布局和结构不尽合理

（一）湖北省文化产业分布与城市经济发展水平不相适应

文化产业研究表明，文化产业发展与经济增长是一种相互促进的关系。一个国家或地区经济持续发展、国民收入水平不断提高带来的消费结构的变化，能够为文化产业发展提供广阔的空间。文化产业只有跟上经济发展速度，才能解决物质生产增长与精神文化需求增加之间的矛盾。

近年来，湖北省社会经济发展明显提速，经济转型成效明显，新业态、新模式不断涌现，科技对经济的拉动越来越大，目前经济总量已经进入全国前列，服务业首次超过第二产业成为经济增长的新引擎，为湖北文化产业发展提供了良好的发展环境和发展机遇。然而，湖北省内一些经济发达地区的文化产业发展速度却较慢，文化产业发展与人民群众日益增长的精神文化需求之间的矛盾比较突出。例如，作为湖北省两个副中心城市之一的宜昌市，该市 GDP 经济发展增速较快，近年来 GDP 增速经常保持在 10% 左右，但该市文化产业增速则较慢，文化产业 GDP 占比仅 3%，文化产业发展速度与该市经济发展水平并不相称。而作为湖北省经济龙头的武汉市，2015 年文化产业增加值也只有 409 亿元，占全市 GDP 比重也仅 3.8%，与其他发达的省会城市相比差距较大，与武汉市全国中心城市的战略定位也极不匹配。因此，

---

① 张昆，周钢. 省级党报集团融合发展中的现实困境与路径选择——以湖北日报传媒集团为例 [J]. 新闻界，2016（03）：38－44.

湖北省内很多城市文化产业发展与其经济社会发展不相适应，文化产品的生产不能满足人民群众日益增长的需要。这种状况不仅阻碍本地文化产业和文化市场的健康发展，也会对湖北省社会经济持续健康发展造成不利影响。

（二）文化产业布局结构不尽合理

从空间分布看，目前湖北文化产业空间布局单一，省会城市高度集中。湖北省文化产业发展水平高低不一，差别非常显著，突出表现为武汉市文化产业发展水平最高，产业聚集度很高，而襄阳和宜昌等城市的文化产业发展水平还比较低，没有形成健康的产业集群梯队和层次结构。据统计，湖北省21 654①家文化产业法人单位中，武汉市占到了14 148家，集中了全省文化企业总数的65%。其他城市文化企业不仅数量少，而且特色不明显，还没有形成功能互补、各具优势、协调发展的区域产业发展格局。

从行业结构看，新闻传播业在湖北文化产业中处于主导地位。在湖北省几家文化上市公司中，既有传统的广播电视节目制作和网络运营、新闻报刊出版与图书销售，也有新兴的网络游戏运营、互联网信息服务、赛事组织运营等企业，但新兴文化企业比重还比较小。从广东、上海等发达地区文化产业集群发展的态势看，新兴的科技文化企业和新文化业态占据的比重越来越大，在总数量和体量上都超过了传统文化企业。如广东省软件服务类、网络信息服务类、网络云技术类、文教休闲类、文化旅游类等类别的新兴文化上市公司总数达到了21家，占全部上市公司总数的70%，已经形成了一个新兴的文化产业集群。而湖北省新兴的文化企业数量还非常少，整体实力还比较弱，集群优势还未显现。

从资源要素的角度看，襄阳、宜昌、荆州等城市经济社会比较发达，文化教育旅游资源丰富，像长江三峡、襄阳古城、黄冈中学等都是全国一流的旅游和教育品牌，具有极大的发展潜力。湖北各地区应充分利用自己的资源优势，大力发展文化旅游业、文化教育业、非遗文化产业等特色产业，实现错位竞争和优势互补，打造自己的核心优势。

---

① 湖北省统计局. 文化产业已提速换挡，担动力引擎尚待时日 ——湖北省文化产业发展情况分析［EB/OL］.（2013－09－22）［2013－09－22］. http：//tjj. hubei. gov. cn/tjsj/tjfx/qstjfx/201910/t20191026＿24494. shtml.

（三）骨干文化企业经营布局仍停留在传统业态层面

我国文化产业业态大致经历了三个阶段，[①] 即 2000 年以前的 1.0 阶段，2000 至 2010 年的 2.0 阶段和 2011 年中央颁布《中共中央关于深化文化体制改革 推动社会主义文化大发展大繁荣若干重大问题的决定》后的 3.0 阶段。1.0 阶段，文化产业的业态主要表现为工艺美术、新闻出版、广播影视、音像制品以及广告传播相关产品的高重复、规模小、效率低、资源浪费比较严重；2.0 阶段，发展文化产业上升为国家战略，文化产业发展迅猛，产业形态以新媒体、数字技术为主，产业、行业之间跨界渗透现象明显；3.0 阶段，文化产业进入新的发展黄金期，以新一代信息技术为代表的科技革命和协同创新正在推动文化产业进入新的发展阶段，其业态裂变和跨界融合愈演愈烈，基于新一代移动互联网终端和数字技术而成长起来的新兴文化业态，成为文化产业发展最重要的趋势之一。[②] 特别是以"BAT"为代表的中国互联网企业已经发展成为高科技文化企业的代表，云计算、大数据、移动金融、虚拟现实、人工智能、无人驾驶、在线教育、智慧城市……正在成为中国互联网企业的标签。

反观湖北省文化企业，特别是骨干文化企业的业务类型仍然局限在传统的新闻传播、影视广告、印刷发行等，处于 1.0 向 2.0 的过渡阶段，跨行业、跨产业布局力度很小。

以本省广电类上市公司"湖北广电"为例，从行业分类看，该公司 2016 年收入的 100% 来自有线电视服务；从产品分类看，该公司 2016 年收入排名前三的产品分别是电视收视业务、宽带业务和节目传输业务，均属于传统的广播电视业务范围。与另一家广电企业上海"东方明珠"对比，按行业分类，"东方明珠"2016 年总收入分为传媒娱乐相关服务（77.04%）、多渠道集成分发（15.74%）、内容制作与发行（6.25%）以及其他（0.97%）；按产品分类，主要产品包括：传媒娱乐相关产品占比为 39.96%、电视购物与电子商务产品占比为 17.55%、数字营销与广告产品占比为 12.24%、文化旅游及地产占比为 10.04%、多渠道视频集成与分发占比为 8.16%、IPTV 产品

---

① 李凤亮，宗盼祖. 科技背景下文化产业业态裂变与跨界融合 ［J］. 学术研究，2015（01）：137－141，160.

② 李凤亮，宗祖盼. 科技背景下文化产业业态裂变与跨界融合 ［J］. 学术研究，2015（01）：137－141，160.

占比为 5.14%、内容制作与发行占比为 3.24%、互联网电视占比为 1.33%。显然，发达地区文化企业的业态正在从 2.0 阶段过渡到 3.0 阶段，业务领域横跨广播电视、数字娱乐、IPTV、网络电视、电子商务、文化旅游、房地产等，跨界、融合、交互等新业态正在凸显。

在科技革命大爆发的时代，新事物改变旧事物、新产品替代旧产品、新模式颠覆旧模式可能就在一朝一夕，传统文化企业必须快速提高自己的竞争维度，在更高层面获取竞争优势，才有机会去面对层出不穷的各类新的竞争对手。传统文化企业只有与网络新技术结合，把自己也改造成高科技文化企业，才能在未来竞争中赢得主动。

三、湖北省文化产业的格局和视野不够开阔

（一）文化产业的发展观存在局限

湖北省文化企业、企业集群乃至整个文化产业发展相对滞后的根本原因还是在于观念的陈旧和落后，仍在保守传统文化产业的发展理念，跟不上社会发展和产业发展的步伐。应该用大连接、大融合、大产业的思维发展大文化产业。

首先，传统文化产业已经演化为"文化产业＋"，文化产业与其他产业融合已成为文化产业发展的主要趋势。现代文化产业发展的一个突出特点，就是在高科技带动下能突破传统的产业边界，将各种资源要素与文化内容生产相融合，能够不断打造出新的文化产品形态、培育出新的文化消费方式、进入新的产业领域，从而不断推动文化产业升级换代。其次，文化产业利用数字互联网技术，向其他产业延伸、扩张已成为文化产业发展的自觉。从一定程度上讲，国务院印发的《关于推进文化创意和设计服务与相关产业融合发展的若干意见》（国发〔2014〕10 号）不仅凸显了新时期文化产业转型的迫切需要，也将文化产业的内涵和外延进行了极大的扩展。近年来，在科技创新和文化创意的双擎驱动下，文化产业与娱乐、体育、旅游、信息、制造、建筑、餐饮、零售等相关产业正在加速结合，正在成为文化产业最突出的发展趋势。最后，以网络信息技术为代表的科技力量正在快速消解传统的产业边界，文化产业与很多其他产业间的界限趋于模糊，行业之间不断交叉渗透、融合裂变，进而产生出新的业态、新的产品、新的商业模式，正在以前所未有的力量改变着过去的产业结构和产业生态。湖北的文化企业、文化

产业应该进一步解放思想，跳出传统文化产业发展的藩篱，以发展大文化产业的视野和格局来发展湖北文化产业。

（二）文化产业"走出去"能力很弱，文化产品国内外竞争力亟待提高

以互联网为代表的科技力量消解了传统文化产业，特别是传媒产业的地域。"走出去"既是互联网技术对文化产业的要求，也是互联网逻辑的主要体现，更是文化产业做大做强的必然选择，它要求文化产品生产者既要抓住本地用户，更要放眼全国乃至全球市场，利用科技优势打造能覆盖全国乃至世界范围的产品与服务。这方面，湖北文化企业做得还很不够。

首先，湖北省文化企业"走出去"利用各种资源的能力比较弱。以上市融资为例，2019年以前，湖北省5家上市公司全部都是在国内证券市场上市，没有一家能走向境外融资。相比较，广东、上海，乃至西部的四川省（新华文轩在香港上市）都较湖北具有更大的前瞻视野与发展格局。广东省30家文化上市公司中选择在境外上市的公司达到5家，占比为17%；上海16家上市公司境外上市有3家，占比为19%。广东、上海基本上已经形成了境外文化上市公司集群，像广东省的腾讯、网易、唯品会，上海市的携程网等境外上市公司均代表着本地文化产业发展的最高水平，是地区文化企业龙头。

因此，对湖北省文化产业来说，要"走出去"首先要利用好外部的各种资源，特别是金融市场和金融资本。一般来说，海外资本市场已经发展得比较成熟，各方面配套机制比较完善，通过海外上市，企业有机会得到更多的海外机构投资者的资源支持，对企业快速进入国际市场实现跨国经营有很大的促进作用。2000年以来，阿里巴巴、网易、携程网等一大批互联网企业在海外上市后迅速成长成为行业巨头。另外，企业在境外上市还能在国际市场赢得更多的关注度，能够为企业带来更多的国际合作机会，为企业长期发展积累较多的社会资本。这方面，湖北省应向广东、浙江等先进地区学习，积极帮助湖北省文化企业"走出去"，利用好各类外部资源要素，特别是国外的资源要素，帮助企业尽快发展壮大。

其次，湖北省文化企业在国内乃至国际有影响力的产品比较稀缺。数字网络技术给传统产业带来的最大便利就是让传统产业能搭上互联网的便车，利用网络将企业产品以最小成本和最快的速度传播和售卖出去。这方面，湖

北省文化产业，特别是新闻传媒产业基本上还是在固守本地受众市场，能在全国打响的拳头产品屈指可数。相比较，文化产业发达地区不仅新兴文化产业直接面向全国甚至全球市场，传统文化企业也紧跟技术发展的步伐，其产品设计和市场布局早已走出了域内，走向了更广阔的市场。以湖南广播电视台旗下的"芒果TV"为例，它是湖南广播电视台旗下的新媒体业务平台，以"立足湖南，全国辐射"为战略思路，自2008年起已经与全国20多家电信、移动、联通、有线运营商开展合作，运营业务覆盖用户接近2 000万，手机App（移动客户端）下载安装量已超过3亿，已和百视通、CNTV、华数一起并列国内广电新媒体第一集团。如何利用互联网的技术优势，打造覆盖全国乃至面向全球的文化产品是湖北省文化产业需要认真研究的一个重要课题。

四、湖北省文化产业集群中的龙头企业缺位

现代产业集群理论认为集群中不同企业的地位、角色和作用是有差异的。集群中的领导型企业通过扩大投资与合作，有利于促进产业内部各种信息和资源的共享，实现知识技术在产业内部的转移和扩散；通过持续不断的科技研发，有利于形成和强化产业内部的创新氛围；通过品牌增值并主导构建产业声誉，可以为地区内其他企业的发展提供支持。[①] 因此，文化产业集群中的龙头企业对于推动文化产业整体竞争优势的提升，促进产业集群不断演进升级发挥着引领示范的重要作用。

广东、上海等地的文化龙头企业无不在地区文化产业发展进程中发挥着重要作用。仍以上海市文化龙头企业"东方明珠"为例，上海东方明珠（集团）股份有限公司成立于1992年，1994年在上海证券交易所挂牌上市，成为中国第一支文化股票。随后，"东方明珠"先后在转企改制、股权分置改革、发展文化旅游（东方明珠电视塔）、创建新媒体平台（百视通）、进军游戏娱乐（与微软合作推出游戏平台）以及海外拓展等诸多方面均取得了突破性进展，被上海市列入50家市级重点大型企业，9次入选"中国文化企业30强"、被《互联网周刊》评选为2004年"中国科技上市公司50强"。正因为

---

① 杨菊萍. 浙江传统制造业集群中龙头企业的行为类型研究［J］. 软科学，2008，22（03）：128－132.

上海市有"东方明珠"这样的龙头企业，对该市文化企业在公司建设、融资上市、科技创新、业务拓展、跨界布局等方面起到了很好的引领示范作用，并激励和推动着当地文化企业不断前进、不断超越，使得上海市形成了由一批优秀文化企业构成的文化产业集群。

党的十八大以来，党和政府提出要发展壮大文化市场主体，推动国有文化企业跨地区跨行业跨所有制兼并重组，加快培育实力、竞争力强的骨干文化企业。与先进发达地区骨干文化企业相比较，湖北省骨干文化企业，特别是大型国有文化企业在创新引领方面发挥的作用还不够，距离党、政府和人民的期待还有较大的差距。因此，湖北省文化骨干企业必须紧抓机遇，勇于担当，突破自我，迎头赶上，才能真正发挥在企业中的引领示范作用，才能推动湖北省文化企业集群和整个文化产业快速前进。

五、湖北省新兴文化产业集群发展迅猛、"文化＋科技"特色鲜明

与本省传统文化企业的不温不火相对比，近年来湖北省新兴文化企业不断涌现，发展迅猛，各具特色，逐渐形成了以"文化＋科技"为主要特征的新兴文化产业集群。

（一）找准定位，差异化发展，主攻垂直细分市场

从整体看，今天的文化市场已经成为"红海"，绝大部分的市场份额已被各大传媒集团、广告公司、互联网企业所占据，创业型公司想要挤进竞争非常激烈的文化产品市场无疑非常困难。即使能进入市场，付出的成本和代价都是非常巨大的，新兴创业公司一般不具备这样的实力。而新公司想要进入市场，必须找准定位，找到市场上容易被忽视的一些垂直细分领域，这些被忽视的领域往往都是市场真空，新公司如果能在行业巨头还没反应过来之前就牢牢抓住这些细分市场，就能赢得宝贵的发展时机，从而在竞争激烈的市场上存活下来。湖北省在国内上市的三家新型文化公司（盛天网络、高升控股、当代明诚）和正在快速崛起的四家"独角兽"① 级的互联网企业（斗鱼 TV、卷皮网、宁美国度、斑马快跑）正是这样的代表。

例如，成立于 2009 年的湖北盛天网络技术股份有限公司，主要面对的是

---

① 在美国硅谷，独角兽是形容融资时估值超过 10 亿美元的创业公司，因其发展潜力巨大，成为众多金融投资机构争夺的对象。

网吧、教育机构网络运营等垂直细分市场，以网吧娱乐平台的开发推广以及基于此平台上的网络广告推广等互联网增值服务作为公司的主要产品。2015年正式在深圳证券交易所创业板上市。2016年，该公司研发的互联网娱乐平台"易乐游"在中国网吧市场占有率高达39.5%，已经成为中国网吧游戏娱乐系统市场的领导者。

"盛天网络""斗鱼TV"等新兴文化企业的快速成长壮大无疑给湖北省其他创新创业文化企业指明了一条发展路径，即发现细分市场入口—快速切入—获得资本青睐—迅速占领市场—扩大业务领域—确定市场领导地位。这种发展路径也为湖北省传统文化企业转型升级提供了有益借鉴。而"斗鱼TV"毕业于武汉理工大学计算机专业的"80后"大学生创始人张文明更是给湖北本地青年人创新创业树立了一个典范。可以预测，湖北省、武汉市将涌现出更多类似的创新创业公司，不断壮大湖北新兴文化产业集群，推动湖北文化产业转型升级。

（二）光谷产业集聚效能释放，企业聚集加速，形成创新创业文化

高新技术产业开发区是政府批准成立的科技工业园区，通过各项优惠政策和改革措施，最大限度地把科技成果转化为现实生产力而建立起来的综合性产业基地，对引领高新技术产业发展、支撑地方经济增长具有集聚、辐射和带动的重要作用。[1]

经济学认为，在长期竞争中，技术创新将超过自然禀赋而给企业带来更大的竞争优势。企业在竞争中获胜主要是取决于企业的创新能力和对资源的利用效率，而不是取决于对资源的垄断程度。高新技术开发区聚集有大量的科技产业和科技企业，产业和企业的集聚，能促使创新因素的集聚，推动竞争动力的放大，并能持续不断地为企业改革创新提供所需的动力，从而能吸引和聚拢更多产业和企业进入开发区。在这一方面，湖北省武汉市东湖新技术开发区是一个典型案例。

成立于1998年的武汉东湖新技术开发区，是1991年国务院批准成立的首批国家级高新技术产业开发区。2001年，武汉东湖新技术开发区被原国家计委、科技部批准为国家光电子产业基地，即"武汉·中国光谷"，简称光

---

[1]　百度百科.高新技术产业开发区词条［EB/OL］.https：//baike.baidu.com/item/高新技术产业开发区.

谷。此后，光谷先后获批成为国家自主创新示范区、中国（湖北）自由贸易试验区武汉片区、国家级文化和科技融合示范基地等。成立至今，光谷已经成为武汉市和湖北省经济发展的"火车头"和新经济的"发动机"，在国家"双创"战略的推动下，正吸引着越来越多的产业、企业和创新创业者向光谷聚集。

一方面，光谷加大科技与文化融合，大力培育新兴文化产业集群。目前，东湖新技术开发区正在从"光谷"迈向"天下谷"。要做出更大的产业格局，就必须大力发展文化业，特别是高科技文化产业。文化产业能够给科技园区注入活力和创意，推动科技园区发展升级。著名未来学家托夫勒说："哪里有文化、哪里早晚就会出现经济繁荣；而哪里出现经济繁荣，文化就向哪里转移。"文化产业作为朝阳产业、绿色产业，既是满足人们多样化精神文化需求的重要途径，也是开发区经济转型、结构调整的有力支撑。世界著名高科技产业园区，大都有文化企业特别是高科技文化企业作为支撑，从而引领开发区持续发展。光谷拥有天然的科技优势、创新优势，加上本地丰厚的教育、人才和文化优势，走"科技＋文化"融合发展之路是光谷产业扩容和产业创新的必然选择和必由之路。

为了更快发展科技文化产业，2014 年光谷颁发了《武汉东湖新技术开发区管委会关于推进文化科技产业融合发展的实施意见（试行）》（武新管科创〔2014〕18 号），随后又组建了"互联网＋产业发展办公室"，以帮扶互联网创新创业者。目前，光谷开发区重点支持创意设计、动漫游戏和影视、数字教育和出版、新媒体信息服务、光影互动体验等文化和科技融合的特色产业领域。预计在"十四五"期间，光谷将培育超过 10 家"独角兽"级的互联网企业，形成视频直播、电竞、人工智能、虚拟现实、光影体验、IP 产业等科技文化产业特色，助力武汉成为继北京、深圳和杭州之后的中国互联网产业第四城。

另一方面，光谷创新创业的向心力明显提升，"双创"文化日益浓厚，吸引来自武汉本地以及全国各地的创业者聚集光谷。"盛天网络""宁美国度"原本发迹于武昌区广埠屯电脑城，另一家互联网公司"两点十分"原先是在雄楚大道一间民房内办公，但三家公司成名后都不约而同地搬迁到了光谷，他们看中的就是光谷的创业氛围。"斗鱼 TV"最初是 2014 年在广州注册成立，但 2015 年公司也决定迁回武汉，甚至不惜为此支付高达 1 800 万元的资产转移成本。"斗鱼 TV"看重的同样也是光谷浓厚的创新创业氛围，以及周边深厚的人才技术基础。

近年来，武汉市举办的创新创业活动 90% 都集中在光谷。光谷青桐汇、东湖创客汇、创业红娘相亲会、"3551"创业大赛、"瞪羚企业 500 人计划"等已成为国内知名"双创"活动品牌。支持这些创业活动的，是一个又一个的创服机构，为创业者搭建平台和嫁接资源。现在，光谷创业生态正在悄然发生改变，创业文化正在快速勃发。

（三）武汉经济发展提速、吸引力提升，高端技术、人才、资本纷纷向武汉汇聚

武汉地处我国中部，是国家中心城市、湖北省省会，我国重要的工业、科教基地和综合交通枢纽，区位优势突出，科教人才资源丰富，文化底蕴深厚。近年来，武汉市正在加快建设现代化、国际化、生态化大武汉，"长江新城""长江主轴"等战略新规划，全面开启复兴大武汉新征程等新提法引发各方高度关注，大批国内外优质企业、人才、资金、技术纷纷向武汉聚拢，一批大项目、大资金、大公司纷纷选择武汉，推动武汉市开启新一轮高速发展。

在这些落户武汉的大项目、大公司中，有一大批都是和文化、互联网科技相关的项目和公司。2017 年，腾讯、奇虎 360 等互联网巨头纷纷选择在武汉设立投资项目。腾讯在光谷设立了众创空间，正在全力打造新型创业孵化平台。中兴通讯在光谷设立了互联网创新研究院，将企业移动互联网业务项目部署在武汉。奇虎 360 也选择在光谷建立网络安全产业基地。2017 年 6 月 29 日，雷军携旗下小米科技、金山软件、顺为资本与武汉市政府签署战略合作协议，将小米科技、金山软件的研发总部落户武汉光谷，并与湖北长江产业基金达成战略合作，共同发起募集规模为 120 亿人民币的基金。2017 年年底，今日头条也宣布在武汉成立研发中心。可以预测，这些大型互联网公司、科技公司的落户，将进一步带动产业、资本和人才向武汉流动，"文化＋科技"的集群效应和产业特色会持续释放与凸显。

第四节 湖北特色文化产业集群发展策略

一、战略目标

战略目标是一种相对稳定的宏观目标，是着眼于长远、全局的一种总体设想，预设了未来发展的根本方向。建设文化强省，湖北省文化产业集群发展应该有清晰可行的战略目标，以推动湖北文化产业高质量发展。

（一）打造一批骨干文化企业，形成特色产业集群

首先，要进一步推动湖北本地大型文化企业转型升级，支持骨干文化企业做大做强形成特色，打造几个在全国乃至在世界上都有较大影响力的"文化航母"，形成湖北文化产业集群的第一梯队。其次，加大对科技型文化企业的支持力度，鼓励有实力的企业跨地区、跨行业、跨所有制兼并重组和上市融资，培育一批知名文化企业，构成湖北文化产业集群的中坚力量。再次，加强文化企业孵化器、公共服务平台、众创空间建设。做好湖北文化领域的大众创业、万众创新工作，支持"专、精、特、新"小微文化企业发展，培育好湖北文化产业的后备军。另外，充分利用光谷的集聚效应，加大文化产业项目推介和招商引资力度，吸引外地资源要素向湖北聚集。在此基础上，加大对特色文化企业和重点项目的扶持力度，打造一批具有荆楚特色的骨干文创企业和特色文化产业聚集区。

（二）坚持科技创新和机制创新的双轮驱动，提升产业集群的活力和持续竞争力

当下，新一轮科技革命和产业变革正在孕育兴起，科学技术越来越成为推动经济社会发展，特别是推动文化产业创新和发展的主要力量。对于文化企业来说，实施创新驱动战略的关键是以科技创新为核心，文化企业只有掌握了先进技术，才能在市场竞争中占得先机、取得主动。加大文化产业科技创新的关键在于体制机制创新，要破除一切妨碍文化企业转型发展的旧体制、旧机制，要构建真正让文化企业成为创新主体和市场主体的新机制，以机制创新驱动科技创新。

（三）发展文化贸易，提高产业集群的国际竞争力

经济贸易全球化、文化内容数字化、消费传播网络化，导致了不同国家、地区之间的文化碰撞、摩擦、竞争的激烈程度前所未有。在全球化语境下，国际竞争、区域竞争不仅在经济领域展开，同时也在文化领域展开，文化软实力构成了综合竞争力的核心部分。湖北省要成为文化强省，就必须大力发展文化贸易，充分利用中国（湖北）自由贸易试验区的优势，增强"走出去"的能力，支持和鼓励湖北省文化企业境外上市融资，打造一批能进入全球文化产业价值链的优势企业，不断提高湖北文化企业在全国乃至全球的竞争力。

二、发展思路与措施

（一）发展思路

1. 聚焦四大领域

围绕湖北省建设长江流域具有重要影响力的区域文化中心战略目标，依托湖北良好的新闻出版、广播影视产业基础和人才创意资源优势，重点发展文化内容产业集群；围绕湖北省大力发展创意设计业、建设全国重要的研发设计基地的战略目标，以及武汉市打造世界"设计之都"的战略举措，重点发展大设计产业集群；围绕湖北省建设长江中游和中部地区科技创新先行区和示范区的任务，重点发展以新科技为支撑的网络信息产业集群；围绕湖北省建设全国重要的现代服务业基地、中部旅游核心区的战略目标，重点发展文化会展旅游产业集群。

2. 搭建三个梯队

首先要着力发展以上市公司和大型传媒集团为主的湖北省骨干文化企业，支持它们进一步做大做强，打造湖北省文化产业集群的旗舰企业群即第一梯队；其次要大力发展由各类新兴文化企业构成的第二梯队，特别是已具备一定规模的"瞪羚企业"和"独角兽企业"，它们是文化产业发展的生力军和创新的先锋队，是文化产业重点帮扶对象；第三梯队是大量分散的文化小微企业以及各类创新创业公司，它们是文化产业的星星火种，是产业集群的新生命，需要不断培育壮大。

3. 重塑三大空间

空间是产业集群集聚发展的地理生态环境。为了使湖北省文化产业集群

产生更大的辐射功能和溢出效应，湖北省应依托现有的文化创意产业聚集区，重点建设文创产业园区、文创街区、文创城三类文化创意空间，建设多种形态的"众创空间"，营造浓郁的创新创业氛围，形成极具吸引力和向心力的集群生长环境，推动湖北省文化科技创意产业的交融渗透发展。

（二）发展重点

1. 以"科技创意＋"作为主题特色

明确以"科技创意＋"为核心的网络信息产业集群为湖北文化产业集群的主题特色。该特色是基于构建"湖北特色"和"湖北优势"文化产业集群的整体考量，同时也是从宏观上把握和契合湖北文化特质、集聚湖北优质科教文化资源、增强湖北国际竞争力、促进湖北文化产业可持续发展的内在要求。

从资源优势角度讲，教育、科研、人才和"两创"氛围是湖北省最突出的优势，大力支持"科技创意＋"产业集群在湖北发展，是湖北省文化产业发展的必然选择。从产业升级角度看，"科技创意＋"能带动和倒逼传统文化行业转型升级，促进文化产业结构优化。从发展基础来说，湖北省已经涌现出一批在全国有较大影响和发展潜力的"科技创意＋"企业集群，还有大量企业正在孕育孵化，特色已经凸显、基础正在夯实。从产业包容性来说，"科技创意＋"不仅涵盖了网络信息业，还可以融合影视传媒业、创意设计业、旅游会展业等不同产业领域，能带动文化产业向其他产业渗透、扩展，推动湖北发展大文化产业。因此，湖北省所有文化企业在打造特色过程中，都应该自觉突出"科技创意＋"，从而形成合力，打造湖北文化产业集群的整体特色。

2. 发展四个重点集群

（1）网络信息服务产业集群

湖北省网络信息服务业发展迅猛，新兴网络企业集聚明显，是湖北省应优先发展的特色文化产业集群。发展重点是继续做强以"斗鱼TV"为代表的一批优势网络信息企业，扶持骨干企业上市成为行业龙头。同时要密切结合"科创中心"建设，在"互联网＋"、文化大都市、智慧城市、设计之都的发展框架中，利用人才、技术、资金、政策等资源要素优势，培育发展内容创意、产品制造、文化传播、电子商务、基础电信服务等各类企业及相关支撑机构群体，形成国内一流的网络信息服务企业集群，奠定湖北在中国互联网产业中的优势地位。

（2）文化内容产业集群

具体包括：①电影产业集群。湖北电影产业基础雄厚，产业体系完整。要重点推进影视产业链上游的湖北长江电影集团、湖北电影制片厂等影视内容生产企业的创新发展，以及襄阳唐城影视基地、新洲中央新影华中影视文化产业园等影视产业园区发展，推动湖北电影产业集群发展壮大。②动漫产业集群。动画产业集高创意、高技术、高附加值于一身，在文化产业体系中占有举足轻重的地位，受到全球文化大国的普遍重视。湖北已聚集有规模以上动漫、游戏企业约200家，从业人员突破5万人，动漫业总产值约100亿元。总体而言，湖北省动画产业基础雄厚，产业体系完整，优秀动画作品不断涌现，已成为湖北文化产业中的优势力量。为了发展壮大湖北动漫产业集群，湖北省应重点扶植"江通动画""博润通"等大型动漫骨干企业，努力推动2~3家湖北动漫公司进入国内一流动漫企业阵营，带动湖北省动漫产业整体实力大幅提升。③数字版权产业集群。湖北拥有文化、创意、人才的天然优势，应大力发展数字版权业，特别是在互联网文学、游戏开发和影视创作领域，可以通过举办网络文学大赛、影视剧创作大赛等手段，挖掘优质IP，培育打造湖北互联网IP创意产业集群。

（3）设计产业集群

湖北省是全国工业和科技大省，设计产业人才汇集、基础深厚，武汉市正在打造世界"设计之都"，聚集有大量的设计研究机构和科研院校，设计实力得到了全国乃至世界的认可。湖北省要大力吸引国内外高端建筑设计、工业设计、产品设计、软件设计、艺术设计企业聚集湖北，努力把武汉市打造成中国设计中心、世界设计之都和世界五百强中国设计研发中心。重点发展以下集群：①建筑设计产业集群。湖北省的建筑设计、桥梁工程设计实力在全国乃至全球领先，要重点支持中铁大桥局、中南建筑设计院和长江勘测技术研究所等国内一流设计科研机构的进一步做强，吸引更多高端建筑设计机构和配套企业进驻湖北，形成集群效应。②工业设计产业集群。一方面，重点强化以武汉东风设计研究院为代表的汽车工业设计、以铁四院为代表的轨道工程设计、以中南电力设计院为代表的电力设计的优势地位；另一方面，要大力培育湖北省在光电信息、智能制造、生物工程等新兴科技领域的设计研发能力，打造出一批新兴工业设计企业集群。③广告设计产业集群。

湖北省广告设计产业基础条件雄厚，拥有 2 家国家级广告产业园、5 家省级广告产业园和 28 家省级广告基地，广告经营单位超过 2 万户，广告从业人员 10 余万人，广告经营额上百亿元，形成了以武汉为中心，以襄阳、宜昌为两翼的产业发展格局。因此，湖北省要重点扶持 5～10 个大型骨干广告传媒集团，鼓励广告企业上市，建设好各级广告产业园区和基地，推动广告设计产业集群不断壮大。

（4）文化旅游产业集群

湖北省文化旅游资源丰富，优势突出。随着湖北省对外开放的进一步扩大，将有越来越多的跨国公司落户湖北，武汉市正逐步发展成为跨国公司在中国的第二总部和设计研发中心，这给湖北省特别是武汉市带来了巨大的旅游会展业发展空间。湖北省要利用好这一优势，通过举办有创意的会展策划和文化旅游活动，培育在国内外有实力的文化旅游企业集群，打造中国中部会展中心和长江中游旅游中心。

3. 培育百个文创种子企业（每年）

产业集群由企业构成，集群中的小微企业往往是产业集群中最具活力的组织个体，扶持小微文创企业是湖北省发展文化产业集群的基础。因此，湖北省应该制定专门针对小微文创企业的扶持政策，例如设立"文创种子企业"专项孵化项目等，在科学评估的基础上，每年孵化一批文创种子企业，不断为湖北文化产业注入新鲜力量。

（三）重点集群空间

1. 一个文创科技产业长廊

武汉市武昌区、洪山区、东湖新技术开发区科教实力雄厚，大学生群体密集，文化氛围浓郁，可以将武汉市街道口到光谷的沿路街道打造成为湖北文化科技创意产业长廊，范围包括街道口武汉大学和武汉理工大学区域—广埠屯华中师范大学区域—马家庄武汉体育学院区域—鲁巷中国地质大学（武汉）区域—关山口华中科技大学区域光谷腹地。该长廊既是湖北省和武汉市文化科技创意产业的发源地，也是湖北省主要文化科技企业总部所在地。建立集创意、生产、文化、旅游、体验、消费于一体的综合开放性文创科技产业长廊，有利于湖北省文化产业园区跳出单一的产业功能和封闭式运营模式，形成园区、校区、街区、景区、社区的深度融合、良性互动和协同发展。

2. 十个省级文创街区

结合湖北省现代服务业和文化产业的发展规划和总体部署，在现有文创产业集聚区的基础上，选择区位条件好、发展比较成熟的文化创意产业集聚区，从形态上强化辐射融合功能，逐步建设成为与区域商业区、居住区、学校、研究机构、社区和公共设施（如公园绿地、演艺场所、社区活动中心等）融合发展的文化创意产业街区。例如，位于武昌百瑞景生活区内的403国际艺术中心，就是由原武汉锅炉厂编号403的双层车间工业遗址改造而成，不仅有创意产出，还有商业、休闲、信息服务、咨询等相关产业的集聚与同步发展，为文创社区的再生繁荣和品牌孕育创造了条件。

3. 百个省级文创产业园区

湖北省文化产业的一个重要发展目标是成为长江流域乃至全国文化产业的中心，这就需要有一定数量规模的文化创意产业园区作为支撑。目前，湖北省仅有29个政府授牌的文创产业园区，与发达地区相比数量明显偏少。文创园区虽然不是文化产业集群的全部，但是有主题、有特色的文创产业园区将成为文创企业的主要集聚地，会形成强大的集群汇聚效应，各级政府应该大力支持、拓展湖北文创产业园区的空间和数量。

另外，还要注意文创产业园区的结构优化，避免由政府主导将老旧厂区仓库改造为文创产业园区的单一发展模式，应该大力支持依托文创企业主体和市场力量自主发展起来的文化产业园区，以及依托高校研究机构创建的各类科技创意产业园区。

4. 若干个"万众创新"空间载体

从理论上来说，促进产业集群生长发展的文创园区多多益善。在经济结构转型升级的关键时期，湖北省文化产业发展要采取"降低门槛，放宽准入"的政策举措，鼓励有条件的企业、组织、个人以多种形式投身文化创意产业园区、街区和社区建设，特别是在区县级层面，从大众创业、万众创新的角度，只要国家法律政策没有禁止都可以大胆尝试，鼓励用市场这只"看不见的手"来培育各式各样、丰富多彩的文化创新空间载体，推动湖北省文化产业集群创新发展。

第六章

湖北文化产业品牌发展

第一节　研究问题与分析框架

一、研究背景与问题提出

（一）理论背景

根据美国市场营销协会（AMA）对"品牌"所下的定义，品牌是企业为其产品与服务设计的用于与竞争者相区别的一种名称、术语、标记及其组合。对企业来说，品牌是企业获得竞争优势的重要战略工具，是企业最重要的无形资产和核心竞争力，能够给企业带来巨大、长期回报。对消费者来说，品牌代表消费理念、消费行为和消费习惯，对人们的生活方式和精神价值能产生重要的引领作用。从社会角度看，品牌是社会生产力、经济发展水平和发展方式的体现，是一个地区乃至国家的重要资源和财富，是社会经济发展的内在驱动力。在中国经济发展方式转型和经济结构升级的关键时期，品牌建设已成为推动经济高质量发展的新动力和强劲引擎。因此，湖北文化产业亟须实施品牌发展战略，打造和建设一批国内外知名的文化品牌和知名企业。

与产品一样，品牌也存在生命周期，即品牌会经历初创期、发展期、成熟期和衰退期。如果企业在经营过程中缺乏创新，不能通过技术升级和产品迭代等措施来延续品牌的价值，那么缺乏竞争力的老品牌必然会被新生品牌所替代。品牌管理学研究表明，由于科技发展速度的加快，产品的更新速度、人们的消费习惯和消费方式的变化速度也在加快。企业只有紧跟社会发展和市场需求的变化，不断加大产品的技术创新，不断赋予品牌新的内涵和价值，不断加强与品牌使用者的沟通，强化用户对品牌的信任，才能在市场竞争中求得生存和发展。

由此看来，湖北省文化产业品牌建设主要包括两方面问题：一是企业如何培育新生优势品牌，为产业发展不断注入新鲜力量，同时还要激活处于衰退期的品牌，让老品牌重获生命与活力。二是政府如何以更大的力度、更宽的视野和更高的层次推动湖北文化品牌建设，实现湖北文化经济从"量的扩张"向"质的提升"转变，打造能代表荆楚风格、荆楚气派、荆楚特色的文化品牌体系，实现湖北从"文化大省"向"文化强省"和"品牌强省"转变的双重战略目标。

（二）问题提出

1. 湖北省文化产业整体实力不强，知名品牌数量很少

湖北省经济文化科教资源丰富，但并不是文化强省，也不是品牌强省，知名文化品牌数量很少。根据世界品牌实验室（World Brand Lab）发布的《中国500最具价值品牌》分析报告，近年来湖北只有9个品牌上榜，其中仅"楚天都市报"1个文化类品牌入围（见表6-1）。中国互联网协会、工业和信息化部信息中心每年会发布"中国互联网企业100强"榜单，湖北也仅有"斗鱼TV"和"物易云通"2家企业上榜。

随着国家对文化建设的日益重视，文化产业迎来了发展的黄金时期。湖北省"十四五"规划明确提出要将文化和旅游产业建设成为湖北省重要支柱产业。因此，以品牌建设为引领，做大做强文化产业主体，才能够推动湖北文化产业快速发展，实现战略目标。

表6-1 2018年《中国500最具价值品牌》湖北省上榜品牌统计①

排名	品牌	所属企业	品牌价值（亿元人民币）	所属行业
37	东风	东风汽车公司	1292.38	汽车
63	稻花香	稻花香集团	603.68	食品饮料
88	华新水泥	华新水泥股份有限公司	455.86	建材

① 资料来源：世界品牌大会2018年《中国500最具价值品牌》排行榜官方网站（http://brand.icxo.com/brandmeeting/2018china500/brand/bg1.htm）。

排名	品牌	所属企业	品牌价值（亿元人民币）	所属行业
175	马应龙	马应龙药业集团股份有限公司	302.25	医药
279	黄鹤楼	湖北中烟工业有限责任公司	174.37	烟草
341	枝江	湖北枝江酒业股份有限公司	122.32	食品饮料
352	楚天都市报	湖北楚天都市报传媒有限责任公司	115.39	传媒
365	劲牌	劲牌有限公司	106.61	食品饮料
490	健民	健民药业集团股份有限公司	36.71	医药

2. 传统文化产业转型乏力，品牌影响力快速衰减

国家"十四五"规划纲要指出，要扩大优质文化产品供给，加快发展新型文化企业、文化业态、文化消费模式。当前，我国各地都在加快文化产业结构性调整，培育发展文化新业态。而湖北文化产业的主体业务仍然是传统的新闻出版、影视广播，经营状况不容乐观。例如，从20世纪末到21世纪初，武汉市诞生了《武汉晚报》《楚天都市报》《知音》等一批知名传媒品牌，在国内外产生了很大的影响力。然而2010年以后，在网络新媒体的巨大冲击下，这些传统媒体的生存境况急转直下，品牌影响力快速衰减。湖北日报传媒集团旗下的《楚天金报》自2017年12月1日起休刊。2018年3月，作为湖北省乃至全国新闻报刊重量级品牌的《武汉晚报》也因持续亏损，被整体并入《长江日报》。

因此，湖北文化产业要想取得突破性进展，传统文化产业必须转型升级，通过科技创新、产品创新、模式创新来重新凝练品牌特色，打造新兴文化品牌。

3. 新兴网络文化业发展迅猛，品牌亟须扶持维护

近年来，湖北省新兴文化产业进入加速发展期。以网络娱乐、游戏动漫为代表的科技文化产业发展迅猛，"盛天网络""斗鱼TV"连续几年进入"中国互联网企业100强"，"长江传媒"也多次入选全国文化企业30强。特别是"斗鱼TV"，已成为全网最具版权价值的网络视频内容生产平台之一。另外，湖北一批国家级和省级文化产业示范园区（基地）也发展

迅猛，品牌影响力日益扩大。总体来看，湖北新兴文化品牌正处于由孕育期、幼稚期向成长期和成熟期发展的重要阶段，品牌价值和品牌资产亟须维护提升。

二、分析框架

研究总体思路是对湖北省文化产业品牌发展状况进行调研，与国内先进地区文化品牌建设情况进行比较，通过对调研结果进行分析、总结，提出问题、寻找差距、借鉴经验，进而提出湖北省文化产业品牌建设的建议措施。

（一）构建文化产业品牌发展分析框架

品牌管理学认为品牌是整个社会经济体系的一部分，任何品牌都无法脱离周围环境而独立存在，品牌发展既与企业内部组织经营有直接关系，也受到外部环境影响；既有宏观因素，也包含各种中、微观因素。[①] 在品牌战略系统中，政府宏观政策、企业及其相关利益者的品牌策略尤为重要。

客观来讲，对湖北文化产业品牌发展状况进行准确的数据统计和客观描述，有很大难度。为了对众多因素进行简化和分类，本研究主要以《中国品牌战略发展报告（2017）》课题组制定的"品牌生态评价指标体系框架"为基础，在此基础上提出了湖北省文化产业品牌发展分析框架，以及文化产业品牌发展评价指标体系。

研究框架主要从文化产业品牌核心能力、基础能力和环境能力三大目标层进行考察。核心能力又分解为品牌经营和市场影响两个子目标；基础能力又分解为产业支撑和科技支撑两个子目标；环境能力分解为经济支撑、消费支撑和文化支撑三个子目标。每个目标再分解为若干维度，每个维度分解为若干测量指标，详见附录Ⅱ、表 6-2。

---

① 张天龙，陈圻，杨有权. 关于构建产业品牌指标体系［J］. 中国统计，2008（10）：
57-58.

表6-2 文化产业品牌发展评价指标体系

目标层	维度层	指标层	单位	权重
A1 品牌经营	B1 经济指数	C1 文化上市公司（品牌）总资产值（2017年）	亿元	25%
		C2 文化上市公司（品牌）总市值	亿元	
		C3 文化上市公司（品牌）平均市值	亿元	
	B2 效益指数	C4 文化上市公司（品牌）年收入总额（2017年）	亿元	
		C5 文化上市公司（品牌）利润总额（2017年）	亿元	
		C6 文化上市公司（品牌）利润均值（2017年）	亿元	
	B3 成长指数	C7 文化上市公司（品牌）主营业务收入增长率均值（2017年）	%	
		C8 文化上市公司（品牌）总资产增长率均值（2017年）	%	
A2 品牌影响	B4 品牌优势	C9 境外文化上市公司（品牌）数	个	20%
		C10 境内文化上市公司（品牌）数	个	
		C11 近三年入选"中国文化企业30强"名单次数（2016—2018年）	次	
		C12 近三年入选"中国互联网企业100强"名单次数（2016—2018年）	次	
A3 科技实力	B5 科技创新与科研投入	C13 区域每百万人拥有专利授权平均数（2015—2017年）	个	25%
		C14 区域近3年授权专利数平均增长率（2015—2017年）	%	
		C15 文化上市公司（品牌）科研投入总额（2015—2017年）	亿元	

续表

目标层	维度层	指标层	单位	权重
A4 产业支撑	B6 产业规模	C16 文化产业增加值（2016 年）	亿元	15%
		C17 文化产业增加值占 GDP 比重	%	
		C18 第三产业总值	亿元	
		C19 第三产业占 GDP 比重	%	
	B6 产业创新	C20 国家级文化产业园区和基地总数	个	
		C21 省级文化产业园区和基地总数	个	
		C22 区域文化产业基金数额	亿元	
A5 环境支撑	B8 经济发展	C23 地区生产总值（2017 年）	亿元	15%
		C24 人均 GDP	元	
	B9 人才优势	C25 区域内高校总数	所	
		C26 区域内大学生总数（含研究生）	万人	
	B10 网络发展	C27 域名总数	个	
		C28 网站总数	个	
		C29 2018 年"数字中国"指数省级排名		
		C30 2018 年"数字经济"指数省级排名		
		C31 2018 年"科技文化"指数省级排名		

需要说明的是，在今天科技因素已成为文化产业发展的第一驱动力，为了突出科技因素对品牌的影响，本研究没有按照以往的研究设计将"科技实力"设置为环境能力的一个子目标，而是将"科技实力"单独设为一个考察维度，权重为 25%。该维度可分解为区域每百万人拥有专利授权平均数、区域近 3 年授权专利数平均增长率、品牌企业科研投入总额 3 个指标，以重点考察地区及企业科研实力与品牌发展的关系。

（二）考核评价方法

1. 指标数据获取

本研究调研数据全部来源于权威渠道：上市公司品牌的统计数据均来源于上市公司 2017 年年报；地方经济社会发展状况的统计数据均来源于地方统

计局网站;文化产业发展的数据均来源于文化和旅游部、文化厅、广播电视总局等相关政府机构网站;网络基础设施方面的数据均来源于中国互联网络信息中心和腾讯研究院。

2. 指标赋权

确定权重是综合评价最重要的部分,权重的正确与否直接关系到最后的评价结果,进而影响研究结果的科学性和准确性。为了确保本研究结果的准确、有效,本课题选取"层次分析法"对各评价指标体系赋权,由专家对考评指标体系打分,计算得出指标权重。专家成员主要由品牌专家、文化学者和业界人士构成。

3. 统计评价方法

根据调研实际情况,本研究选取"指数基期法"进行评价,按照"指数标准化—指标赋权—指标数据合成"三个步骤展开,最终合成地区文化产业品牌发展的分指数和总指数,并在此基础上进行评价。

4. 具体计算方法

设:某地区文化产业品牌综合发展总指数为 X,分指数为 An(A1 ~ A5)。

$$X = A1 + A2 + A3 + A4 + A5$$

其中:

$$A1 = \frac{\sum\left(\frac{C1}{C1_{max}} \sim \frac{C8}{C8_{max}}\right)}{6} \times 30$$

$$A2 = \frac{\sum\left(\frac{C7}{C7_{max}} \sim \frac{C15}{C15_{max}}\right)}{9} \times 30$$

$$A3 = \frac{\sum\left(\frac{C16}{C16_{max}} \sim \frac{C19}{C19_{max}}\right)}{4} \times 20$$

$$A4 = \frac{\sum\left(\frac{C20}{C20_{max}} \sim \frac{C23}{C23_{max}}\right)}{4} \times 10$$

$$A5 = \frac{\sum\left(\frac{C24}{C24_{max}} \sim \frac{C30}{C30_{max}}\right)}{7} \times 10$$

第二节　湖北文化产业品牌发展现状

一、湖北省文化产业品牌发展基本情况

（一）产业总体判断：运行稳、增速慢、体量小、差距大

《湖北省国民经济和社会发展第十三个五年规划纲要》提出，要加快发展数字创意等战略新兴产业，大力建设荆楚文化品牌，将文化产业发展成支柱产业，建成文化强省等战略目标。《湖北省国民经济和社会发展第十四个五年规划纲要》进一步提出要深化文化强省建设，打造一批知名度高、影响力大的湖北文化品牌，文化和旅游产业成为重要支柱产业，促进满足人民文化需求和增强人民精神力量相统一。"十二五"以来，湖北省文化产业增幅较大，文化产业规模日益扩大，文化产业在国民经济中所占的比重保持稳定。但进入"十三五"，湖北省文化产业增幅明显放缓，与其他先进省市相比文化产业的体量减少，差距拉大。

纵向看，2013 至 2017 年，湖北省文化产业运行比较平稳，增加值从 671 亿元增加到 1 164 亿元，5 年增幅超过 70%。但 2016 年以后，文化产业增速出现明显放缓的态势。从 GDP 占比看，2013 年以来，湖北文化产业增加值的 GDP 占比始终保持约 3% 的占比，反映出湖北省文化产业增幅与湖北省 GDP 增幅大体保持了同步增长，但也说明文化产业发展并没有展现出超常规的发展速度，而 3% 的 GDP 占比距离支柱产业至少 5% 的 GDP 占比还有较大距离。

横向看（见表6-3），湖北与中西部地区湖南、四川，与经济强省广东、浙江，以及与直辖市上海比较，湖北文化产业明显呈现出体量小、差距大的特点。例如，湖南省的总体经济规模虽然比湖北小，但该省文化产业发展很快，文化产业增加值一直保持约 6% 的增速，2017 年文化产业增加值已经突破 2 000 亿元，正稳步向文化强省迈进。四川省也值得关注，2017 年以前该省文化产业发展速度并不快，但从 2017 年开始该省文化产业发展迅猛，GDP 占比从 4% 提升到 7.5%，文化产业增加值从上一年的 1 400 亿元猛增至近 2 800 亿元，增速提升近 1 倍，发展势头令人瞩目。而经济发达的广东、浙江

和上海，文化产业增加值近年来已普遍从 2 000 亿元增加至 3 000 亿元，并开始向 4 000 亿元冲击；文化产业 GDP 占比也普遍超过 5%，上海市文化产业 GDP 占比甚至已经突破 12%。

总体而言，目前文化产业竞争日趋激烈，优质生产要素越来越趋向发达地区聚集，文化产业的马太效应正在凸显。湖北省文化产业在未来几年如果不能实现超常规发展，势必与先进地区的差距越拉越大。

表 6 - 3　2014—2017 年湖北省及其他省市文化产业发展统计①

地区	指标	2014 年	2015 年	2016 年	2017 年	平均
湖北	文化产业增加值（亿元）	742	854	954	1 164	956
	占 GDP 比重（%）	2.7	2.9	3.0	3.2	3.0
湖南	文化产业增加值（亿元）	1 514	1 707	1 911	2 196	1 832
	占 GDP 比重（%）	5.6	5.9	6.1	6.4	6.0
四川	文化产业增加值（亿元）	1 059	1 141	1 400	2 761	1 590
	占 GDP 比重（%）	3.7	3.8	4.0	7.5	4.8
浙江	文化产业增加值（亿元）	2 188	2 499	3 200	3 520	2 850
	占 GDP 比重（%）	5.5	5.8	6.8	6.8	6.2
广东	文化产业增加值（亿元）	3 552	3 648	4 257	4 483	3 986
	占 GDP 比重（%）	5.2	5.0	5.3	5.3	5.2
上海	文化产业增加值（亿元）	2 833	3 020	3 300	3 686	3 210
	占 GDP 比重（%）	12.0	12.1	11.7	11.7	12

（二）知名品牌缺乏、整体影响力偏弱

近年来，湖北省虽然孕育出了"盛天网络""斗鱼直播"等新兴文化品牌。但总体来说，湖北文化产品大都未走出湖北，有影响的企业和知名文化品牌很少。以入选"中国文化企业 30 强"② 名单次数为例，从 2008 至 2019 年，湖北省仅有"长江出版"和"湖北广电"两家公司入选 6 次，入选总次

---

① 资料来源：相关省市国民经济和社会发展统计公报。

② 自 2008 年起，光明日报社和经济日报社联合发布"中国文化企业 30 强"名单，入选企业都是当年中国最优秀的品牌文化企业。

数在全国排名第 11，不仅远远落后于北京、浙江、江苏、广东、上海等发达省市，较中部的湖南、安徽和江西也有较大差距。

从已上市的知名文化企业数量对比看（见表 6－4），截至 2018 年 7 月，湖北只有 5 家文化类上市公司，在调研的 6 个省市中数量最少，也再次印证了湖北知名文化品牌数量少的特点。另外，除了湖北文化产业规模体量较小，上市公司总资产值、总市值、年收入和年利润等指标也大都低于其他省市。

表 6－4　湖北及相关省市文化上市公司经营情况①

指标 \ 地区	湖北	湖南	四川	浙江	广东	上海
上市公司总数（个）	5	6	10	22	30	16
上市公司总资产值（亿元人民币）	296	580	556	8 498	9 779	3 067
上市公司总市值（亿元人民币）	223	876	622	30 803	34 373	4 762
上市公司平均市值（亿元人民币）	47	146	78	1 400	1 146	298
上市公司年收入总额（亿元人民币）	160	244	213	3 066	3 702	748
上市公司（品牌）利润总额（亿元人民币）	15	19	30	1 071	1181	161
上市公司（品牌）利润均值（亿元人民币）	3	3	4	49	39	10

（三）品牌环境趋好，产业支撑有力

品牌发展环境是品牌发展成长的基础，良好的发展环境不仅能拉动本地品牌消费，同时还能最大限度地吸引外地消费者和受众，促进消费升级。品牌发展环境主要分解为环境能力和产业支撑力两个目标维度。从统计结果看（见表 6－5），湖北文化产业环境能力得分为 8 分，与湖南（8 分）、四川（9 分）、上海（9 分）甚至浙江（11 分）都非常接近，距离得分最高的广东（14 分）差距也不大。特别是湖北省在高校总数、大学生（含研究生）人数、人均 GDP 等指标方面并不落后，个别指标还具有一定的优势。

---

① 资料来源：东方财富网（http：//www.eastmoney.com/）发布的相关上市公司年报。

从产业支撑的角度看，湖北文化产业支撑能力虽然得分靠后，但 7 分的分数与广东（8 分）、浙江（9 分）差距很小，距离得分最高的上海（11 分）差距也没有拉开。从几个考察项目看，湖北在文化产业园区和基地建设方面取得了较好的成绩，是湖北省产业支撑得分较高的主要原因。截至 2017 年年底，湖北省共建有 203 个省级文化产业示范园区和省级文化产业示范基地，数量规模都超过了其他省市。武昌·长江文化创意设计产业园、光谷动漫产业园和华中国家数字出版基地等文化园区项目，日益发挥出强劲的产业品牌效应和孵化效应。

表 6 - 5　湖北及相关省市品牌发展综合得分

指标＼地区	湖北	湖南	四川	浙江	广东	上海
A1 品牌经营	2	4	4	22	20	6
A2 品牌影响	2	5	4	11	16	15
A3 科技实力	8	6	6	18	22	13
A4 产业支撑	7	6	6	9	8	11
A5 环境能力	8	8	9	11	14	9
总计	27	29	29	71	80	54

二、文化产业品牌发展主要特征

（一）宏观：政策利好集中释放，发展环境日益完善

目前，我国经济已由高速增长阶段转向高质量发展阶段，正处在转变发展方式、优化经济结构、转换增长动力的攻关期。以品牌建设为引领，大力发展融合性强、附加值高、环境友好型的文化产业，带动关联产业的转型升级是我国社会经济发展的必然选择，是文化领域供给侧改革的必由之路。近年来，党、国家和地方政府对文化建设和文化产业发展高度重视，出台了大量的文件措施，为文化产业发展提供了坚实的政策保障。

国家层面，2016 年国务院办公厅印发《关于发挥品牌引领作用 推动供需结构升级的意见》，提出要发挥政府推动和企业主体的作用，做大做强品牌，让品牌成为推动中国经济换挡提速的新动能、新力量，为文化创意产业的发展

指明了方向和道路。2021年国家"十四五"规划纲要提出要加快推进文化产业体系建设，实施文化品牌战略，打造一批有影响力、有代表性的文化品牌。为贯彻落实党和国家文化建设的精神要求，2021年文化和旅游部发布了《"十四五"文化和旅游发展规划》，提出"十四五"期间要推动文化产业结构优化升级，大力实施文化品牌战略，打造一批有影响力、有代表性的文化品牌。

地方层面，2016年10月，湖北省政府办公厅印发《关于发挥品牌引领作用 推动供需结构升级的意见》，要求把品牌建设作为促进创新驱动发展、结构性改革和经济转型升级的重要抓手，推动"湖北产品"向"湖北品牌"转变。2017年湖北省政府印发《湖北省促进中部地区崛起"十三五"规划实施方案》，要求充分挖掘湖北优势文化资源，加快数字文化产业发展，打造具有湖北特色的文化品牌和文化产业体系。2021年《湖北省国民经济和社会发展第十四个五年规划和二〇三五年远景目标纲要》提出要将文化和旅游产业建设成为重要支柱产业，打造荆楚文化品牌，不断增强文化软实力。

上述政策为湖北省文化产业品牌发展指明了目标，为文化产业改革提供了有力的制度保障。可以说，湖北省文化产业已经进入了重要的战略发展机遇期，必须牢牢把握发展机遇，大力推进湖北文化品牌发展。

（二）结构：品牌体系初步成型，产业格局日益清晰

近年来，在国家供给侧结构改革深入推进、文化产业加快发展和创新创业政策鼓励下，湖北文化产业呈现出加快发展的态势，以新闻出版、广播电视为代表的传统产业正在加速转型，新兴数字文创产业快速崛起，文化品牌出现了迸发式增长，正在形成新老交替的产业结构和品牌体系。

1. 文化企业品牌

湖北省传统文化企业历经转型升级，目前已有一些企业呈现出新的生机和活力，品牌效益明显增强。仍以"中国文化企业30强"统计数据为例，从2008至2015年的七届评选中，湖北省仅有一家企业入选。2016年以后，每年都有一家湖北企业入选，特别是2017、2018两年，湖北省连续有2家企业入选，即"湖北广电"和"长江传媒"。数据说明湖北一批传统文化企业在经历了互联网新媒体的冲击后，通过转型升级已经逐渐适应了新的市场环境，品牌影响力重新提升。

与此同时，湖北新崛起的一批数字网络文化品牌正在为湖北文化产业注

入新鲜血液和发展力量。从"中国互联网企业 100 强"①榜单可以看到，从
2016 到 2020 年连续五年湖北已经有 5 家企业总计 11 次入选，分别是"斗鱼
直播""盛天网络""换车网""奇米网络"和"物易云通"。"斗鱼直播"
等互联网品牌已在全国崭露头角，骨干作用明显。"微派""木仓科技""极
验""初心科技""青藤云安全""青云""两点十分""步林科技""华中时
讯"等一批新兴梯队公司也正在快速成长，品牌影响力逐步扩大。

2. 文化活动品牌

近年来，伴随网络文化产业迅猛发展，湖北武汉的网络文化活动日益增
多，特别是"斗鱼直播节""光谷国际动漫节"等大型文化活动，已经成为
武汉市一张靓丽的文化活动名片。

2017 年，首届武汉"斗鱼嘉年华"在汉口江滩举办，全网累计 1.7 亿人
次观看了直播。2018 年，武汉"斗鱼嘉年华"升级为国际武汉斗鱼直播节，
活动组织了大量全球知名网红游武汉，向世界全面展示了汉口江滩、武汉东
湖、中山大道等武汉城市名片和品牌景区。

3. 文化园区品牌

目前，湖北省已经有 1 家国家级文化产业示范（试验）园区和 10 家国
家级文化产业示范基地，还有 203 家省级文化产业园区和基地，园区基地总
数在全国领先，这些优质园区和基地本身已形成了较强的品牌示范效应和产
业集聚效应。

湖北省武昌长江文化创意设计产业园是湖北省第一个，也是目前唯一一
个国家级文化产业试验园区。该园区主打文化创意设计，利用武汉市设计产
业的资源优势，将文化创意与工业设计、建筑设计、工程设计等深度融合，
是湖北省产业特色鲜明、聚集效应明显的文创设计产业园区。

而以光电信息为主打特色的中国光谷，近年来高科技文化产业发展迅
猛，成为湖北省乃至全国网络创新创业知名培育基地，光谷本身也成为国内
知名的文化园区品牌，斗鱼直播、盛天网络等知名互联网企业均位于光谷。

4. 红色文旅品牌

近年来，在国家增强文化自信、传承红色文化战略带动下，湖北省红色文

---

① 由中国互联网协会、工业和信息化部信息中心联合发布的"中国互联网企业 100
强"是国内重要的互联网企业排行榜，自 2013 年开始，每年发布一次。

化品牌效应日益凸显，影响日益扩大。从地域上看，湖北红色文化品牌主要位于武汉、黄冈和宜昌三地。在中国革命战争的各个历史时期，武汉一直是中国革命的中心之一。中华人民共和国成立以后，武汉也是社会主义建设重镇。可以说武汉市红色文化资源富集，武昌、汉口既有革命时期遗留下来的大量红色文化遗址遗迹，如武昌红楼、武昌中央农民运动讲习所旧址、毛泽东旧居等，又有大量能体现社会主义建设成就的建筑场馆，如武汉长江大桥等。武汉早已在全国人民心中形成了"敢为人先、辛亥首义、英雄之城"的红色文化品牌。

除了武汉，湖北省黄冈大别山地区在中国革命史中也有着极其重要的地位。黄冈是中国著名的红色文化旅游区，革命历史文化资源丰富，拥有红安七里坪革命旧址、李先念故居、董必武故居3个国家重点文物保护单位和100多个省市级文物保护单位。"中国第一将军县"——红安县已成为全国知名的红色城市品牌。近年来，随着红色旅游的兴起，黄冈主打的"将军故里、传奇红安"的品牌知名度和品牌影响力显著提升，已成为中部地区红色文化旅游重镇。

另外，湖北省宜昌市也是全国红色文化旅游的重要城市。2017年，位于宜昌市的三峡大坝因入选《全国红色旅游经典景区三期总体建设方案》而受到广泛关注，它是全国极少数新时期红色旅游的典型代表，反映的是改革开放以后，国家在水利事业上取得的辉煌成就，是民族复兴的重要标志。

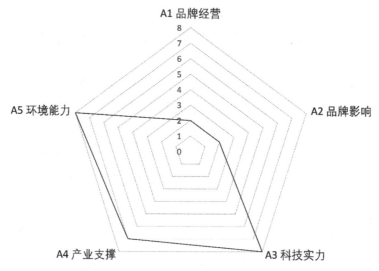

图 6-1　湖北省文化产业品牌综合实力评价

总之，从统计调查的总分看（图6-1和表6-5），湖北省文化产业品牌发展总分21分仅为上海一半，比广东省80分有很大差距，显示了湖北省文化产业品牌发展整体上处于较落后的地位。从分项得分看，体现各地文化产业品牌发展实力的A1和A2项，湖北省在几个省市里面全是倒数第一；科技实力和环境能力这两项的统计结果，除了广东大幅度领先外，湖北省与其他省市差距并不大，说明湖北省发展文化产业品牌发展有比较好的发展环境和网络环境。而体现品牌发展后劲的产业支撑方面，湖北省虽然排名并不靠前，但距离得分最高的上海市仅相差4分，说明湖北省文化产业整体实力与国内发达地区相比差距不大，可以通过科技创新、机制创新、模式创新等手段实现赶超。

第三节 问题与经验的深层次分析

一、品牌政策：发展规划制定及时，实施效果有待检验

（一）品牌宏观政策制定及时

近年来，在党中央、国务院以及各部委高度重视中国自主知名品牌建设，提出要发挥品牌引领作用，推动供需结构升级的战略背景下，包括湖北在内的各省市纷纷制定出台各种政策措施，既包括宏观性的品牌发展指导意见，也包括"十三五""十四五"规划纲要中的文化产业品牌发展政策，为地区文化品牌建设制定了指导思想和实施措施。

从湖北看，在2016年6月20日国务院办公厅发布《关于发挥品牌引领作用推动供需结构升级的意见》后，湖北省政府办公厅很快就于2016年10月印发了《关于发挥品牌引领作用 推动供需结构升级的意见》（鄂政办发〔2016〕81号），部署全面深入推进品牌强省建设工作，明确了湖北品牌建设的主要目标、重大工程和保障措施，宏观上为湖北省各领域品牌建设提供了指导。2017年9月5日，湖北省人民政府办公厅印发《湖北省促进中部地区崛起"十三五"规划实施方案》，明确提出要充分挖掘湖北省优势文化资源，加快数字文化产业发展，打造具有湖北特色的文化品牌和文化产业体系；要建设一批在全国有影响的历史名城、文化名镇。在《湖北省"十三五"时期文化事业发展规划》中，则更具体地从16个方面提到了建设湖北

文化品牌，详见表6-6。

表6-6　湖北省文化品牌建设宏观政策①

序号	政策文件	详细内容	发布时间
1	《关于发挥品牌引领作用　推动供需结构升级的意见》（鄂政办发〔2016〕81号）	力争"十三五"末，全省品牌建设工作机制健全，品牌数量大幅增长，品牌对推动供需结构升级作用明显增强，品牌经济在全省经济总量的占比明显提高。	2016年10月19日
2	《湖北省促进中部地区崛起"十三五"规划实施方案》（鄂政办发〔2017〕70号）	（1）充分挖掘湖北省优势文化资源，加快数字文化产业发展，打造具有湖北特色的文化品牌和文化产业体系，建成门类齐全、特色鲜明的体育产业体系。 （2）建设一批在全国有影响的历史名城、文化名镇。	2017年9月5日
3	《湖北省"十三五"时期文化事业发展规划》（鄂文化文〔2017〕16号）	艺术创作更加繁荣，精品力作不断涌现，艺术展演品牌辐射力和影响力显著提高，建成全国戏曲强省。 力争建成1个全省文化产品出口基地，培育5~8家具有国际竞争力的外向型文化企业，重点文化出口企业达到20家，"荆楚文化走世界"品牌影响力进一步提高。 创作推出一批彰显湖北特色的优秀美术作品，进一步擦亮"长江画派"文艺品牌。 加强公共文化服务品牌建设，吸引更多群众参与公共文化活动。 "百姓舞台"工程有活动品牌。	2017年2月13日

---

① 资料来源：湖北省人民政府网站（http：//www.hubei.gov.cn/）、湖北省文化厅网站（http：//www.hbwh.gov.cn/）发布的政策文件。

序号	政策文件	详细内容	发布时间
3	《湖北省"十三五"时期文化事业发展规划》（鄂文化文〔2017〕16号）	公共文化服务品牌建设项目：重点打造"长江讲坛"讲座之书品牌、"长江读书节"全民阅读推广品牌、"文化力量·民间精彩"群众性文化活动品牌、"听涛讲坛"艺术普及品牌、"礼乐学堂"优秀传统文化传承品牌。 加强非遗生产性保护，实施荆楚传统工艺振兴计划，打造一批"民族特色、国家品牌"非遗活态传承新成果。 实施文博创意产业扶持计划，积极培育具有荆楚文化特色的文博创意品牌。 非物质文化遗产保护"十个一"行动计划：扎实做好非遗项目活态品牌建设。 积极探索与文化生态保护实验区、旅游景区相结合的有效模式，培育和形成具有荆楚印记、民族特色、国家水准的知名品牌。 鼓励和支持有实力文化企业跨地区、跨行业、跨所有制兼并重组和上市融资，培育一批知名文化产业品牌。 培育一批特色文化产业企业、产品和品牌。 积极构建全方位、多层次、宽领域的对外文化交流格局，进一步扩大"荆楚文化走世界"品牌影响力。 积极参与海外中国文化中心对口合作、"欢乐春节""感知中国"等品牌活动。 着力培育一批具有国际竞争力的对外和对港澳台文化贸易知名企业和品牌。 加大文化人才品牌宣传力度，提升湖北文化人才工作的美誉度和影响力。	2017年2月13日

（二）品牌建设效果有待观察

从企业层面讲，为了提高企业管理水平、完善企业市场竞争机制、提升企业品牌影响力，目前全球大型企业、跨国公司的普遍做法是在企业（集团）内部设置品牌事务部和品牌总监，通过企业内部的专设组织机构和专业的品牌管理人员来实施公司的品牌战略管理。通过考察发现，包括湖北在内的国内文化企业，从组织架构上看，普遍还没有专设的品牌事务部和品牌总监，品牌事务大都由企业的市场营销或公关策划部门负责，品牌建设和管理的效力、效果很难判断。

从政府机构看，目前省市各级政府、各地经济技术开发区、文化创意示范园区、各类由政府牵头组织的文化创意活动等，大都既没有专设的品牌管理机构，也没有专职的品牌管理人员，绝大多数都是兼职从事相关的品牌工作，品牌战略的规划、管理、实施、检验很难确保信息的一致性和政策的延续性。因此，品牌战略的实施效果也有待检验。

二、品牌定位：微观定位日益清晰，宏观战略仍显模糊

品牌定位是指通过产品形象设计，在顾客心里形成特殊的印象或占据独特的位置，① 是品牌建设取得成效的基础和前提。近年来，湖北文化产业之所以能够取得一些突破，一个重要的原因是在市场竞争的驱动下，企业品牌定位越来越精准，产品和服务的特色越来越鲜明。但从整体上看，湖北文化产业的特色仍比较模糊，品牌定位仍不够清晰。

（一）企业品牌定位日益清晰准确，品牌特色凸显

纵观湖北及其他地区文化产业的发展历程，一个共性经验是，只有品牌形象清晰、品牌定位准确、品牌印象深刻的企业和产品，才能在激烈的市场竞争中占得先机，才有利于产业整体特色的彰显。

以浙江省"华策影视"为例，该公司成立的时间并不长，资源优势也并不突出。与传统影视生产企业不同，华策影视定位于互联网时代的"娱乐内容运营商"，基于用户大数据的分析能力和优质内容的创新能力使得该公司在市场中脱颖而出，很快就成为行业细分领域中的优势企业，成为品牌战略

---

① 凯文·莱恩·凯勒. 战略品牌管理（第 4 版）［M］. 吴水龙，何云，译. 北京：中国人民大学出版社，2014：51 – 52.

成功的典范。

同样，在竞争激烈的网络视频领域，专注于弹幕式网络直播的湖北网络视频企业"斗鱼直播"并没有泛泛地去开展综合类直播业务，而是精准地定位于游戏用户和游戏直播市场，通过给予专业游戏用户高额奖励等激励措施，使得企业迅速抓住了拥有大量用户基础的游戏视频直播这一细分目标市场，企业品牌也迅速得到青年玩家的认可。从 2014 年创立至今，"斗鱼直播"仅用几年的时间就发展成为国内直播分享网站中的佼佼者，其基于 PGC（professional generated content）的视频生产模式在业界独树一帜，高质量的游戏直播给用户留下了深刻的品牌印象。目前，"斗鱼直播"已成为以游戏直播为主，涵盖了娱乐、综艺、体育、户外等多种直播内容的国内最大的综合直播平台之一。而从用户数方面看，根据比达咨询数据中心发布的《2018 年第 1 季度中国游戏直播市场研究报告》，在各大游戏直播 App 应用的 2018 年第 1 季度月均活跃用户数排行中，"斗鱼直播"月均活跃用户数为 2 020. 2 万人，排行第一。

（二）文化产业政策目标模糊，宏观战略定位不清

通过对湖北省及相关省市文化产业发展规划文件进行深入的文本分析，发现湖北文化产业发展目标相对比较空泛，缺乏聚焦；而浙江省、广东省等发达省市文化产业定位更加准确，目标更为清晰。

2017 年 2 月 13 日，湖北省发展改革委和湖北省文化厅联合印发了《湖北省"十三五"时期文化事业发展规划》。在文化产业这一部分，该规划的总体目标是要通过文化产业结构优化升级，培育壮大文化市场主体，引导和促进文化消费，推动文化产业成为支柱性产业。具体措施是大力推进文化科技创新，推动上网服务、游戏游艺、歌舞娱乐、工艺美术等行业转型升级，加快发展创意设计、网络文化、数字文化服务等新型文化业态，鼓励网络文化与传统文化产业创新融合发展。

总体来说，湖北省文化产业发展措施的表述力求面面俱到，但反而显得比较空泛，虽然包括游戏动漫、网络娱乐、创意设计、数字文化等，但实际上缺乏具体的目标定位和特色方向，操作起来有较大难度。而重点发展项目大都是传统的文学、农旅、民俗等，其科技性有很大局限，很难发展成经济产值巨大、品牌影响力大、受众覆盖面大的科技型文化产业。另外，《湖北省"十三五"时期文化事业发展规划》起草和发布的机构为湖北省发展改革

委和湖北省文化厅，不包括湖北省新闻出版广电局等机构，文件的效力受到了很大影响。

再观浙江、广东、湖南、上海等文化产业发达地区文化产业发展规划，主要特点是：第一，规划文件制定机构级别很高，影响辐射的范围大。现代文化产业具有很大的创新引领性、产业整合性、科技驱动性、网络辐射性，牵涉的部门多、影响的范围广。因此，文化产业发达地区政策规划大都是由省市级人民政府或省文化改革发展领导小组办公室制定发布，政策文件的规格级别高。第二，发展重点明确，特色定位准确，措施办法具体，可操作性比较强。

以浙江省为例，"十二五"期间，文化产业就已经成为浙江省的支柱产业。"十二五"末，浙江省文化产业增加值接近 2 500 亿元，GDP 占比高达 6%。2016—2017 年，浙江全省文化产业增加值连续两年超过 3 000 亿元，2016 年占全省生产总值的比重甚至高达 6.8%，文化产业已经发展成为仅次于北京、广东的全国最发达地区之一。浙江省文化产业发展速度之快、效率之高、影响之大，已形成文化产业发展的"浙江经验"。而"浙江经验"最根本的一条，就是深度聚焦产业特色，以品牌引领产业发展，该省"十三五"文化产业发展规划政策文件对此进行了很好的阐释。

2016 年 9 月 28 日，浙江省人民政府办公厅印发《浙江省文化产业发展"十三五"规划》，结合该省在影视制作方面的优势，明确指出浙江省文化产业"十三五"发展的指导思想是要聚焦于文化内容生产，积极打造文化精品，力争在影视剧生产、音乐制作等文化内容生产领域保持国内领先。

实事求是地讲，湖北省文化产业发展资源与浙江、湖南等地区相比差距并不大，"十一五""十二五"期间湖北省文化产业规模体量与这些省份也大体处于一个水平线上。但从"十二五"末期，特别是"十三五"以来，湖北省文化产业发展速度明显赶不上先进地区，一个主要原因是湖北省没有根据自己的资源优势做好产业发展定位，缺乏以品牌发展来引领产业转型升级，缺乏以科技创新来驱动产业变革。

三、品牌培育：新兴产业发展迅猛，品牌培育急待重视

（一）新兴数字文化产业异军突起，产业能量快速提升

近年来，湖北省以武汉为主要基地，以数字文化创意为代表的文化科技

融合业态发展迅速，一批文化科技融合示范园区、示范企业成长迅速，成为国内重要的数字创意产业聚集地。截至 2017 年年底，武汉市共有各类文化产业园区 30 个，省级基地近 200 个，重点园区集聚文化企业近 8 000 家，并呈现出差异化、特色化发展态势。特别是以光谷为代表的文化园区引领作用突出、示范效应明显，已建成了一个国家级文化和科技融合示范基地、科技部"国家数字内容产业化基地"、原国家广电总局"中国东湖广播影视媒体内容基地"、工信部"国家数字家庭应用示范产业基地"、原国家新闻出版广电总局"国家级广播影视媒体基地"等近 10 个文化创意示范基地。目前光谷内有文化企业近千家，规模以上企业超过 80 家，其中创业板上市企业 1 家、新三板上市企业 8 家，已经发展成为年产值近千亿元的综合性文化创新产业中心，是国内数字创意产业最密集的地区之一。

（二）新企业成立时间较短，新品牌亟须培育维护

截至目前，湖北省文化园区内的文化创意企业成立时间最长一般不超过10 年。新企业创建了大量的新生品牌，从品牌生命周期看，这些新品牌绝大多数都处于孕育期和幼稚期，品牌的知名度比较低，还没有被消费者所熟知和认可，更谈不上被消费者所信赖。而处于这两个生命周期的品牌一般都比较脆弱，环境适应力比较差，易遭受来自竞争品牌的影响和冲击。从品牌战略管理的角度看，新创建品牌需要从品牌定位、品牌名称、品牌徽标、品牌标语、品牌代言、品牌活动、传播媒体等方面进行系统、科学的培育和打造，帮助企业及产品在市场竞争中处于有利地位，以帮助品牌能比较顺利地进入成长期和成熟期。从这个角度看，湖北新兴科技文化企业品牌亟须培育维护。

四、品牌管理：科技创新明显不足，资源利用亟待提高

（一）技术转换能力整体弱，企业科研投入少

创新是文化产业持续发展的动力源泉，科技创新是文化产业保持核心竞争力的关键。在新一轮科技革命的影响下，信息网络、大数据、人工智能等高新技术广泛应用到文化创作、生产、传播、消费的各个层面和环节，加速了文化生产方式变革，成为文化发展的重要引擎和不竭动力。当下，文化企业越来越重视创新，特别是科技创新，湖北文化产业与先进地区相比，明显存在创新不足，特别是科研投入较少，品牌的技术含量较低，由此导致产品

的覆盖范围和品牌的影响范围都十分有限。

从环境层面看，区域内高校总数、大学生总数、人均拥有专利数等指标是衡量一个地区科研实力的主要指标。由表 6-7 可知，湖北省高教资源在全国占有领先优势，但与科研关联更密切的专利数据，湖北与先进地区差距巨大。在六个省市中，2017 年湖北百万人拥有专利授权数为 786，高于湖南（553）与四川（771），但相比浙江（3 780）、广东（2 978）和上海（2 914）差距巨大，反映出湖北省科技产出质量和科技竞争力与先进地区存在巨大差距。从专利数的增长率看，湖北在专利总基数不大的情况下，想以 19% 的年均增长率赶超先进地区实际上非常困难。而广东和上海，在专利总基数很大的情况下，依然能保持两位数的增长，特别是广东 2017 年增长率甚至高达23%，展现出了发达地区极强的科技创新实力和技术转换能力。科技创新已成为拉动地区文化产业转型升级的主引擎，而湖北省在这方面距离先进省市还有很大差距，应该认真反思总结。

表 6-7 湖北及相关省市科教与企业科研投入情况统计①

指标　　　　　　地区	湖北	湖南	四川	浙江	广东	上海
高校总数	129	124	109	107	151	64
大学生总数（含研究生）	199.6	177.1	210	139.8	263.9	71.7
每百万人拥有专利授权数	786	553	771	3 780	2 978	2 914
授权专利年均增长率（2015—2017 年）	19%	13%	12%	5%	23%	12%
2015—2017 年上市公司科研投入总额（亿元）	6.4	12.4	23.9	615.9	597	237.9

从微观上看，企业是科技创新的主体，企业的科研投入是反映企业科研创新的重要指标。企业的科研投入对企业专利产出、企业新产品研发、企业创新能力提升有明显的拉动作用，对企业转型升级具有重要的推动作用。表

---

① 资料来源：相关省市政府网站发布的 2017 年国民经济和社会发展统计公报、东方财富网上发布的相关上市公司年报。

6-7显示，2015—2017年湖北文化上市公司科研经费总投入为6.4亿元，该数值不仅较广东、浙江和上海存在巨大差距，也大大低于中西部的湖南和四川。在信息时代，科技创新已成为全部创新中最重要、最核心的创新，湖北文化企业亟须增加科研投入，提高科技创新能力。

（二）证券市场融资企业少，资源利用能力待提高

目前，湖北省和其他调研地区已有一批文化类上市公司（见表6-8）。从上市公司数量看，湖北仅5家公司上市，是6个地区中数量最少的一个。上市公司最多的是广东，总数已经达到了30家。浙江和上海上市公司总数也在20个左右。从上市公司首次募集资金净额看，湖北省因文化类上市公司总数少，且缺乏特大型上市公司，所以该指标湖北仍然垫底。但从企业募集资金的均数看，湖北与其他地区实际处于一个水平线上，甚至还高于广东、上海。浙江省上市公司首次募集资金净额均数虽然最高（76.8亿元），但主要是得益于阿里巴巴公司上市募集到了近1 600亿元的天量资金。如果剔除阿里巴巴，浙江省其他文化上市公司募集资金总数仅为99.6亿元，均数也只有4.7亿元，反而不及湖北。

表6-8　湖北及相关省市文化上市公司首次募集资金统计①

指标 地区	文化上市公司总数	上市首次募集资金 净额总数（亿元）	上市首次募集资金 净额均数（亿元）
湖北	5	35.5	7.1
湖南	6	59.5	9.9
四川	8	57.7	7.2
浙江	22	1 688.8	76.8
广东	30	194.5	6.5
上海	16	84.8	5.3

从上述数据可以看到，湖北省文化上市公司募集资金的能力和其他地区

---

① 资料来源：中财网（http：//www.cfi.cn）、东方财富网（http：//www.eastmoney.com）发布的权威信息。

相比并不落后，而湖北省最大的问题是上市公司总数太少，结果导致整体经济实力和品牌影响力太弱。为了加快湖北省文化产业的发展速度，相关政府部门要制定出更加具体可行的政策措施，创造条件来帮助相关文化企业尽快上市。

五、品牌维护：传统产业转型乏力，品牌保护刻不容缓

（一）传统文化产业转型乏力

按照国家统计局颁布的《文化及相关产业分类（2018）》，新闻信息服务业是文化产业的核心产业，包括新闻服务、内容创作生产等六大领域。湖北恰恰是文化产业核心领域的新闻业、内容创作生产、广播电视节目制作等传统产业转型升级缓慢，已有的品牌影响力急剧衰减，缺乏标杆性、龙头型的企业巨头做引领，产业整体下滑明显。

在新闻行业，湖北省内几家知名报社、广播电视台几乎都陷入了同质化竞争的困局，鲜见有企业转型成功；在出版行业，除了极少数出版集团，湖北出版企业整体经营未见起色，而相邻的湖南、安徽、河南、江西都已经对湖北实现了赶超；在广电行业，湖南省的整体实力和品牌影响力不仅在中部地区处于领先地位，在全国也占有重要地位。相比之下，沿海发达地区文化产业转型较快，临近的四川、湖南等中西部省份文化产业转型效果也比湖北要好，一些传统纸媒、广电媒体已经探索出了一条新媒体环境下的发展之路。

以四川省为例，四川省成都市是中国第一张都市报——《华西都市报》诞生之地。面对互联网和新媒体的冲击，《华西都市报》大力探索地方都市报转型，通过"双品牌战略"，引领媒体升级。2015 年该报社成立"封面传媒"，2016 年强势推出"封面新闻"App 产品。在一年内，该 App 用户总量就已经突破千万，年用户点击量近亿次，成为向互联网转型和媒体融合的重磅产品。需要注意的是，在"封面新闻"新媒体平台取得突破的同时，传统纸媒的影响力不但没有受到影响，反而逆市上扬。2016 年，《华西都市报》连续第四年登上"世界媒体 500 强"，且名次持续攀升至第 357 位；在"中国 500 最具价值品牌"排行榜上的价值也上升至 128 亿元。可以说《华西都市报》走出了一条以新品牌来带动老品牌，新老品牌同步提升的品牌发展之路。

再看文旅行业，近年来红色文化旅游在国内快速升温，已成为很多地方

重点发展的领域，延安、井冈山、遵义等地区甚至已经形成了响亮的红色文旅品牌。无论是旧民主主义革命、新民主主义革命，还是社会主义建设时期，湖北都是中国革命和建设的中心之一。在此基础上形成的红色文化构成了湖北荆楚文化的一大系。湖北省社会科学院荆楚文化研究所将湖北近现代革命文化列为荆楚八大文化系列之一,① 而湖北革命文化又以新民主主义革命文化为主。② 从1911年武昌首义开始，湖北革命文化已延续逾百年，其时间跨度虽没有古文化那么漫长，但它对当今湖北乃至全国的影响是直接而巨大的，已融入湖北社会经济生活的各个领域。客观地讲，湖北拥有在全国乃至世界都为之瞩目的优秀红色文化资源，但湖北省优秀红色文化资源的地位却不突出，品牌效应也不明显。已有的文化品牌，如"中国第一将军县"的城市品牌，不仅没有得到很好的开发利用，甚至出现了品牌名称被其他地区抢占等问题，品牌保护刻不容缓。

（二）老字号品牌亟待保护

品牌作为企业最重要的无形资产，对于企业发展有着极为重要的支撑作用，需要企业精心呵护。特别是对于已经处于衰退期的传统老品牌需要强化、激活，而对于市场中各类侵犯品牌权益的行为必须进行法律维权。

湖北是传统文化资源大省，也是品牌资源大省。从"湖北制造"到"湖北创造"、从"产品大省"到"品牌强省"，一大批老字号是湖北不可多得的宝贵资源，企业、政府、社会等各方面都要提高品牌意识，自觉加强对湖北传统文化品牌的保护。像《武汉晚报》《知音》等传统品牌目前虽然经营状况堪忧，但这些品牌都经过了长时间的积淀，在本地拥有广泛深厚的用户基础和品牌声誉，不能随随便便就放弃。

因此，在传统文化产业转型升级的关键时期，一方面要探索拥抱新媒体、新技术，不断开发新产品、打造新品牌；另一方面，已有的优秀品牌来之不易，我们应该珍惜老字号文化品牌，加强对传统品牌和文化资源的保护利用，大力探索保护品牌、强化品牌、激活品牌的措施方法，继续发挥老品牌的经济社会价值。

① 刘玉堂，刘纪兴，张硕. 荆楚文化与湖北文化产业发展研究［J］. 湖北社会科学，2003（12）：35-38.
② 王国梁. 论湖北红色文化的渊源、特色及地位［J］. 理论界，2007（03）：126-127.

第四节 湖北文化产业品牌发展策略

一、品牌发展思路

2016 年湖北省颁布《关于发挥品牌引领作用推动供需结构升级的意见》，目标是力争"十三五"末，湖北省品牌建设工作机制健全，品牌数量大幅增长，品牌对推动供需结构升级作用明显增强，品牌经济在全省经济总量的占比明显提高。2017 年《湖北省促进中部地区崛起"十三五"规划实施方案》明确提出打造具有湖北特色的文化品牌和文化产业体系。2021 年《湖北省国民经济和社会发展第十四个五年规划和二〇三五年远景目标纲要》明确提出要打造荆楚特色文化品牌，建设文化强省，包括新闻客户端品牌、新媒体品牌、公共文化品牌、大众文艺品牌、文化旅游品牌等。

目前，湖北省文化品牌建设的政策、纲领、制度已经非常完备，在此基础上文化企事业单位要树立文化品牌建设的战略意识，打造一批代表湖北风格、湖北特色、湖北形象的文化品牌，培育一批具有自主知识产权和核心竞争力的知名文化企业，形成具有地域特色、优势明显、结构合理的湖北文化品牌体系。

二、品牌发展方向

（一）从传统文化到现代文创，大力发展创意品牌

文化创意产业是以创造力为核心，以高科技为手段，是在知识经济时代脱颖而出的朝阳产业和充满创新活力的战略性新兴产业。文化创意产业具有高知识性、高融合性、高增值性和低能耗、低污染等显著特点，① 兼具生产性服务业和消费性服务业的双重属性，对推动经济转型升级、促进产业跨界融合具有重要作用，是现代服务业的核心产业，是传统文化产业升级发展的趋势。

---

① 中国政府网. 国务院关于推进文化创意和设计服务与 相关产业融合发展的若干意见（国发〔2014〕10 号）〔EB/OL〕.（2014 – 03 – 14）〔2014 – 03 – 14〕. http: // www.gov.cn/zhengce/content/2014 –03/14/content_ 8713. htm.

以浙江省杭州市为例，近年来该市文化创意产业的高速发展让我们明显感受到文创产业自身强大的增长活力和对地方经济巨大的拉动作用。2007 至 2017 年，杭州市紧紧围绕建设"全国文化创意中心"和"数字内容产业中心"两个战略目标，仅用 11 年时间，其文化产业增加值就从 2007 年的 432.8 亿元增加到 2018 年的 4 000 亿元；文创产业 GDP 占比从最初的 10.5% 提高到 24.2%，年均增速高达 16%，实现了近十倍的体量增长。截至 2020 年年底，杭州已建各级文化产业园区 40 个、上市企业 40 家、新三板挂牌企业 100 家，已发展成为全国重要的文化中心、电商中心、影视制作中心。

杭州市文创经济的发展经验为湖北省发展文化产业提供了重要的学习参考。湖北省建设特色文化品牌，必须突出文化产业的创意、创造、创新，以"创"为核，加强产品的原创属性，加大产品的科技含量，突出产品的特色优势，大力发展文创品牌。

（二）从打造产品到制定标准，提升品牌地位影响

1. 制定技术标准

在知识经济时代，世界范围内的技术标准竞争越来越激烈，谁能率先制定出行业标准，谁制定的标准能够为业界所认同，谁就能迅速占领市场并获得巨大的经济利益。与传统文化产业相比较，以网络新媒体技术为支撑的科技文化产业的网络效应更突出，技术和市场的激烈竞争将导致只有少数技术标准能在市场中存活下来，而制定技术标准的企业无疑将成为整个产业体系的领导者和垄断者，这些企业将决定产业未来的发展方向。因此，湖北文化企业应加强技术攻关，积极参与相关技术标准的研发制定，提升企业的话语权和品牌领导力。

2. 打造技术平台

技术平台是为了实现一种产品所共享的设计技术、工艺技术及生产制造技术等的整合，包括研发平台、设计平台、生产平台和应用平台等。一个平台就是一个体系、一个生态系统。今天数字文化产业特别是互联网产业越来越演变为平台与平台、体系与体系之间的竞争。一个平台的设计者、开发者就是这个平台的盟主，在整个平台系统中处于绝对的领导地位，正如微软之于 Windows 系统、苹果之于 iOS 系统和谷歌之于 Android 系统。目前，5G、物联网、区块链等新技术还处于早期的快速发展阶段，很多新的技术平台还未统一，湖北文化企业应提前布局，积极与互联网平台型企业开展合作，加

强对新平台的技术研究，抢占技术平台高地，提升品牌地位。

（三）从购买内容到消费体验，增加品牌感性价值

在创意经济时代，人们购买的不仅是文化产品的内容，更看重产品给人带来的艺术体验和感官互动；人们看重的不仅仅是品牌，更是对品牌的体验。体验不仅包括内容，还包括形式，不但要有好的内容，还要有好的形式，多元的形式，受大众欢迎的形式。既要系统运用文学、动漫、影视、音乐、游戏、VR等多元创意形态，还要打通线上线下，实现更多的社会功能，比如把游戏产品运用到教育、医疗、科研甚至文化保护领域，让数字内容形式发挥更大的功效，让消费者能切身感受到品牌带来的价值。

因此，湖北文化产业应注重技术升级和内容升级，加强产品创意体验的研发设计，加大文化产品与旅游、科技、体育、人工智能、VR等新技术的融合，给消费者带来更新奇愉悦的体验感受。

三、品牌发展重点

（一）网络信息服务品牌

大力发展新媒体产业，重点支持以湖北广播电视台旗下的"长江云"为代表的新媒体品牌，和以"斗鱼直播""宁美国度"为代表的优势互联网企业品牌，支持湖北文化企业发展成为行业龙头。同时，利用武汉光电信息产业优势，结合武汉市"国家科技创新中心"建设和光谷"科学岛"建设，培育湖北省网络信息服务企业的梯队品牌。到2025年前后努力打造形成一支由1~3家龙头企业、5~7家上市企业、10家"独角兽"企业，以及100家初创企业组成的网络文化产业集群，形成强大的品牌引领示范效应。

（二）影视娱乐品牌

湖北影视产业具有良好的产业基础和产业体系，以及充足的后备人才支撑。要对标上海"东方明珠""上海电影"等国内一流企业，推进湖北广播电视台、湖北长江电影集团、湖北电影制片厂等影视内容生产企业转型发展，强化品牌影响。大力支持襄阳唐城影视基地、武汉新洲中央新影华中影视文化产业园、红安将军影视城拍摄基地等影视产业园区创新发展，学习浙江"横店影视"等国内影视旅游发展经验，打造湖北影视产业园区品牌。

（三）红色文旅品牌

1. 打造以"辛亥首义，英雄之城"为主题的武汉红色文旅品牌

构建以武汉市辛亥革命系列景区、武昌和汉口革命遗址遗迹为载体的武汉革命历史文化旅游品牌，深挖"红色武汉，英雄之城"的文化内涵，整合武汉红色旅游文化资源，联合创建武汉红色旅游国家5A级景区。与此同时，将武汉科教优势与科技创新优势相结合，深挖以武汉大学、华中科技大学为代表的武汉科教文化旅游资源，以武汉"光谷"为核心的科技文化资源，利用武汉光电国家研究中心、华为武汉研发中心、小米武汉研发中心、湖北科技馆和正在建设的光谷科学岛等标志性建筑、街区，打造并申报"武汉光谷国家级红色经典旅游景区"，打响武汉"中国科教中心、世界光电之都"的城市品牌。

2. 提升黄冈红色文旅品牌的影响力

打造以"将军故里、不胜不休"为主题的黄冈大别山红色文旅品牌，将"中国第一将军县"红安县打造为中部地区红色经典旅游目的地，利用黄冈大别山自然风景和红色资源优势大力发展大别山休闲康养旅游，推进革命老区文旅融合，助推老区社会经济发展。

3. 打造以"大国工程、水电之都"为主题的宜昌全域文旅品牌

以宜昌市长江三峡水利枢纽工程为依托，以"三峡精神"为内核，将"三峡精神"与宜昌城市建设和经济发展深度融合，推动宜昌建设红色全域经典旅游目的地，打响宜昌世界水电旅游名城的城市品牌。

（四）游戏动漫品牌

打通游戏产业链，做大湖北游戏品牌。大力支持"盛天网络"等从网络游戏运营向网络游戏设计研发的产业链上游转型，努力发展成国内卓越的数字游戏平台型企业。大力吸引数字游戏设计研发企业来鄂发展，打造中部数字娱乐产业高地。

对标广州的"奥飞动漫"等国内知名动漫企业，重点扶植"江通动画""博润通"等湖北大型动漫骨干企业，带动湖北动漫产业整体实力大幅提升，力争在"十四五"期间有3家湖北动漫公司进入国内一流动漫企业阵营。

（五）数字版权（IP）品牌

湖北拥有文化、创意、人才的天然优势，已拥有"楚才杯"作文竞赛等在全国乃至世界极具影响力的文化品牌。湖北省应开发利用好已有品牌资源优势，提升传统文化IP的影响力，扩大品牌影响。同时大力发展数字版权

业，特别是互联网文学、游戏创意和影视创作等，培育和打造新兴 IP 品牌，占据文化产业链上游。

（六）创意设计品牌

一方面，要强化湖北建筑设计品牌。湖北建筑设计实力雄厚，特别是在桥梁设计等领域享誉全球。湖北要继续强化在建筑设计领域的优势地位，重点支持"大桥局""铁四院"等优秀科研设计机构做大做强，夯实武汉"中国桥都""中国设计之都"的品牌形象。另一方面，还要大力发展湖北的工业设计品牌，充分利用世界 500 强企业将研发总部落子武汉的机会，做大做强武汉"世界 500 强中国研发中心"的城市品牌。

（七）VR 娱乐品牌

大力推动湖北省发展本地广电 VR 节目，支持湖北广电网络通过有线电视网络播放 VR 节目的运营模式，力争在国内广电 VR 节目传输运营领域取得先发优势。同时，要大力培育 VR 产业生态链。目前，湖北省在 VR 设备制造领域已经取得了一定优势。2016 年，武汉攀升兄弟联合台湾承启科技在武汉黄陂建设湖北最大的 VR 设备生产基地。2017 年，武汉光谷国家大学科技园与光谷 VR·AR 产业联盟签署协议共建光谷 VR·AR 产业基地。湖北需要加强政策引导和产业扶持来加快 VR 产业链建设，力争在技术标准和运营平台的研发上取得突破，培育 2 ~ 3 家国内乃至全球 VR 领军企业，打造 VR 产业湖北品牌集群。

四、品牌发展措施

（一）实施"湖北品牌计划"，提升文化创意品牌能级

1. 加快推进本地龙头企业的品牌建设

重点打造数字娱乐、广播影视、创意设计、红色文化、休闲旅游等知名文化品牌，通过财政、税收、土地、制度等措施鼓励企业创新，推动符合条件的企业上市。力争在"十四五"末，形成 1 ~ 3 家在国内甚至世界有较大影响的行业领袖，发挥强大的品牌引领作用和示范作用。

2. 实施文化企业品牌和园区品牌"双品牌"战略

推动产业园区转型升级，形成以武汉为中心，以光谷创意产业园、武昌长江文化创意设计产业园，以及武汉东湖国家级文化和科技融合示范基地、

武汉"华中智谷"国家级数字出版基地等知名文化产业园区（基地）为支撑的园区品牌体系。加强襄阳、宜昌两个副中心城市文化园区品牌的布局和建设，推动湖北文化产业集聚区域从要素驱动向创新驱动转变，做强园区品牌，推动企业和园区"双品牌"发展。

3. 加强湖北革命老区、老字号文化品牌建设

设立革命老区品牌、老字号品牌振兴专项基金，通过对接省、市中小企业发展基金和各级担保机构，采取拨款资助、贷款贴息和资本金投入等方式，增加对革命老区、老字号企业扩大经营规模、开拓销售市场、发展网络电商、连锁经营、物流配送等新业态、新模式的资金支持力度。

（二）加强湖北文化品牌的研究和知识产权保护

强化湖北文化研究机构和政府智库以及相关社会组织对湖北文化品牌的研究探索，发挥科研组织以及行业协会、商会等社会团体在湖北文化品牌建设中的咨询服务功能，为创牌企业提供政策法规、行业标准、质量诊断等方面的咨询服务。

健全省、市、县三级知识产权行政执法体系，支持武汉探索知识产权侵权查处快速反应机制，构建覆盖全省的知识产权维权援助服务体系。加强互联网、电子商务、大数据等新业态、新模式的知识产权保护，探索开展互联网、电子商务、大数据等领域知识产权地方立法研究，加大对新业态、新领域知识产权的执法力度。推进侵犯知识产权行政处罚案件的信息档案制度建设，将侵权信息纳入湖北省行业信用信息系统和企业信用信息系统并公示。与此同时，还要大力发展知识产权服务业，培育湖北知名知识产权服务机构，提升湖北文化品牌保护效能，为湖北文化品牌保护提供专业化的服务和指导。

（三）加强湖北文化品牌的传播弘扬

1. 成立品牌建设专门机构，推动湖北文化品牌发展

建议湖北省各级政府机构及企事业单位指定专人，有条件的设置专门机构来负责本地、本单位的品牌管理与品牌传播活动，确保所在地区内部信息的整合性、协同性和外部传播的一致性，统一口径消除噪声。

2. 整合各种传播手段，大力弘扬品牌文化

制定好媒体广告投放的组合策略和计划方案，利用各种大型活动和媒体资源，重点运用好电视、网络、报纸、户外媒体做好湖北文化品牌的宣传推介，塑造有个性的文化企业、产品和产业园区品牌形象，不断扩大湖北文化品牌影响。

第七章

湖北省文化产业融合化发展

第一节　湖北文化产业融合发展概况

理论上讲，文化产业融合指的是由于技术进步和管制放松导致的文化产业边界的模糊乃至于文化产业边界的重划。在新技术的推动下，文化产业融合既有文化产业内部行业界限的消失，也有文化产业与关联产业的相互交融，还有文化企业跨产业、跨领域的对外扩张。正是在企业不断扩大事业范围、产业不断扩大边界的过程中，产业融合得以不同的方式、形态不断演化，形成新的产业体系和产业结构。

一、湖北文化产业内部融合发展

（一）传媒产业融合

湖北省文化产业融合肇始于湖北省传媒产业，在数字网络技术的推动下，湖北传媒产业内部出现了报纸、广播电视、互联网媒体之间的相互融合，推动了湖北文化产业融合的突破。

湖北省最早探索新闻媒体相互融合的是湖北日报报业集团，其融合创新的举措主要体现在两个方面：一是利用自有内容资源优势，通过自建网站的方式拥抱互联网，进军网络媒体业务。2001 年，湖北日报在传统新闻报刊业务的基础上，在湖北省率先开通了"荆楚在线"网站（2004 年，该网站改名为"荆楚网"）。湖北日报借助荆楚网平台，开启了报业新闻与互联网新闻、互联网信息服务、网络音视频服务等业务的融合。在媒介形态上，湖北日报在报网融合的基础上逐步形成了集合报纸、期刊、户外媒体、网站论坛、App、微博微信、直播平台、音视频动漫等立体多样化的融媒体产品矩阵。在生产流程上，湖北日报从报业时代的单媒体采编发展到全媒体一体化采编，在全媒体指挥中心平台、融媒体新闻采编平台、大数据资源平台的基础上，构建起了端、网、微多平台融合性新闻生产的新模式。在组织架构上，湖北日报正在探索省委机关报《湖北日报》与荆楚网等新媒体平台深度融合、一体化运营的新机制。除了媒介形态、生产流程、业务产品等方面的融合，湖北日报还大力探索组织结构的创新，通过机构改革、积极吸引社会资本等方式推动企业组织形态融合。2014年7月，旗下湖北荆楚网络科技股份有限公司经过转企改制在全国中小企业股份转让系统（新三板）正式挂牌，成为全国首家挂牌资本市场的省级重点新闻网站。二是湖北日报还采取与国内知名互联网企业腾讯公司合作的方式布局本地互联网业务。利用湖北日报的本地媒体资源优势和腾讯公司先进的互联网技术，2008年7月8日，由双方共同创办的湖北城市生活网站"腾讯·大楚网"正式上线，致力于为湖北省，特别是武汉市本地用户提供优质的本地内容资讯、互联网产品和城市生活服务，其精准的市场定位让该网站对湖北本地网络用户产生了强大的吸引力，迅速成为湖北省网民最喜欢的城市生活类门户网站，为湖北日报扩大自己的经营业务开辟了一条新的道路。

湖北省广播电视媒体融合的主要探索者是湖北广播电视台。湖北广播电视台媒体融合的主要措施是打造自己的新媒体平台，实行差异化市场竞争策略，努力形成自己的产品特色和品牌影响力。2010年，湖北广播电视台在全国省级广播电视台中率先成立网络广播电视台，拉开了湖北广电媒体进军互联网的序幕。此后，湖北广播电视台又成立了湖北广电长江新媒体集团，作为湖北广播电视台的全资子公司和全台新媒体业务的运营发展平台。湖北广电长江新媒体集团的主营业务覆盖PC端（湖北网络广播电视台）、移动端（长江云）、电视端（交互式网络电视——IPTV）、户外新媒体［城市电视、移动电视、中国移动多媒体广播（CMMB）等］。2014年11月，湖北广播电视台全力打造的移动新媒体平台"长江云"正式上线。与湖北日报自建本地新闻门户网站——荆楚网、与腾讯合作创建本地生活类门户网站——大楚网的模式不同，湖北广电长江云以政务新媒体业务作为主打特色，以实现差异化的产品定位和发展模式。一是加强与政府部门合作，在吸引2 000余家政府部门入驻的基础上，将长江云打造成为本地政务信息发布平台；二是整合省市县三级媒体，在各市县建立融媒体新闻中心，在地方媒体、政府网站等成员的支持下打造长江云运营合作体，把媒体融合做实做深。除此以外，湖北广播电视台还积极与互联网媒体合作，将湖北本地优质的广播电视内容向互联网延伸，包括入驻微博、微信等新媒体平台，在蜻蜓 FM 等移动音频平台发布自己的内容产品等，不断扩大自己的网络影响力。另外，为了应对网络新媒体对传统广电媒体的冲击，湖北广播电视台还加大了对影视制作上游业务的布局，努力向影视产业链上游延伸。2012 年 8 月，湖北广播电视台引入 5 名战略投资者、3 亿资金成立北京长江文化股份有限公司，以影视内容制作、大型活动策划、新媒体节目投资发行为主营业务，大力探索广播电视 + 资本的发展路径。长江文化自成立以来参与投资了《南方有乔木》《芝麻胡同》《恋爱先生》等一系列热播影视作品，以及《机智过人》《你就是奇迹》等一批大型电视节目。2016 年，长江文化在完成股份制改造后在新三板正式挂牌。目前，该公司已发展成为新三板排名前三的影视制作类文化企业，并已正式启动了主板上市计划。

　　湖北省出版领域跨界融合的领军企业是长江出版传媒股份有限公司。长江传媒文化领域对外扩张的主要方向是数字出版、数字影视和新闻报刊三大业务。数字化转型和向移动终端延伸是传统出版企业转型升级的主要方向，这方面长江传媒起步较早，是我国最早涉足数字出版业务的大型出版企业之一。2000 年前后，长江传媒旗下出版社就陆续成立了数字出版部或工作室。此后，长江传媒旗下出版社纷纷入驻各大网络电商平台，尝试将传统实体书店销售与网络电商营销相融合。2008 年，长江传媒与著名数字出版上市公司"中文在线"正式签署战略合作协议，开始在资本、资源、技术等方面与网络数字出版企业开展合作。2009 年初，长江传媒成立湖北长江崇文数字媒体公司，将数据库、电子书报、手机阅读等数字产品作为公司主营业务，开始打造长江传媒数字出版平台。除了拓展数字出版业务，近年来长江传媒还积极利用企业已有资源优势向数字影视领域延伸，大力布局影视制作和数字影院等业务，向文化产业链上游发展。例如，长江传媒参与投资拍摄的大型影视剧《万历首辅张居正》《幸福不拒绝眼泪》均取得了较好的收视率和社会反响。2012 年，长江传媒旗下湖北省新华书店（集团）有限公司和湖北省电影发行放映总公司共同投资成立了新华银兴影视文化发展有限公司，其中湖北省新华书店（集团）持有 60% 的股份，长江传媒因此成为国内第一家全面进军影视制作和影城运营业务的出版发行企业，其目标是在原有书店、影城的基础上打造城市"文化摩尔",包括超级书城、未来影城、青少年文化体验馆、文化阅读休闲社区等,探索文化出版企业新的盈利模式。2013 年,长江传媒与浙江盛天文化传媒股份有限公司签署战略合作协议,开始进军新兴影视业务。除此以外,长江传媒还尝试利用自己的品牌优势向新闻报刊等业务领域扩张,丰富企业的产品线。2006 年 9 月 6 日,长江传媒打造的省级综合性都市日报《长江商报》创刊发行,正式进入新闻报刊领域。2014 年,为了应对湖北本地日趋激烈的报业市场竞争,长江传媒与湖北另一家重量级出版企业湖北知音传媒集团达成战略合作协议,携手投资《长江商报》,对《长江商报》进行改版,从都市日报改为财经日报,努力将该报打造成为湖北第一经济生活大报、长江流域第一财经全媒体信息平台和全国主流财经日报。

（二）传播渠道融合

20 世纪末以来,以数字技术、网络技术为代表的技术变革推动着产业之间交叉重叠,已成为不可阻挡的时代潮流,正在对全球各行各业产生深远影响。湖北文化产业内部的报业与网络融合、广电与网络融合、新媒体与新媒体之间的融合,本质上都是文化产业与数字网络技术融合的结果。纵观湖北文化产业传播渠道融合历史,始于 2010 年的三网融合和 2019 年的 5G 技术普及对推动湖北文化产业与数字网络融合起到了重要作用。

2010 年 6 月 30 日,我国正式启动三网融合试点工作,十二个试点城市里面就包括了湖北省武汉市,标志着湖北省三网融合试点工作在武汉正式启动。三网融合武汉试点工作启动之初,在武汉市政府的推动下,武汉广播电视局与中国电信武汉分公司各出资百分之五十组建成立了武汉市三网融合合资公司,标志着广电与电信在网络信息传输领域从竞争走向竞合。武汉推出的先机构融合再业务融合的武汉模式与上海模式、杭州模式、云南模式一起构成了全国三网融合的四大模式。

2011 年,国务院办公厅启动了三网融合第二批试点城市工作,湖北省孝感市、黄冈市、鄂州市、黄石市、咸宁市、仙桃市、天门市、潜江市八个城市被列为第二批试点城市,三网融合试点范围在湖北省进一步扩大。2014 年 3 月,湖北省办公厅发布了《湖北省推广三网融合总体方案》,确定了这个阶段的主要任务:一是加强网络建设改造,通过"宽带中国"计划推进电信网络的技术升级,加快对广电网络的双向数字化改造,提升广电网络的支撑能力；二是加快三网融合的业务创新，推动广电电信业务深度融合，如广电与电信在交互网络电视、手机视频、互联网电视（OTT TV）等领域双向进入，加快本地新媒体集成播控平台和传输分发平台建设，鼓励多平台互联互通等；三是推动广播电视、信息科技、现代服务等产业的融合发展；四是强化网络信息安全，提高对信息传播内容的搜索发现能力、大数据识别分析能力及快速处理能力。

2015 年 8 月，国务院办公厅印发《三网融合推广方案》，标志着三网融合试点阶段结束，进入全国范围全面推广阶段。此阶段，湖北广电网络公司围绕大数据、云计算、视频内容、宽带加速、人工智能（AI）和 5G 等新产业展开布局，先后与华为、腾讯、百度、中国信科、湖北联通等企业开展战略合作，在大力探索打造"智慧广电"全新产业生态圈方面取得了显著成果。

5G 网络建设方面，湖北省是全国最早规划建设 5G 通信网络的地区之一，早在 2017 年 10 月，湖北省政府就召开了全省 5G 基站规划建设电视电话会议，宣布全面启动 5G 基站建设。从 5G 网络建设进度看，三大通信运营商（移动、电信、联通）在湖北的 5G 网络建设速度都很快，目前已经实现了武汉市主城区高质量覆盖、远城区连续覆盖、乡镇普遍覆盖，地市州中心城区室外连续覆盖、县城普遍覆盖、重要乡镇基本覆盖的建设目标。例如，在 2020 年新冠病毒肺炎疫情期间，湖北电信通过 5G + 智能视频云平台，联合中央电视台开通了武汉火神山、雷神山医院建设的现场直播，让亿万网民通过 5G 网络亲眼看见了两座医院拔地而起，见证了抗击新冠疫情的中国速度与中国力量。目前，湖北省电信运营商大规模 5G 基站建设已经接近尾声，5G 网络建设开始转入工业互联网、云网融合、数据中心等 5G 应用开发阶段。相比较而言，广电网络的 5G 建设速度略显滞后。2019 年，中国广播电视网络有限公司正式批准武汉市为第一批广电 5G 建设试点城市，标志着湖北广电 5G 网络建设进入实质性推进阶段。对于广电 5G 网络建设，湖北广电网络正在积极参与全国一网运营，规划广电 5G + 智慧县城、融媒体互联网数据中心（IDC）、新型互联网交换中心等重大战略项目，探索构建具有广电特色的 5G 覆盖网和差异化的网络运营模式。根据湖北省通信管理局发布的数据，截至 2020 年年底，湖北省已经新建开通 5G 基站 2.61 万个，5G 基站累计达到 3.1 万个，5G 建设和发展进入全国第一方阵。2021 年，湖北省计划新建 5G 基站超过 3.5 万个，5G 基站总数将超过 6.6 万个。2022 年年底，湖北省将累计建成 10 万个 5G 基站。

根据湖北省人民政府印发的《湖北省 5G 产业发展行动计划（2019—2021 年）》，预计到 2021 年年底，湖北省将打造 4 个"5G 高地"——5G 网络高地、5G 产业高地、5G 应用高地和 5G 人才高地，重点推进包括超高清视频和虚拟现实（VR）/增强现实（AR）/混合现实（MR）、智慧教育、智慧旅游在内的十大领域 5G 应用，带动相关产业产值超过 10 000 亿元，把湖北省建设成为在全国具有重要影响的 5G 产业发展先行区。

（三）内容生产与创意设计融合

近年来，随着湖北省工业化、信息化、城镇化进程的加快和文化产业的快速发展，湖北省文化内容生产与创意设计服务呈现出相互交融的发展趋势，日益成为促进虚拟经济与实体经济相互融合、发展高附加值服务业的重要推手和新的经济增长点。

1. 湖北文化内容生产企业积极向创意设计领域延伸，扩大企业品牌影响力

仍以长江传媒为例，该企业不仅高度重视图书产品的内容品质，还非常注重读者受众使用产品的体验感受，在改善读者阅读体验方面下大功夫。2016 年，长江传媒引入阿里巴巴公司的阿里手机操作系统（YunOS 系统），打造了湖北首家数字阅读体验馆，人们可以通过各种电子阅读终端看书、读报、看视频、听故事、玩游戏，馆内还安装有人脸识别设备，可以通过数据分析来识别读者的阅读偏好等信息，从而为用户提供个性化服务。这种高技术的文化创意场馆一经投入使用，立刻引起了包括人民网、新华网等全国主流媒体的高度关注，全国十余家媒体对长江传媒数字阅读体验馆进行了报道，极大地提升了长江传媒的社会影响力。

2. 湖北零售、旅游、教育等产业加强与文化企业在创意设计领域的合作，共同打造高附加值产品

在日用生活消费品、旅游产品等商品的生产制造中引入创意设计元素和文化内涵，能提升相关产业的生产制造能力，提高商品和品牌的附加值，促进消费升级。近年来，湖北省零售、旅游、教育等行业纷纷加强与文化内容企业的合作，将文化企业创意设计方面的优势与企业生产经营相结合，促进企业转型升级。湖北省内大型综合商业零售企业武商集团就联手湖北动漫设

计龙头企业——武汉博润通文化科技股份有限公司，由博润通为武商集团旗下电商网站设计打造了一款有趣可爱的 IP 形象，极大提升了网站的辨识度。2021 年 4 月，武汉文化投资发展集团旗下的中影时代公司与博润通就联合出品红色动画系列《红色江山之黄麻烽火》签订了制作协议，双方将在该动画片设计生产的基础上围绕动漫游戏设计、衍生品研发等方面开展深度合作。除此以外，武汉东湖海洋乐园、武汉野生动物王国等旅游景区，以及永旺、摩尔城等商业地产企业也纷纷和博润通合作，利用其设计优势帮助企业打造各种旅游、休闲、娱乐 IP，以提升企业产品的独特性和创意性。

二、湖北省文化产业与关联产业融合发展

（一）文化产业与旅游融合发展

文化和旅游相生共兴，具有天然的耦合性。文化事业、文化产业和旅游产业融合，有利于统筹文化、旅游资源开发，推动文化旅游产业持续创新和高质量发展，提高国家和地方的文化软实力。湖北省是全国文化大省和旅游大省，文化旅游融合在全国位居前列，主要包括组织融合、产品融合、市场融合等多个层面。

1. 组织和管理融合

2018 年，国家成立文化和旅游部，从国家层面开启了文化旅游融合的新篇章。同年，湖北省也挂牌成立文化和旅游厅，开启了湖北省文化旅游融合的序幕。管理机构的融合打破了过去文化和旅游分业管理的模式，新成立的机构能够统筹湖北全省文化事业、文化产业和旅游业的发展，推进文化和旅游体制机制改革，促进文化和旅游产业对外合作和推广，推进湖北省公共文化服务体系和旅游公共服务建设，推动文化和旅游科技创新发展。湖北省文化和旅游厅成立当年，就推动全省文化和旅游项目投资超过 1 300 亿元，2019 年完成的重大文旅项目约 150 个，同时推动各市州联动发力，以大项目、好项目、优项目助推文化和旅游融合发展。

2. 文旅产品融合

文化和旅游本就是同根同源，文化产品和旅游产品具有共同的资源基础，无论是沉淀深厚的历史文化资源，还是新奇有趣的现代高科技文化景观，都对游客具有很大的吸引力。湖北省在发展文化产业的同时，也在大力发展旅游服务产业，努力实现文化产品的效益最大化。具体而言，湖北省文

化旅游产品融合主要体现在两个方面：一是大力打造湖北优势文化旅游产品，如打造红色文化、长江文化、楚文化、三国文化等特色文旅产品，建设荆楚文化品牌和"一江两山"旅游品牌，建设富有文化底蕴的国家级旅游景区等；二是将城市文化发展与城市旅游融合，大力发展城市文化旅游新业态。如湖北省重点建设的武昌长江创意设计国家级文化产业示范园区，就包括打造"一城三带一谷"文旅体融合空间，"一城"指武昌古城，"三带"指武昌滨江文化景观带、楚河汉街文化旅游带、东湖西岸文化传媒带，"一谷"即中科·武大智谷。

3. 市场融合

充满活力、统一有序、供给优质的市场是文化和旅游融合发展的基础和表现。近年来，湖北省在深挖荆楚文化内涵和地方文化特色的基础上，正在着力打造具有湖北文化特色的旅游景观。例如武汉市结合城市红色文化建设，借鉴国内其他红色旅游示范区的先进经验，正在打造以武汉革命博物馆为核心的红色旅游产品和全国红色旅游示范区，推动红色文化事业和文旅产业融合发展。除了做大做强湖北传统文化旅游市场，湖北省还利用武汉的科教优势，积极打造光谷中国数字创意科技展、光谷国际动漫节等品牌活动，建设湖北省科技馆、光谷文化艺术中心等文化旅游场馆，努力实现新兴科创文化市场和旅游市场的协同发展。

（二）文化产业与体育产业融合发展

体育产业是指为公众提供体育产品、体育服务的企业及相关组织机构的集合。其中，体育健身休闲和体育竞赛表演业是体育产业的核心。在国家统计局制定的《文化及相关产业分类标准（2018）》中，有关创作表演服务就包含了体育比赛等群众文体活动。这说明体育产业与文化产业本身就是相互交叉、相互融合的关系。从体育产业的功能属性看，居于体育产业核心位置的体育竞赛表演业和体育休闲健身业主要是为人民群众提供观赏型和体验型的精神产品，丰富人们的精神文化生活，这就使得体育产业与文化产业的产品形态和价值取向具有高度的相似性，传媒、影视等文化产业能够为体育产业提供强大的发展平台，体育产业能够为文化产品创作提供丰富的资源素材，促进文化产业更好发展，可以说体育产业与文化产业是一种相互依存、相互促进、共生共荣的关系。①

湖北既是体育强省，也是体育产业大省。2019 年，湖北省体育产业总规模超过 1 500 亿元，体育消费总规模超过 1 200 亿元。截至 2020 年年底，湖北省拥有国家级体育产业基地 13 个，创建国家级体育特色小镇 6 个、国家体育消费试点城市 2 个，体育产业基地的数量居全国第七、中部第一。预计到"十四五"末，湖北省体育产业总规模将突破 3 000 亿元，体育产业增加值占 GDP 比重将达到 2%，体育产业体系将日益健全，产业结构将得到明显优化，产业市场将进一步扩大。目前，湖北省文化体育产业融合主要体现在政策推动、产品创新和市场融合等方面。

政策方面，近年来在国家大力推动文化产业与其他产业融合发展的背景下，湖北先后出台了一系列政策措施鼓励文化体育产业融合，如 2015 年发布的《关于加快发展体育产业促进体育消费的实施意见》、2017 年发布的《加快转变发展方式推进体育强省建设的意见》《关于加快健身休闲产业发展的实施意见》等。2016 年《湖北省体育产业发展"十三五"规划》明确提出要促进体育与旅游、文化、信息技术融合发展的战略目标。2019 年湖北省委、省政府印发的《关于加快全省文化产业高质量发展的意见》再次提到要推动文化与科技、旅游、体育等相关产业融合发展。2020 年湖北省人民政府办公厅出台的《关于促进全民健身和体育消费推动体育产业高质量发展的实施意见》，明确提出及时推进 5G、大数据、云计算等新技术在体育产业的实践和应用，推动体育产业融合发展，具体包括体育与互联网、旅游、教育、商业等行业的融合发展，这为文化产业与体育产业深度融合、激发市场活力、延伸产业链条、强化科技应用、提高产业质效提供了政策指引。

产品和市场方面，湖北省主要通过打造知名文化旅游项目促进文体融合。例如，已成为国内马拉松赛事品牌的武汉国际马拉松比赛，每年能吸引几十个国家的数万名选手参赛，不仅能通过比赛展示武汉的美丽风光，还直接拉动了武汉文化旅游经济。除了"汉马"，湖北还有国内顶级网球赛事"武网"——武汉网球公开赛。武网是继北京中网、上海大师赛之后，国内级别最高的网球赛事，也是全球五大超五网球赛事，每年能吸引全球无数网

---

① 张金桥，王健．论体育产业与文化产业的融合发展 [J]．上海体育学院学报，2012，36（5）：41–44，76.

球爱好者来武汉观赛，这既是中国网球事业发展的一个里程碑事件，也是湖北文化体育产业融合的典型代表。此外，荆门爱飞客小镇的极客公园、荆州石首市西普体艺中心等文体旅游项目，也是体育与文旅、体育与商业融合的典型案例。

（三）文化产业与休闲产业融合

进入 21 世纪，休闲产业已经成为推动城市经济发展的一个重要动力，旅游休闲的发展水平已经成为判断一个城市和地区发展程度的一个重要指标。著名未来学家格雷厄姆·莫利托甚至预言，旅游休闲经济将逐渐主导全球经济发展，成为推动经济发展的第一引擎。

休闲产业主要指文化旅游、娱乐服务等与人们的休闲需求密切相关的产业。①按照我国三次产业分类法和我国国民经济行业分类法，休闲产业分为休闲第一产业（农业领域提供休闲物品的行业或部门）；休闲第二产业（工业领域生产休闲物品或提供休闲场馆的行业或部门）；休闲第三产业，即休闲服务业，主要指为人们提供休闲服务的行业或部门。② 从上述概念可知，休闲产业与文化产业、旅游产业、体育产业本质上有着密切联系，是一种相互交融的关系，特别是在休闲服务业里面，有很多子行业都和文化产业有交叉，如文化场馆、图书影视、游戏娱乐等。

近年来，随着城乡居民生活水平的不断提高，人民群众对生活品质的需求越来越高，推动着以旅游、文化、体育等为依托的休闲核心产业进入高速发展期。休闲产业在满足人民群众精神文化需求的同时，还能带动地区经济消费，增加城乡居民就业率，助推总体经济上行。因此，发展休闲产业对扩大居民消费、促进经济循环具有重要意义。

为了促进湖北省休闲产业发展，2017 年 4 月，湖北省人民政府办公厅印发了《关于加快健身休闲产业发展的实施意见》，明确提出要促进湖北省休闲产业与文化、旅游等相关产业融合发展。例如，依托湖北水资源丰富的优势，大力发展水上休闲产业；利用湖北红色文化旅游资源优势，将红色文旅与休闲运动相结合，开展相关体育活动等。2017 年 8 月，武汉被国家旅游局

---

① 马惠娣，王国政.休闲产业将是我国新的经济增长点［N］.科技日报，2000 – 07 – 14（03）.

② 卿前龙.休闲产业：概念、范围与统计问题［J］.旅游学刊，2007（08）：82 – 85.

正式授予"中国旅游休闲示范城市"奖牌，成为全国首批 10 个获批的旅游休闲示范城市之一。武汉市成功获批的一个主要原因就是利用武汉市文化资源优势，将休闲旅游与城市文化相融合，突出城市的文化魅力。例如武汉市一方面强化武昌古城、汉口历史文化风貌街区、汉阳知音文化艺术区的旅游功能，打造"长江文明之心"，建设世界级历史人文集聚展示区；另一方面，还在武汉市中心城区打造特色休闲街区，在新城区打造百佳乡村旅游景区和各种旅游休闲产品。

三、湖北省文化产业跨产业融合发展

（一）文化产业与科学技术融合

科技创新是文化产业发展的核心动力，促使文化事业和文化产业发展必须依靠文化和科技的融合。早在 2014 年，武汉市委、武汉市政府就发布了《关于推进文化科技创新、加快文化和科技融合发展的意见》，明确提出要发挥武汉文化科技融合的带动作用。2019 年湖北省制定的推动文化产业高质量发展的政策文件中，也明确提出要促进文化与科技深度融合发展，培育基于大数据、云计算、人工智能等新技术的新型文化业态，创建国家级文化与科技融合示范基地。在政策推动下，湖北省文化产业与科技融合主要模式有以下两种。

1. 依托高新技术开发区优势，通过创建和发展文化科技融合示范园区推动文化产业与科技融合

2012 年，武汉东湖新技术开发区获批国家首批文化和科技融合示范基地。该基地依托东湖新技术开发区的科技优势，在短短几年时间内就发展成为在全国具有重要影响力的文化科技融合典型，基地企业数量从 2012 年的 600 余家增加到 2018 年的 2 000 余家，文化创意产业收入从 2012 年的 450 亿元增加到 2020 年的约 3 600 亿元。目前，该基地文化创意产业载体建设面积合计约 80 万平方米，已经形成了创意产业基地、光谷软件园等多个产业园区，培育出了斗鱼直播、卓讯互动、微派网络等一批代表企业，产业融合效应正在显著放大。下一步，该融合示范基地将重点建设光谷创业产业基地、左岭数字家庭产业园、花山文化科技示范园、湖北广播电视传媒基地、长江数字文化产业园、华师大文化科技产业园、高端文化装备产业园、楚天传媒产业园等多个专业园区，力争在文化科技融合领域取得新的突破。

2. 重点扶持科技文化企业，研发打造先进的文化科技系统平台，取得领先优势

例如长江传媒近年来大力加强科研投入，其研发的"长江出版智云"系统可为出版单位提供内容资源管理、数字产品发布、销售渠道管理等服务，成为推进企业高质量发展的重要抓手。2019 年，湖北两家新兴文化科技企业获评"国家文化和科技融合示范基地"，分别是武汉理工数字传播工程有限公司、语联网（武汉）信息技术有限公司。两家企业都在各自领域实现了关键核心技术的突破，在行业内占据了领先地位。前者研发了国内领先的媒体融合产品"RAYS 平台"，能为出版单位提供数字内容出版传播的整体解决方案，用户已经涵盖全国 200 余家出版机构。后者独创了基于大数据和移动互联网技术的第四方语言服务平台，能聚合全球译员和语言服务机构，能为企业和个人提供翻译及多语信息服务，目前用户遍布全球 100 多个国家。

（二）文化产业与生产制造融合

当下，中国经济经过几十年的快速发展，已经由过去的短缺经济进入相对过剩经济阶段，一个显著特点是生产纯粹物质产品的企业太多，而生产精神产品的企业很少，导致商品积压严重，行业利润显著下降，企业仅仅通过增加土地、厂房、机器设备等生产要素来生产制造产品已经无法满足消费者的精神需求变化（张晶明，1999）。在知识经济时代，文化创意能够促使制造业生产工艺变革，改进和提高产品的外观设计，为产品注入特定的文化内涵、激发消费者的文化联想和价值认同。可以说，将文化创意与生产制造业相融合，能大大改变传统制造业以资源消耗为主的生产模式，而更多地转向依靠非物质的智力、文化等要素，能够有效促进制造业升级成为具有更高附加值和可持续发展的新型制造业。

湖北省自近代以来一直是我国的工业重镇，制造业基础雄厚、体系完备。湖北省也是我国文化大省，文化底蕴深厚。2000 年以来，湖北省无论从工业发展还是文化建设，都高度重视制造业和文化产业的融合，力图通过推动制造业与文化创意业的融合来带动制造业和文化产业的转型升级，主要体现在以下两个方面。

1. 互联网产业与制造业融合

当今,以互联网为代表的信息技术正引领着社会生产的全面变革,① 互联网既是先进的技术平台,可以渗透经济生产的各个环节,极大地提高经济生产效率;同时互联网也是先进的文化平台,是传播文化、交流思想的主要载体。不同的知识、观念、技术汇聚在互联网上产生各种碰撞和交融,有利于知识创新、技术创新和模式创新。自 2015 年我国实施"互联网+"战略以来,湖北省高度重视互联网与制造业的融合。2017 年 5 月 26 日,湖北省人民政府印发《省人民政府关于深化制造业与互联网融合发展的实施意见》(鄂政发〔2017〕26 号),提出到 2020 年湖北省制造业与互联网融合要迈上新台阶,制造业数字化、网络化、智能化水平显著提升。

2. 文旅休闲业与制造业融合

制造业与文化旅游业融合并不是什么新鲜事物,工业制造业与文化旅游相融合,有利于提高制造企业的管理水平和经济效益,可以进一步完善文化旅游产品的结构,满足人们的求知欲,还能够培养和提高整个社会的科技素养。② 所以,在很多工业发达国家,工业文化旅游早已有之。早在 20 世纪50 年代,法国雪铁龙汽车公司就开始组织游客参观其工厂的生产流水线,引起很多厂家效仿。有调查显示,目前欧美发达国家大约 15% 以上的大中型工业企业都在开展工业文化旅游,涉及的行业包括能源、纺织、食品饮料、玻璃陶瓷、消费品制造、传统手工业等。从形式上看,制造业与文化旅游融合的形式主要包括两种类型:一是工业遗产文化旅游,二是现代工业文化旅游。这两种类型,湖北都大有可为。在工业遗产文化旅游方面,湖北是中国近代工业的发祥地,自清朝末年起就是中国工业重镇,拥有大量工业遗址遗迹。如湖北省先后有汉阳铁厂、大冶铁厂等五处工业遗产入选中国工业遗产保护名录,其中三处(大冶铁厂、大冶铜绿山古铜矿遗址、华新水泥厂旧址)分布在湖北省黄石市,黄石也成为全国拥有国家工业遗产最多的地级市。中华人民共和国成立以来,湖北省也是我国重要的工业基地之一。近年来,钢铁、纺织、机械等湖北传统工业转型升级不断加快,汽车、光电、生

① 陈立旭. 互联网:传播优秀文化的重要载体 [EB/OL]. (2015 - 12 - 18) [2015 - 12 - 18]. https://zjnews.zjol.com.cn/system/2015/12/18/020957845.shtml.

② 王宝恒. 我国工业旅游研究的回顾与思考 [J]. 厦门大学学报(哲学社会科学版),2003 (6):108 - 114.

物、芯片、智能制造等新兴产业快速发展，已形成了以光电子信息、医药生物、新能源环保、高端装备制造、高技术服务产业为支撑，集成电路和新网络经济产业为驱动的全新产业体系，这为湖北大力发展工业文化旅游奠定了坚实的基础。目前，湖北省已经开发出了一系列精品工业文化旅游线路，如武汉光谷开发区文化旅游——感受武汉高科技发展；汽车工业走廊文化旅游——连接武汉、十堰、随州、襄阳的汽车文化走廊，感受湖北汽车工业发展；黄石工业遗址文化旅游——体验百年矿山文化；宜昌两坝文化旅游——感受大国重器、三峡精神；湖北钢铁文化旅游——串联武汉、鄂州、黄石三市钢铁工业企业，体验钢铁制造文化；湖北名酒企业文化游——将武汉、咸宁、荆州、宜昌等地白酒企业连接起来，品尝湖北美酒，感受湖北酒文化。与此同时，湖北还涌现出黄石、十堰等一批将工业旅游作为城市和企业转型升级、发掘和培育增长新动能的城市典型。目前，湖北省工业旅游年接待旅游者达到了 1 000 万人次，旅游收入超过 10 亿元，工业文化旅游正在成为湖北省文旅产业发展的一个新的重要增长点。

（三）文化产业与设计产业融合

文化产业与设计产业从本质上讲也是一种你中有我、我中有你的关系。文化产业作为一个关联性极强的产业，里面本身就包含有一部分设计产业。国家统计局发布的《文化及相关产业分类（2018）》标准中，就包含有创意设计服务子行业。在创意设计服务类别中，更是包含有建筑设计服务、工业设计服务和专业设计服务三个子类别，涵盖了包括建筑工程、体育休闲、室内装饰、风景园林、工业产品、时装、包装、多媒体、动漫等大多数设计领域，可见其涉及范围之广，也说明创意设计相关产业在文化产业中的重要性。

从设计产业的角度看，现代设计已经从功能满足发展到创意引领，其核心是将文化创意元素融入生产设计之中，形成兼具功能属性与文化属性的高品质产品与服务。文化产业与设计产业融合的结果，将导致设计产品具有更多独特的生产与文化二元价值属性，将促进社会经济形态不断改变、居民文化消费不断增加、产品的引导性不断增强。①

① 李曜坤．建设现代化设计产业强国：中国设计产业高质量发展基本方略［J］．装饰，2020（08）：33－36.

目前，我国经济已经进入创新驱动发展的新阶段，文化创意设计服务因具有高知识性、高增值性和低能耗、低污染等特征，已贯穿于经济社会各领域各行业，成为推动高端服务业发展，促进虚拟经济与实体经济深度融合，培育国民经济新的增长点的重要因素之一。湖北省地处我国中部，从古至今各种文化交汇于此，融合共生，具有文化资源多样性、融合性、创新性的巨大优势。同时，湖北省设计产业基础雄厚，优势明显，设计产业综合实力位居全国前列、中部第一。① 在这种条件下，进一步打通湖北文化与当代社会经济的联系，使交融汇聚的文化资源为湖北设计产业发展所用，不断凸显湖北设计产业的灵气与活力，对湖北文化产业与设计产业深度融合，促进湖北设计产业迈上新的台阶，无疑具有重要意义。

进入 21 世纪，湖北省高度重视文化与设计产业的融合发展，积极推动先进制造业与现代服务业融合，大力提高湖北省工业设计发展水平和服务能力，以此作为湖北建设制造强省的重要举措。武汉市政府为了把全球"设计之都"这张新名片打造得更亮眼，专门制定出台了《武汉设计之都建设规划纲要（2018—2021 年）》，明确提出要繁荣武汉市文化创意设计产业，加快发展时尚创意设计、3D 打印、软件设计、文化动漫、影视游戏、直播电竞、光影互动体验、数字出版教育等为主的文化创意设计，以武汉光谷开发区为核心，深入推动武汉东湖国家级文化和科技融合示范基地建设。

第二节　湖北文化产业融合发展问题

一、产业融合的科技驱动力不足

科技创新是文化产业融合的内在驱动力，是驱动文化产业创新发展的根本性力量。湖北是全国科技大省，但与文化产业发达地区相比，湖北文化产业的科技创新意识仍不够强，科技创新动力仍不够足，科技创新步伐迈得仍不够大，主要表现在以下三个方面。

---

① 龙炳煌．打造千亿设计产业 促进湖北跨越式发展［J］．中国发展，2011，11（04）：88－89.

（一）湖北缺乏科技创新领军文化企业

文化产业融合的历史经验表明，一个国家、地区文化产业融合是否成功，与该国、该地区是否拥有文化科技创新领军企业有着直接联系，善于创新开拓的科技文化企业是推动文化产业融合的核心力量。美国高技术文化产业能领先全球的一个主要原因是该国拥有像亚马逊、谷歌、脸书、网飞等一大批科技创新型的文化领军企业。以亚马逊为例，成立于1995年的美国亚马逊原是一家经营图书销售的电商网站，由于在发展过程中对技术创新的高度重视，该企业逐渐发展成为一家涵盖电商、云计算、人工智能、物流运营等业务的高技术企业，在全球范围拥有技术专利多达1万余个，在机器人学习、人工智能等领域的技术全球领先。我国广东、上海、浙江等文化产业发达地区，同样也聚集有大量人们耳熟能详的科技创新文化巨头，如阿里巴巴、腾讯等，其中也不乏很多由传统文化企业转型的科技文化集团，如浙江华数传媒、上海东方明珠、湖南芒果超媒等。相比较而言，湖北文化企业技术研发能力还比较弱，缺乏能推动湖北文化产业大步创新的领军型企业。

（二）湖北文化企业科技创新投入不足

在产业创新体系中，企业是技术创新的主体，企业研发（R&D）活动是新知识和新技术产生的源泉。湖北文化产业科技创新驱动力不强的一个主要原因是文化企业，特别是大型骨干文化企业科研投入不足，与发达地区文化企业相比存在较大差距。以湖北和湖南两家省级广播电视媒体——湖北长江广电传媒集团和湖南广播影视集团的科研投入为例，湖北广电旗下上市公司"湖北广电"2019年科研投入总计8 296.7万元，湖南广电旗下两家上市公司"电广传媒"和"芒果超媒"2019年研发投入总计39 714.8万元，几乎是"湖北广电"研发资金的5倍。湖南广电媒体在全国的产品竞争力、市场辐射力、品牌影响力显然比湖北广电媒体要大很多，这背后离不开湖南广电媒体多年来持续高额的科技创新投入。

（三）湖北缺乏有影响的文化技术平台

新一轮技术革命下，科技文化企业的发展和扩张往往都是依靠网络技术平台来实现的，因此技术平台对文化企业越来越重要。例如，亚马逊打造的全球最大的云服务平台AWS（Amazon Web Services）能够帮助企业降低IT投入成本和维护成本，轻松上云，服务对象不仅包括小微初创企业，也包括大型上市公司、学校和政府机构。AWS云平台的不断扩张为亚马逊构建自己的生态系统、保持全球领先地位发挥了重要作用。腾讯、阿里巴巴凭借旗下QQ、微信、支付宝等平台孕育出了数十家企业，业务范围遍及网络电商、O2O、文化娱乐、数字金融、云服务等。这方面，湖北省亟须加强对5G、物联网、区块链等新兴技术平台的研发，打造有自己优势的文化技术平台。

二、产业融合的资源优势不突出

湖北文化产业在全国拥有较好的基础环境，文化产业融合掉速的一个重要原因是现有的资源优势没有很好地转化为发展优势。一方面，湖北优质文化资源在融合创新中的作用没有很好地发挥出来。众所周知，湖北省拥有全国乃至在世界都为之瞩目的优秀文化资源，但湖北省优秀文化资源的经济效应和社会效应并不突出，品牌效应也不明显。以湖北省黄冈市为例，该市拥有大别山红色文化旅游的核心地区，资源优势非常明显。但近年来该市文化旅游产业发展却始终不温不火，与同类城市相比较远没有发挥出其文化资源的特色优势。2019年，黄冈市旅游收入仅209亿元，远低于遵义市（2 106亿元）、湘潭市（648亿元）和百色市（628亿元）等国内红色文化旅游先进地区，详见表7－1。

表7－1　黄冈市与国内红色文化旅游先进城市旅游收入统计①

地区	GDP（亿元）	常住人口（万人）	接待游客数（万人次）	旅游收入（亿元）	人均旅游收入（万元）	旅游收入GDP占比
延安市	1 664	226	7 308	459	2.2	30%
冈山市（县级）	68	17	1 932	160	9.4	235%
湘潭市	2 258	288	7 035	648	2.3	29%
白色市	1 258	369	5 592	628	1.7	50%
遵义市	3 483	630	19 300	2 106	3.3	60%
黄冈市	2 323	633	4 300	309	0.5	13%

以湖南省韶山市为例，韶山是伟大领袖毛泽东的故乡，是全国著名革命纪念地、全国爱国主义教育基地和国家重点风景名胜区。韶山依托其文化旅

---

① 统计数据源于各地2019年国民经济和社会发展统计公报。

游资源的优势，通过实施"文旅＋"战略，推动文化产业与旅游产业及其他产业相融合，走出了文化产业融合的韶山模式。一是利用其红色文化旅游优势，推动韶山文旅与工业融合，打造韶山工业品牌，实现韶山产业综合效益最大化。二是推行"文旅＋农业"战略，通过开发农业示范园、农家乐、民宿等乡村旅游产品项目发展韶山现代农业。三是实施"文旅＋服务业"战略，提升韶山服务业水平，推动旅游产业从传统的"游览观光型"向"休闲度假型"转型升级。可以说，韶山市以红色旅游为龙头带动了整个第三产业蓬勃发展，提高了第三产业在 GDP 中的比重，优化了地区经济结构。

另一方面，湖北省原有优势文化产业出现发展掉速，没有及时跟上社会经济和科技发展的步伐。比如 2000 年前后，湖北省的传媒产业、电影产业原本在国内处于比较领先的地位。湖北日报旗下就拥有《楚天都市报》《特别关注》《农村新报》和荆楚网等一批文化品牌。《楚天都市报》一直是中部地区发行量最大的市场类日报，《特别关注》杂志发行量多年稳居全国期刊发行量前列，《农村新报》发行量也位列全国"三农"类报纸三甲，荆楚网作为省级新闻门户网站在全国率先登录全国中小企业股份转让系统。但是，如果拿湖北日报报业集团与其他先进的省级报业集团相比，其在融合创新方面仍存在不小的差距。

例如，将湖北日报与浙江日报进行比较，两家报社几乎都是在 2000 年前后更名为报业集团，旗下也都拥有一批传统报刊媒体和网站、App 等新媒体。但是 2010 年以后，浙报集团在科技创新、融资扩张、跨行业整合方面明显提速。例如，由浙报集团自主研发的融媒体智能传播技术解决方"媒立方"获得了中国新闻科技奖最高奖——王选新闻科学技术奖特等奖，"天目云""天枢"等融媒体技术平台在行业内得到了广泛运用。2011 年，浙报集团旗下浙报数字文化集团股份有限公司在上海证券交易所成功上市，成为首家经营性资产整体上市的省级报业集团。2013 年，浙报集团旗下浙报数字文化集团股份有限公司斥资 32 亿元人民币收购杭州边锋网络、上海浩方两大互联网游戏平台，开始进军数字娱乐产业。2016 年，浙报集团入选"全球出版企业 50强"。2017 年，浙报集团入选"全国文化企业 30 强"。2019 年，浙报集团获批国家文化和科技融合示范基地。目前，浙报集团的品牌价值在全国省级党报集团中排名第一。

相比较，湖北日报报业集团在技术创新、机构整合、资本利用等方面距离国内先进企业还有较大差距，只有利用好自己的资源和品牌优势，通过技术创新、机制创新、产品创新、制度创新等方式尽快弥补自己的短板和不足，才能实现对先进文化企业的追赶和超越。

三、产业融合的资源转化力不够

（一）文化资源内涵挖掘不够

文化产品与一般物质产品最大的区别是其内在本质具有的非物质的精神内涵。文化产业不同于一般产业的一个主要特征是文化产品虽然有其物质化的载体，但文化产品所体现的真正价值是其精神内涵，这种精神内涵可以转移、嫁接或附加到任何实用商品之上，并通过现代化的生产技术可以无限地复制扩大。① 从这个角度说，文化产品的精神内涵是文化产品开发的灵魂，也是文化产业和其他产业融合发展的关键。湖北省文化资源丰富，文化产业之所以上不去，一个重要原因是对湖北文化资源的内涵挖掘阐释的力度不够，将湖北优秀文化产品的精神内涵向旅游产品、休闲产品、影视娱乐产品及其他类型产品转化迁移不够。只有深度挖掘湖北优秀文化资源的精神内涵，并将其与新时代湖北的社会经济发展进行对接，不断提炼出具有时代性、生活性、体验性的鲜活主题，才能让湖北文化生机勃勃。

在这方面，湖北省不仅远不及广东、浙江等经济发达地区，与江西、贵州、陕西等中西部省份相比也存在一定的差距。以江西省井冈山市为例，近年来，井冈山每年接待红色文化培训的游客人数高达数十万人次，远超延安、韶山等其他知名景区，教育培训已经成为推动井冈山文化旅游发展的重要引擎。井冈山红色文化旅游成功的一个主要原因就是该市依托其红色文化资源优势，通过深挖井冈山革命精神内涵，将其转化到教育培训中，通过产品创新提升游客体验，创造性地打造出文化、教育、旅游相融合的井冈山模式，吸引了全国各地、各行业、各阶层的党员干部、军人、企事业单位职工涌入井冈山参加追寻先辈足迹的红色文化旅游培训，堪称全国文化旅游融合的样板。

---

① 荣跃明. 文化产业：形态演变、产业基础和时代特征［J］. 社会科学，2005（9）：176－186.

（二）文化资源转化力不足

文化产业发展的根本任务是要把文化资源转变成文化产品，前提是必须吃透、悟透文化资源，掌握文化资源的禀赋资质，将文化资源转化为文化产业，必须为静态的文化资源注入鲜活的当代因素，将文化资源与当代社会生活相结合，使文化资源与当代经济发展形成一种相互促进的互动关系。① 这方面，贵州省遵义市将遵义特有的文化资源与农村扶贫工作相结合，探索出了一套通过发展红色文化经济带动老区脱贫致富的遵义模式。

遵义是革命老区，经济基础较薄，脱贫工作压力大。近年来，遵义将红色旅游与乡村脱贫深度融合，探索出一条以红色旅游助力老区脱贫致富的路径。实现了文旅产业发展和乡村脱贫工作双丰收。截至 2018 年年底，遵义红色文化旅游已经带动近 4 万人口脱贫，已成为农民增收、农村就业和乡村振兴的助推器。2019 年，遵义接待游客 1.93 亿人次，旅游综合收入 2 106 亿元，旅游收入国内生产总值（GDP）占比高达 60%。遵义利用特色文化资源发展文化旅游经济、促进产业融合主要包括以下一些做法。

1. 加强文化旅游的顶层制度设计

近年来，遵义市先后制定了《遵义市红色旅游发展规划》《遵义红色旅游综合体建设发展规划》等 20 多个发展红色旅游的政策规划，以发展规划为引领，确保红色旅游有序发展。在战略规划的指引下，遵义市筹集了项目资金 20 多亿元，先后启动了红色旅游重点建设项目 10 余个，打造了一批红色文旅精品景区，实现了红色旅游与自然山水、田园风光、民风民俗的有机统一。

2. 延伸文旅产业链，促进乡村脱贫

通过延长产业链，积极向其他产业扩张，大力发展红色会展旅游、影视旅游、生态旅游、工业旅游、乡村旅游等，增强红色文旅产业的综合带动作用，打造遵义文化旅游新的增长极，促进革命老区百姓脱贫致富，成为遵义红色文化旅游产业的主要发展方向。

3. 以红色旅游为带动，发展大文旅产业

一是让广大人民群众积极参与发展红色旅游事业，让群众真正体会发展

---

① 杜超，王松华. 文化资源转化与文化产业业态创新 [J]. 同济大学学报（社会科学版），2008，19（4）：99-103.

红色旅游带来的实惠。二是紧紧抓住红色旅游发展机遇，利用旅游促进本地农副产品、食品、工艺品等特色产品的生产销售，形成具有竞争力的遵义大文旅产业。三是将红色旅游与当地风土人情结合，促进绿色旅游、民族旅游等旅游方式多样化发展，产生经济效益和生态效益，积极推进生态文明建设。四是充分利用红色旅游发展的政策优势和品牌效应，加大资源整合和产业转移，积极促进观光农业和现代工业加快发展。

湖北是中国红色文化资源最富集的地区之一，有 14 个国家级红色旅游经典景区，重要历史机构旧址、重要党史人物故居等红色文化遗产 1 730 处，发展红色文旅经济可谓条件优越。但与陕西、湖南、江西、贵州等红色文化旅游发达地区相比较，湖北红色文旅产业发展比较滞后，产业融合不明显。可以说，与先进地区相比较，湖北省将本地优质文化资源转化为产业资源优势的能力还存在很大不足，文化资源开发利用与当下湖北社会经济发展相结合、融合的程度还不够深入，亟须改进提高。

四、产业融合的对外扩张力不足

产业融合本质上是由于技术创新带来的产业间边界的消解和范围的扩大，其结果必然导致产业领域的扩张和地域范围的扩大。具体到文化产业，文化产业与其他行业融合，特别是与网络科技产业融合，即成为数字化、网络化的高新文化产业形态，就可以借助互联网技术优势，突破地域范围限制，向全国乃至全球传播售卖文化产品。而且文化一旦与科技成功融合，其爆发力和影响力往往是呈指数级别增长的。著名的 YouTube 网站创立于 2005年，而在其成立仅一年时间内，网站视频内容就多达 4 000 多万条，每天访问人数超过 600 万。成立仅一年半就成为全球访问量最大的视频网站。目前，全球有超过 10 亿用户每天都会访问 YouTube，该网站也因此成为全球最有影响力的互联网媒体之一。

反观湖北文化产业，由产业融合带来的对外扩张并不明显。一是湖北文化企业，特别是大型文化企业的业务产品与互联网等新技术结合的程度、范围比较有限，业务领域也比较窄，跨行业、跨领域扩张还不明显，大都是遵循已有的产品和商业模式，突破性、颠覆性的创新很少。二是湖北国有大型文化企业的产品和用户主要还限于湖北本地市场。正因为缺少突破性的业务创新，所以湖北日报、楚天都市报、湖北电视台、荆楚网等湖北本地大型文化传媒企业的受众主要都是湖北本地用户,仅有斗鱼直播、盛天网络等少数几家互联网企业真正将产品拓展到了全国市场,但这些新兴互联网企业大都还处于发展的起步阶段,它们的企业综合实力和影响力与国内其他地区文化企业巨头相比还存在明显差距。

所以从整体上看,目前湖北文化产业融合的对外影响力、对外扩张力还比较有限,众多文化企业都将竞争的重点放在了湖北本地有限的市场上,在这种情况下很容易导致企业越来越高的单位资源投入和越来越低的边际收益回报,继而会形成一个比较顽固并难以改变的封闭体系,即社会学、经济学所说的"内卷化"现象,而要彻底去除内卷化,则需要更大范围的创新和质变。① 因此,湖北省文化产业要真正走出去,避免"内卷化"陷阱,关键还在于不断加大技术创新和提高人力资本,通过技术研发、产品创新、平台打造、对外合作等方式不断释放出更大的创新能量,扩大湖北省文化产业的影响范围。

五、产业融合的组织创新力不足

从发展过程上看,产业融合是产业内部以及产业之间不同行业的相互交叉、相互渗透,使产业边界逐渐模糊淡化的过程。在这个过程中,企业的组织形态必然会发生各种变化,因此产业融合本质上就是技术创新推动的产业组织形态创新。② 从这个角度看,湖北省文化产业融合步伐较慢,与湖北省文化产业组织结构创新比较迟缓有直接关系。

(一)文化产业现代企业制度建设比较迟缓

党的十六大以来,我国文化体制改革的一项重要任务是实现经营性文化事业单位转企改制,重塑国有文化市场主体。2009 年国家《文化产业振兴规划》明确提出要基本完成经营性文化单位转企改制。2011 年《中共中央关于深化文化体制改革推动社会主义文化大发展大繁荣若干重大问题的决定》进一步对转企改制的经营性文化单位的类型做了明确说明,如国有文艺院团、非时政类报刊社等。此后,国有文化单位改革和文化市场主体建设步入快车道。

---

① 黄宗智. 再论内卷化, 兼论去内卷化 [J]. 开放时代, 2021 (1): 157 – 168.
② 余东华. 产业融合与产业组织结构优化 [J]. 天津社会科学, 2005 (3): 72 – 76.

但在此期间，湖北省国有文化市场主体建设的步伐迈得不够大，成效不够显现。一个突出的问题是湖北省文化企业转企改制多由上至下强力推动，而企业自身的内生力不足，创新积极性不高，单位性质定位模糊，市场化程度不高，距离建设有较强竞争力的文化市场主体的改革目标有较大差距。①在网络经济、数字经济时代，湖北文化企业面对的竞争对手将大大增加，既有本地文化企业，也有外地甚至国外文化巨头。湖北文化产业必须加快体制机制创新，按照现代企业制度建设要求加快企业组织建设，不断激活文化企业自身的创作活力和创新能力。

（二）新技术环境下文化企业组织创新不够

20世纪末，以互联网为代表的新技术革命不仅改变了人们的生活方式，还改变了企业的经营模式。文化商品的展示、传播、售卖、服务等环节逐步从线下转移到线上，文化企业原有的地域、资本、人才优势正快速转变为技术网络优势、知识创意优势，传统企业组织结构也正在向扁平化、虚拟化、网络化的组织结构体系转变。②这方面，国内外高科技文化企业的组织建设处于领先地位。以腾讯为例，2005年腾讯就启动了第一次大规模组织结构创新，从传统职能式组织架构转变为业务系统式组织架构，适应了企业多业务多产品发展的需要，腾讯也由此进入了快速发展期。2012年腾讯开始了第二次重大组织架构调整，主要是对业务单元进行优化，成立了七大事业群。组织架构的调整让腾讯可以从容面对移动互联网时代产品研发特点进行战略布局，为企业赢得新一轮增长打好了组织基础。2018年，腾讯针对当前社会环境变化对企业组织架构又启动了第三次变革，将原有组织架构调整为新的六大业务群组，目的是增强企业在智能化技术浪潮和产业变革冲击下企业的应变能力和创新能力。

在新的社会环境下，湖北文化企业，特别是国有文化企业的组织结构创新还不够，跟不上技术变革的速度，需要针对技术革新带来的市场发展、社会变迁和用户需求变化，结合自身的优势，不断创新组织机制，调整组织结构，迎接市场挑战。

---

① 黄永林，纪东东.湖北省文化体制改革现状分析与对策研究［J］.中国地质大学学报（社会科学版），2015，15（4）：96－102.
② 王关义，高海涛.浅析网络经济下企业组织结构变化的特征［J］.生产力研究，2007（17）：113－115.

第三节 湖北文化产业融合发展建议

一、加快市场主体建设，增强企业融合的内生动力

产业融合本质上是由企业创新行为推动产生的，是一种"革命性"的产业创新形式。① 随着文化产业发展进入新时期，产业的内生型创新显得日趋重要。② 在我国，文化企业尤其是国有大中型文化企业是文化市场的主体，是产业融合的主要参与者和推动者。湖北文化产业融合之所以存在各种深层次的问题，根本原因还在于湖北文化体制改革不够深入，导致国有文化企业融合创新的内生动力不足。因此，推动湖北文化产业融合，首要任务是加快市场主体建设，按照现代企业制度的要求，打造真正有竞争活力和创新精神的文化企业主体。

打造真正具有创新意识的文化市场主体，国有经营性文化企业首先要按照现代企业制度做到产权清晰、权责明确、政企分开。在此基础上，要进一步破除文化领域各种形式的行政垄断和地域垄断，打破地方和部门各种保护主义，进一步放宽市场准入，加快形成有效竞争的文化市场格局。

对于大型国有文化企业，要加快企业化改革，通过股份制改造、吸引社会资本参股等方式，积极发展混合所有制文化企业。在此基础上，通过培育企业家精神、企业网络能力和学习能力大力发展创新型文化企业，特别是要建立符合市场规律和企业发展规律的现代人力资源管理制度，如职业经理人制度、公司董事会制度等，充分发挥企业家的创新带头作用，构建和完善以创新和质量效益提升为导向的国有文化企业的经营绩效考核评价体系。同时，为不同所有制文化市场主体提供公平竞争的市场环境，特别是要支持中小型、小微型文化企业和民营文化企业发展，不断为文化市场注入创新的新鲜力量。

---

① 李美云. 国外产业融合研究新进展 [J]. 外国经济与管理, 2005, 27 (12): 12 - 20, 27.

② 魏鹏举，孔少华. 内生增长视野下的文化产业创新发展思路分析 [J]. 同济大学学报 (社会科学版), 2016, 27 (3): 27 - 34.

二、加强科研投入，打造融合型技术平台

新一轮技术革命下平台型企业拥有基于人工智能、大数据以及移动互联网等多种数字化信息化技术手段，为基于技术驱动的跨产业产品打造和市场延伸提供了广泛的机遇。同时，平台型企业也是扩大企业经营范围、构建企业生态体系的主导力量。在对技术平台迭代升级的基础上，通过平台内孵化以及战略投资等方式，平台型企业能够构建一个不断扩张的企业生态系统，从而不断加速企业的融合创新。

近年来，以5G、区块链、物联网、VR/AR等为代表的新技术层出不穷，这些新技术在文化产业中有广泛的应用前景。例如，将VR技术与新闻、娱乐、影视、电商结合后，将诞生VR新闻直播、VR音乐演唱会、VR沉浸式电影、VR交互式游戏、VR艺术馆、VR博物馆、VR在线购物等新的产品与服务。即将出现的新技术、新应用、新业态对于整个中国文化产业而言都是新的巨大的市场机会。但新的技术标准、软件平台、硬件体系都还处于研发初期，基于新技术的产业格局还远未确定。因此，湖北文化企业应提前布局，加强技术攻关，加快应用推广，抢占技术标准和系统平台高地，打造在全国乃至全球有重要影响的高技术文化系统平台，建设在国内外有较大影响力的平台型文化科技企业。

三、加强合作联盟，融入高技术文化产业体系

产业融合的过程必定是产业内以及产业间或企业之间的关联日益增加的过程。因此，加强企业主体间的联系与合作是促进产业融合的一条有效途径。从知识生产的角度看，高知识、高技术型的企业联盟具有较大的知识存量和较强的知识创新能力，企业通过建立联盟网络可以加快获得创新性知识，[①] 对于提升企业创新效率、促进产业融合具有重要的推动作用。

目前，国内文化产业，特别是互联网文化产业已经形成了以华为、腾讯、阿里巴巴等为代表的几个大型企业联盟。例如，阿里巴巴旗下就有淘宝、蚂蚁金服、滴滴、阿里影业、优酷网、36氪、饿了么等十余家独角兽企

---

① 孙耀吾，卫英平. 高技术企业联盟知识扩散研究——基于小世界网络的视角 [J].
管理科学学报，2011，14（12）：17-26.

业，总估值超过 1 900 多亿美元，几乎涵盖了文化产业的各个领域。加强与这些大型互联网企业的合作，加入由这些网络科技企业主导的产业联盟，无疑有利于企业迅速融入相关产业体系，打通起步期瓶颈，加速企业业务拓展布局。湖北省应紧抓华为、腾讯、阿里巴巴、小米等互联网平台企业加大对湖北投资布局的机遇，推动本地文化企业加入相关平台体系，不断扩大企业的业务范围，甚至裂变、拆分出更多创新型企业。同时，湖北文化企业还要利用好湖北省在新一轮信息科技研发方面的优势，在 5G、人工智能、大数据、云计算、企业服务、网络安全、数字娱乐等方面加强与国内外优势企业合作，努力培育和打造新的文化创意产品和企业生态。

四、加强文化资源转化，促进文化产业融合

文化资源是文化产业的主要生产要素，可以转化为文化企业的核心竞争力。从资源转化的角度看，文化产业与其他产业融合，首先是将其他产业的产品转换为文化符号，再将文化符号转化为文化 IP，从而唤起消费者的文化记忆，形成根植于人们心中的文化品牌，帮助人们找到自己的精神归宿，激发人们的消费兴趣，从而带动整体经济的发展。[①] 从这个角度看，文化资源转化在文化产业与其他产业融合的过程中处于关键位置。

湖北省文化历史悠久，科教实力雄厚，优秀人才辈出，各种文化思想交汇于此，拥有海量的优秀文化资源，这些都是湖北省文化产业取之不尽、用之不竭的资源宝藏。湖北省文化产业及其他行业需要对其进行深度挖掘，努力把湖北优秀文化资源转化到湖北经济社会发展之中，创造性地开发出具有湖北特色、湖北气象、湖北风格的文化产品，不断扩大湖北文化的影响力和辐射力。

以武汉市为例，该市在我国抗击新冠肺炎疫情中发挥了重要作用，武汉市应该利用成功抗击新冠肺炎疫情之势，借用国内外媒体传播之力，将辛亥首义文化、红色革命文化、社会主义建设文化、科技创新文化、抗疫英雄文化有机结合，积极打造武汉市"敢为人先、英雄之城"的城市文化精神，并将其转化为武汉城市休闲旅游和高科技制造产业的发展优势，让武汉成为全国乃至全球有志青年的梦想之城、创新之城、科技之城，通过产业融合来增

---

① 李向民，杨昆. 新时代的文化生态与文化业态 [J]. 深圳大学学报（人文社会科学版），2021，38（2）：39 – 48.

强武汉市的综合实力和竞争能力。

除了武汉，湖北省另一个文化旅游资源的富集区是黄冈大别山地区。黄冈大别山地区在中国革命史中有着极其重要的地位，既是革命伟人的重要活动区域，又是中国革命的中心区域，为波澜壮阔的中国红色革命写下了辉煌篇章。要学习借鉴井冈山、遵义等地产业融合发展模式，利用红安"中国第一将军县"的品牌效应，把将军故里瞻仰游与弘扬时代精神结合起来，把黄冈大别山革命斗争的成功经验与新时代社会主义现代化建设的实践结合起来，把弘扬红安精神与青少年思想政治教育结合起来，把黄冈市优秀文化资源转化为旅游、影视等产业优势，努力把黄冈市、红安县建设成中部地区乃至全国著名的红色教育培训基地、红色影视产业基地，打响湖北黄冈、红安的红色文旅品牌。

五、构建多元保障体系，支持文化产业做大做强

文化产业高知识、高技术、高创意、高投入、高风险、高回报的产业特征，决定了只有构建多元性的产业保障体系，才能支持文化产业健康发展。湖北文化产业融合创新的过程，必然是文化产业不断试错、不断调整的过程，需要从资金、人才、技术、政策等方面为文化产业融合发展提供有力保障。由于文化企业无论是引进人才、研发产品还是设计系统，或是对外投资、企业兼并，都需要大量的资金支持，湖北文化企业仅靠传统低附加值文化产品销售很难筹措到企业所需的大量资金。因此，这些措施当中，最重要的是探索多渠道筹措企业发展所需的资金。

近年来，我国从国家层面已经多次出台政策鼓励多元资金支持文化产业发展。例如，2018年国务院制定的《进一步支持文化企业发展的规定》，从财政税收、投资融资、资产和土地处置等方面提出了具体措施办法，明确指出完成了股份制改革的文化企业，只要符合条件都可以上市融资，已上市的文化企业还可以通过股票增发等方式对其他企业进行并购和重组。此外，中央已经设立多个专项资金，支持动漫、影视、出版等企业发展。

目前，国家对文化产业的政策支持力度正处于历史最好时期，湖北省要利用好政策红利，通过设立文化发展专项资金、财政税收优惠等措施为文化企业提供更优质高效的投融资服务，多渠道为湖北文化企业提供资金等方面的支持，助力湖北文化企业做大做强。

第八章

文化产业高质量发展政策研究

第一节 文化产业政策概述

一、产业政策概述

在市场经济条件下，产业政策主要指政府用于引导或者调整产业所制定的法律法规、行政措施等手段的总称。① 政府制定产业政策的目的是为了克服市场在配置资源的过程中出现的缺陷，以促进企业间的有效竞争；或是促进新兴产业的发展，从而达到促进产业升级、推动经济增长的目的。从世界经济发展的历史看，美国、欧洲、日本等发达国家在经济发展的过程中，为了扶持相关产业快速发展，都出台过大量的产业政策，并取得了举世公认的显著成效。

其中一个典型的案例是 20 世纪 90 年代，美国政府为了推动本国信息科技产业快速发展，推出了以"信息高速公路计划"为代表的一系列战略政策，这些政策不仅造就了美国互联网科技产业和网络经济日后的辉煌，甚至对全球经济格局都产生了深远的影响。进入 21 世纪，为了重振本国工业经济，全球主要经济体纷纷出台了一系列加速发展高科技工业化的战略政策，如美国的"先进制造业国家战略"，日本的"日本机器人新战略"，德国的"工业 4.0 战略"等。我国也于 2015 年提出了《中国制造 2025》，力争用三个五年计划时间实现制造业的智能升级。上述政策都是政府运用产业政策促

---

① 李贤沛，胡立君. 21 世纪初中国的产业政策 [M]. 北京：经济管理出版社，2005：2－3.

进技术创新和增强产业实力的具体体现。目前，尽管学界对产业政策的认识还存在争议，但不可否认，科学有效的产业政策作为有为政府推动产业结构转型和促进经济发展的一个基本手段，将长期存续下去。

二、文化产业政策内涵

文化产业政策（culture industries policy）是指党和国家为应对国际国内形势，基于文化产业发展现状，提出的引导、协调文化产业发展的政策法规的总称。① 自 20 世纪末以来，由于文化产业在全球迅速崛起，各种文化要素日益成为经济和社会发展的主要力量之一，导致文化产业政策受到了世界各国的普遍关注。例如在欧洲，文化产业政策对城市和地方经济发展所起的作用也越来越大，人文化产业的引入已成为改变城市和地方经济发展、重构经济活动的重要因素。② 日本、韩国文化产业之所以能迅速发展，在全球独树一帜，也离不开两国制定的"文化立国"战略。20 世纪末以来，两国先后制定和实施了一系列文化产业发展相关规划，均取得了显著成效，帮助这两个国家在 21 世纪初便跻身世界文化强国之列，可见文化产业政策的巨大作用。

按照产业政策的内容和目标，产业政策可以分为产业组织政策、公共事业管制政策、产业结构政策、产业技术政策，以及相关配套政策等。产业政策的类型虽然很多，但现代产业组织理论认为产业组织政策是所有产业政策的核心，其目的是实现产业的"有效竞争（workable competition）"，③ 因此本书对文化产业政策的探讨主要围绕产业组织政策展开。

三、我国文化产业政策演变简述

前面已经提到我国文化产业发展主要经历了四个阶段，与之相对应，我国文化产业政策也大致经历了四个重要时期。

首先是文化产业萌芽阶段（1978—1999 年）。这个阶段，文化产业政策的核心议题是要不要放开文化市场的问题。随着 1988 年文化部《关于加强

① 熊澄宇. 中国文化产业政策研究［M］. 北京：清华大学出版社，2017：4.
② 安宇，田广增，沈山. 国外文化产业：概念界定与产业政策［J］. 世界经济与政治论坛，2004（06）：6-9.
③ 王俊豪. 产业经济学（第三版）［M］. 北京：高等教育出版社，2016：238.

文化市场管理工作的通知》的发布，不仅文化经济得到了国家的正式认可，文化市场管理也开始进入规范、有序和规制健全阶段。

然后是文化产业快速发展阶段（2000—2009年）。这个时期，文化产业政策的核心议题是要不要发展文化产业。2000年党的十五届五中全会通过的《中共中央关于制定国民经济和社会发展第十个五年计划的建议》对这个问题做出了肯定的回答，明确提出要发展文化产业，这标志着我国对于文化产业合法性地位的认可。

接下来是文化产业爆发增长阶段（2010—2017年）。这个阶段，文化产业政策的核心议题是如何发展文化产业。这个时期国家先后制定出台了《中共中央关于全面深化改革若干重大问题的决定》（2013年）等一系列重要文化发展政策、规划、制度，国家对如何发展文化产业的认识在不断深入。

2018年至今，我国进入了文化产业高质量发展阶段。这个阶段，文化产业政策的核心议题是如何更好地、高质量地发展文化产业。2017年12月中央经济工作会议指出，实现高质量发展，必须加快形成与高质量发展相配套的政策制度体系，要不断创建和完善制度环境。因此，在文化产业高质量发展阶段，需要对现有文化产业政策进行优化、完善，形成与文化产业高质量发展相适应的产业政策体系。

第二节　文化产业高质量发展组织政策

一、经济学视角下产业组织政策类型

根据产业组织理论，产业组织政策是指政府为了获得理想的市场绩效或干预产业结构而制定的公共政策体系。从本质上说，市场经济是一种保障市场主体竞争的经济，既能提高企业的生产效率，实现规模效益，又有利于抑制垄断，通过竞争提升企业活力是政府制定产业组织政策的基本目标。

规模经济是指由于企业大规模生产而导致单位产品成本的降低、企业生产效率的提升和经济效益的优化。规模经济常常导致社会生产资源流向生产规模更大、生产效率更高的大型企业。竞争活力指的是企业间通过价格、供求等竞争机制的综合作用，发挥市场竞争对产业组织的优胜劣汰功能，使各

种资源要素在市场竞争的条件下得到优化配置，从而使得企业的经济效率和产业活力得到提升。① 可见，规模经济和竞争活力的最终目标是一致的，都是要实现社会资源的最优配置。但二者又具有一定的矛盾性。经济学家马歇尔（Alfred Marshall）最早关注到了二者之间的冲突②：自由竞争会促使生产要素和资源向市场中的优势企业汇聚，导致优势企业的生产规模不断扩大，在实现规模经济的同时对市场形成垄断。随着市场上垄断企业规模的进一步扩大和市场占有率的进一步提高，市场中会仅剩几家寡头型企业，中小企业在市场中则很难存活。因此，规模经济的不断发展最终很有可能会阻碍了市场竞争，扼杀了企业的创新动力。因此，社会常常面临一种难题：如何在发展规模经济的同时实现企业间的有效竞争，通过竞争使企业能保持创新活力。

长期以来，国内外经济学家都试图破解规模经济与竞争活力之间的冲突难题。早在 1940 年，英国经济学家克拉克就提出了用"有效竞争"的方式来化解这一矛盾。所谓有效竞争是一种能使规模经济和竞争活力长期共存、均衡协调的竞争格局，但克拉克并没有就有效竞争做更详细的说明。近年来，我国学者在总结前人研究成果的基础上，提出了有效竞争的四个标准：第一，有效竞争的竞争收益大于竞争成本；第二，有效竞争是一种介于竞争不足和竞争过度之间的适度竞争；第三，有效竞争的关键点在于合理确定规模经济和竞争活力的"度"，从而最大化发挥二者的综合作用；第四，有效竞争追求静态效率和动态效率的有机结合，从而实现社会福利的最大化。③

总体而言，从世界各国产业组织政策的确立和实施情况看，产业组织政策都是在规模经济和市场竞争两个目标维度之间摇摆。根据产业组织政策对市场竞争带来的影响，产业组织政策可以分为四类：限制竞争型、维护竞争型、促进竞争型和约束垄断型（见表 8-1）。

---

① 郑作广. 充分发挥竞争在市场经济中的杠杆作用 [J]. 广西大学学报（哲学社会科学版），1998（02）：28-32.

② 简新华，杨艳琳. 产业经济学（第二版）[M]. 武汉：武汉大学出版社，2009：5.

③ 王俊豪. 产业经济学（第三版）[M]. 北京：高等教育出版社，2016：239-242.

表 8-1 产业组织政策类型①

类型	限制竞争型	维护竞争型	促进竞争型	约束垄断型
政策体现	行政性产业组织合理化政策	反垄断政策	民营化和放松管制政策	经济性管制政策
政策目标	做大做强本国企业	维护市场竞争性	构建竞争性市场体制	平衡企业和消费者利益
理论基础	经济赶超理论	竞争市场理论	可竞争市场理论	自然垄断理论
适用国家	后起赶超型国家	所有市场经济国家	转型国家和发达国家低绩效管制行业	所有市场经济国家
政策绩效	短期有效,长期无效	长短期均有效	长短期均有效	由于管制俘获和技术进步,其应用范围日益缩小

二、我国文化产业组织政策的实践效果

长期以来,我国一直实行扶植导向的产业组织政策来推动经济发展,即国家利用规模经济政策、行政性企业重组、政府直接给予企业优惠和补贴、政府直接投资经营等政策来引导和支持特定产业中的骨干企业进行兼并重组和联合协作等,提高企业的生产规模和专业化程度与竞争实力。在国家以规模经济为目标、以产业扶持为导向、以行政干预为手段的宏观政策大背景下,由于我国文化产业发展时间较短,文化领域既存在规模经济不高,也存在市场竞争不足两方面的问题,所以 2000 年以来,我国文化领域主要采取的是扶持型政策和培育型政策并行的产业政策体系。

一方面,政府大力扶持文化企业扩大规模、降低成本,以实现文化产业的规模经济目标。2000 年以来,国家及地方鼓励甚至直接策动有条件、有实力的文化企业组建成大型文化传媒集团,以期在尽可能短的时间内,通过政府的规划引导和财税、信贷政策的配合,实现社会资源向文化产业集中,促

---

① 王俊豪. 产业经济学(第三版)[M]. 北京:高等教育出版社,2016:242.

进文化产业总量快速提升。

地方层面，2000年以后，以广东、湖南、北京、上海为代表的各省、直辖市也纷纷制定了打造大型文化企业集团的政策规划。以北京市为例，2011年12月，北京市发布《加快建设中国特色社会主义先进文化之都的意见》，提出到"十三五"末，要培育100家文化上市公司、50家百亿级文化企业集团、3至5家千亿级文化企业集团的发展目标。

截至目前，我国文化领域打造大企业大集团战略已经历了近20年的发展，无论从中央还是地方，都涌现出了不少大型文化传媒集团。从类型看，我国国有大型文化企业主要集中在文化艺术、广播影视、出版发行等传统文化领域，民营大型文化企业大多集中在互联网行业。从经营效益看，我国大型文化集团的规模日益扩大、集约化程度明显提高，社会效益和经济效益得到了同步提升。从入选2019年第十一届"中国文化企业30强"企业看，30强企业主营业务收入超过4 000亿元、净利润近500亿元，主营业务收入和净利润均创历史新高，大型文化集团的经营能力、创新能力和品牌影响力得到了大幅提升。

另一方面，政府逐步降低了文化产业的准入门槛，民营文化企业快速发展并逐步成为文化产业发展的生力军。实际上，我国文化产业政策最早就是从放开文化市场、允许民营经济进入开始的。党的十八届五中全会强调要鼓励民营企业依法进入更多领域。2004年，国务院出台《关于支持非公有资本进入文化产业的若干决定》，明确了民营文化企业的合法主体地位，明确了非公有制文化企业在项目审批、资质认定、融资等方面与国有文化企业享受同等待遇。上述政策的出台为民营文化企业发展不断扫清了制度障碍。近年来，随着"文化强国"战略的持续推进和文化体制改革的不断深入，我国文化产业的进入壁垒正在逐渐降低，文化产业成为越来越多的民营资本角逐的目标，民营文化企业通过兼并、重组不断变大变强，已经成为推动我国文化产业高质量发展的一股重要力量。从全国文化企业数量和营业收入看，目前我国规模以上民营文化企业数量达到了4万多家，占比超过70%，营业收入占比超过了80%。① 广东省民营文化企业数量和从业人员数量甚至已经占到

---

① 王军. 民营企业座谈会为文化民企送去"春风"［N］. 中国文化报，2018 – 12 – 01 (01).

了全省的90%以上。① 可以说，民营文化企业对我国文化产业高质量发展起到了重要支撑作用，民营文化企业作为文化产业发展的"主力军"已成为一个无须争辩的事实。

三、扶持性产业组织政策带来的问题

对于文化产业而言，过去长期实施的扶持导向的产业组织政策的确在一定时期内促进了文化企业数量的快速增长和文化企业规模的快速扩大，提升了文化产业的集约化水平。但是，这种扶持性的产业政策也会给文化产业带来很多问题：

首先，扶持性产业组织政策是带有偏向性的产业政策，会加剧不同所有制企业之间的不公平竞争，成为阻碍中国竞争性文化市场形成的重要因素。其次，扶持性产业政策对政府制定政策的要求更高，效能不高的产业政策往往会导致产能过剩和市场调节机制失效。再次，扶持性产业政策很难培育出真正具有创新精神和市场竞争力的文化企业主体。依靠优惠政策和政府推动获得市场支配地位的文化企业尽管可以做大，但这些企业内生的创新能力并没有得到真正提高，很可能造成大而不强的结果。最后，扶持性产业组织政策可能引发社会公平问题。如果国有文化企业的利润都来自无偿占有国家重要的资源或凭借其行业垄断地位，这将加剧社会分配不公和降低政府公信力，影响社会主义国家公平正义。另外，这种依靠政策优惠和国家要素投入来带动产业发展的模式，从长期看也具有不可持续性，不仅因为国家政策和资本要素投入是有限的，而且政策和要素投入也具有边际效益递减规律。

四、高质量发展阶段文化产业组织政策导向

从经济学角度看，所谓高质量发展就是指经济发展不是靠增加资本投入，而是主要依靠提高效率，即在资源总量不变的情况下，通过提高技术水

---

① 韩文嘉，林洲璐. 规模总量领跑全国 结构布局持续优化 新型业态蓬勃发展 广东文化产业交出高质量成绩单［N］. 深圳特区报，2019－05－18（A02）.

平和改善生产组织方式来实现经济增长，是一种基于效率的内生型增长。①

在高质量发展阶段，过去那种主要依靠生产要素投入的粗犷型经济增长模式将不再适用，必须持续提高全要素生产率，走经济发展的动力变革之路，这是高质量发展的关键。从产业组织政策看，在高质量发展阶段，文化产业应该从扶持性组织政策逐步转变为竞争性产业组织政策。与扶持导向的产业组织政策不同，以竞争为导向的产业组织政策不存在对特定组织或特定产业的优惠政策措施，而是对所有类型产业组织一视同仁，所以竞争性产业组织政策是一种"普惠制"政策。文化产业虽然有很强的意识形态属性和社会公共属性，但如果不用市场竞争手段去优化产业资源配置，不用市场竞争手段去推动产业结构升级，文化产业就很难真正做大做强。所以，文化市场主体的成长壮大应该是市场选择的结果，靠"拉郎配"组建起来的集团不但很难形成真正的竞争力，还会造成大而不强的局面。②

党的十八届三中全会决议强调要切实发挥市场在资源配置中的决定性作用，党的十九大报告提出的经济体制改革要以完善产权要素市场化配置为重点，要实现竞争公平有序、企业优胜劣汰的市场机制，对文化产业同样适用。目前我国文化产业总体而言市场竞争的层次和水平仍不够高，很多领域仍有计划经济的影子，不利于文化产业进一步提质增效和提高技术水平。因此，文化产业高质量发展也要确立竞争性导向的产业组织政策的主导地位，通过市场竞争推动文化企业提高组织管理、技术研发、产品创新的能力和水平，真正提高整个文化产业的全要素生产率水平。这样不仅有利于解决文化产业发展中的不均衡、不公平、产能过剩等问题，也能通过市场竞争机制吸引更多人才、资金、技术等要素向优势文化企业聚集，培育出真正具有国际竞争力的文化龙头企业。

---

① 许小年. 供给侧的源头——"萨伊定律"［M］//吴敬琏等. 供给侧改革 经济转型 重塑中国布局. 北京：中国文史出版社，2016：78-85.

② 欧阳友权. 让文化资源按市场规律集聚——文化企业集团化不应"拉郎配"［N］. 人民日报，2009-06-23（11）.

第三节　文化产业高质量发展技术政策

一、文化产业技术政策的重要性

改革开放 40 多年来，我国产业结构演变的一条主线是改革开放的不断推进和市场配置资源作用的持续增强，导致影响产业结构变动的因素在不断变化。2012 年以来，互联网等技术进步、消费结构升级以及由此产生的新经济成为影响我国产业结构变动的主要因素。①

新的科技革命影响文化产业结构变动的主要路径是：以互联网、5G 等为代表的新技术和新应用不断催生出新的产品、新的业态、新的模式，扩大了产业的生产规模和延伸链条，推动了文化产业和相关产业间的交叉融合，使得文化产业高技术和高效率部门的比重不断提升，文化产业显示出日益扩大的包容力和创新力。首先，新技术的普及大大降低了文化产品的成本与价格，扩大了文化产业的规模范围；其次，新技术通过产业间的关联和传导机制，促进了劳动力从传统文化产业向新兴高技术文化产业流动转移，从而推动了文化产业结构的不断升级；再次，新技术的应用促进了传统文化产业技术改造和技术创新，使传统产业与新兴产业融合生长。

如美国苹果公司，在技术创新和模式创新的带领下，旗下一系列颠覆性产品的推出，不仅使公司从技术创新中持续获得超额收益，而且也不断扩大着苹果公司的业务边界。正是由于苹果公司持续的创新示范效应，以及为用户带来的革命性的使用体验，所以近一、二十年以来，几乎每一次苹果公司发布新产品，都会引发全球市场的高度关注。

可以说，技术创新已经成为决定文化产业发展的核心因素，政府制定科学、合理、有效的产业技术政策是保障和引导文化产业技术进步和持续发展的重要手段，将极大地促进和推动我国文化产业高质量发展。

---

① 郭克莎. 中国产业结构调整升级趋势与"十四五"时期政策思路 [J]. 中国工业经济，2019 (7)：24-41.

二、文化产业技术政策分类

(一) 数字出版技术政策

数字出版（Digital Publishing）又称为数字化出版，是指基于计算机和互联网等数字技术的内容发行出版，其主要形态包括电子图书、数字报纸期刊、网络文学、数字音乐、网络动漫、手机出版等。

进入 21 世纪，随着互联网和移动终端设备的快速普及，以数字出版为代表的新业态成为文化创新和互联网经济的重要增长点。自"Kindle""iPad"等便携式电子阅读器和平板电脑问世以来，全球数字阅读市场持续增长，数字化阅读已经成为欧美国家人们的普遍阅读方式。2010 年以来，我国政府也把文化产业技术政策重点放在了数字出版的技术创新和新业态培育方面。2010 年，新闻出版总署先后出台了《关于加快我国数字出版产业发展的若干意见》（新出政发〔2010〕7 号）和《关于发展电子书产业的意见》（新出政发〔2010〕9 号）等政策，以推动我国数字出版产业的发展。国家"十三五"和"十四五"规划纲要均提出要加快发展数字出版等新业态，对于加快数字出版产业发展具有重要意义。

相关技术政策颁布实施以来，我国数字出版发展迅猛，政策实施效果显著。根据中国新闻出版研究院发布的统计数据，2019 年我国数字出版产业收入达到了 9 881 亿元，同比增长 11%，其中移动出版和网络游戏合计占总收入的 31%，已成为我国数字出版产业收入的重要支柱。与此同时，我国数字出版行业技术标准研发工作也取得了重大进展，基本建立和形成了我国数字出版的标准化技术平台、技术体系和工作机制。

(二) 广播电视电影技术政策

在广播电视电影领域，高科技技术、设备贯穿于广播电视电影节目的采集、编辑、制作、传输、接收、播出、回放等全部环节，涉及互联网、无线网、卫星通信等多种信息通信手段，是高科技应用最多的产业领域之一。近年来，我国广电技术电影发展迅猛，很多自主研发的技术标准开始在国际取得领先，这离不开我国广播电视电影技术政策的引导和支持。

1. 完成了广播电视制播环节的数字化、网络化，推进了电视节目的高清化

2005 年以来，国家先后制定发布了《广播电台、电视台数字化网络化建

设的白皮书》《电视台高标清同播节目制作、播出技术要求的若干意见》《有线电视网络光纤到户系统技术规范》《全国有线电视网络整合发展实施方案》《超高清视频产业发展行动计划（2019—2022 年）》等政策文件，有力推动了广播电视节目数字化、网络化和高清化建设。2015 年以后，在广电网络数字化改造基本完成的基础上，国家又在积极推动高清甚至超高清电视节目的普及化，鼓励各地电视台实现高标清同播。目前，全国高清电视频道获批数量达到 200 多个，高清数字用户约 1 亿户。预计到 2022 年，中国 4K 超高清视频用户数将达到 2 亿，8K 等前沿技术研发也将取得突破。

2. 制定了融媒体中心技术标准和规范，大力推进媒介融合

从 2009 年开始，国家陆续制定和颁布了《三网融合试点工作方案》《关于加强三网融合试点地区 IPTV 集成播控平台建设有关问题的通知》《有线电视网络三网融合试点总体技术要求和框架》《三网融合推广方案》《新闻出版广播影视"十三五"科技发展规划》《县级融媒体中心建设规范》等数十个政策文件，从宏观规划、中观部署、微观技术等层面有力推动了传统广播电视媒体向网络新媒体、融媒体的快速转型。从效果看，一方面，传统广播电视媒体融合取得了较大进展，融合型广播电视制播传输平台在我国已经建成；但另一方面，国家政策推动广电网络与通信网络仅实现了物理通道融合，距离业务融合、产品融合、模式融合还有很大距离。

3. 加快了广电云平台建设，推进广电媒体智慧化

2018 年，国家广电总局印发《关于促进智慧广电发展的指导意见》，提出用 3 ~ 5 年时间，实现广播电视制播管理的智慧化突破。2018 年，国家批准在贵州设立智慧广电综合试验区，探索广播电视智慧化发展新模式。与此同时，国家要求各级广电媒体加快推进云平台建设，采取公有云平台、私有云平台和专属云平台"三云协同"的建设策略，利用各个云平台，进行优势互补。2018 年 11 月 19 日，由中国自主研发、具有完全知识产权的中国智能电视操作系统 TVOS 3.0 首次商用发布，标志着广电媒体智能化在技术标准研发方面取得了实质性进展。

4. 加快推进传统电影数字化转型

自电影技术诞生至 20 世纪末，化学感光材料一直是电影产业的技术基础。而随着数字技术的快速发展，数字电影技术体系已经取代传统化学感光材料成为电影工业的技术基础。为了推动中国电影数字化转型，实现数字电

影技术领域对发达国家的赶超，我国先后制定了《电影数字化发展纲要》《关于促进电影产业繁荣发展的指导意见》等一系列政策，对数字化电影的产业链建设和技术标准研发给予支持。从 2002 年上海建成中国第一家数字影院开始，中国仅用十几年时间就实现了电影全部生产环节的数字化，不仅完整建构了数字化放映的技术标准体系，在 3D 技术、数字特效技术、数字电影设备研发等方面还达到了国际先进水平。

（三）游戏动漫技术政策

自 20 世纪 90 年代以来，游戏动漫及其衍生产品的巨大产值和迅猛的发展速度，日益受到世界各国的关注。美国是全球游戏动漫产值最大的国家，全球市场份额超过 30%。2000 年以后，在国家的扶持推动下，中国游戏动漫产业发展速度明显加快。宏观层面，国家出台了一系列政策文件，大力提升游戏动漫产业的地位；中观层面，政府对游戏动漫产业直接给予技术指导；微观层面，对国产动画片的播出时间、播出比例、题材规划、发行许可等制定详细政策，同时还推出了一系列鼓励优惠措施。

2010 年以后，随着移动互联网的快速普及，以腾讯、网易为代表的互联网巨头纷纷进入游戏动漫产业，推动中国游戏动漫产业进入快速发展期。2019 年，中国动漫业产值突破 1 900 亿元，① 国产动画电影《哪吒之魔童降世》创下 46.55 亿元的票房成绩，不仅一举超越《流浪地球》成为 2019 年的年度票房冠军，而且还打破了中国首日、单日、首周等各项动画电影纪录，成为国产动画电影发展的一座里程碑。

第四节　文化产业高质量发展贸易政策

一、WTO 框架下的文化贸易改革

改革开放以来，文化对外贸易日益受到国家的重视，我国在 WTO 机制

---

① 华经情报网. 2020 年动漫产业发展现状分析，动漫衍生品的发展还远未达到成熟的地步［EB/OL］.（2021 – 05 – 06）［2021 – 05 – 06］. https：//www. huaon. com/channel/trend/7126 01. html.

下制定了多个政策制度推动文化贸易发展，主要包括扩大文化领域对外开放、加大文化产品知识产权保护和推进服务贸易改革三个方面。

（一）扩大文化服务贸易领域的对外开放

1978 年我国开始实行改革开放政策，但文化领域对外开放一直不大，文化产品对外贸易增幅远远落后于国家对外贸易的总体增幅，存在巨大的贸易逆差，这种情况一直持续到 2001 年中国入世。2001 年 12 月 11 日，我国正式加入世界贸易组织（WTO），成为其第 143 个成员国，标志着我国全面进入世界经济大舞台。入世也打开了境外文化商品和文化企业进入我国文化市场的大门。

我国入世承诺的涉及文化服务贸易的内容主要包括电影产业对外资的开放、报刊图书领域对外资的开放，以及增值电信业务对外资的开放。例如，允许外资在我国入世 3 年后从事报刊图书的分销业务，允许中外合资建设影院、经营互联网增值业务，但外资持股比例最高不得超过 50%。

（二）加强文化产品的知识产权保护

知识产权是文化产业的基础，知识产权保护是文化产业发展的前提和保障。在我国入世承诺中，通过法治建设不断加强我国知识产权保护是其中的重要内容。具体而言，我国加入 WTO 时制定或修改的法律有《中华人民共和国著作权法》《音像制品管理条例》《电影管理条例》《计算机软件保护条例》《中华人民共和国商标法》《中华人民共和国集成电路布图设计保护条例》等十余部有关知识产权保护的法律制度。2001 年和 2013 年，我国又两次对《商标法》进行了修改，增加 20 余条作为对 TRIPS（与贸易有关的知识产权协定）协议的回应；2001 年和 2010 年，我国两次修改《著作权法》，细化了著作权的具体内容，使相关规定与 WTO 规定相适应。2008 年 6 月 5 日，国务院颁布《国家知识产权战略纲要》，将知识产权保护上升到国家战略层面。

加入 WTO 以来，我国知识产权法治基础不断夯实，知识产权保护水平不断提高，带来的直接结果是激发了全社会的创造力，带来了科学技术的进步和创新意识的崛起，让知识产权保护意识深入人心，对于促进文化产业健康发展和文化贸易水平持续提高发挥了重要的促进作用。

（三）按照入世承诺推进服务贸易改革

2001 年入世前，我国服务业发展水平相对较低，其 GDP 占比仅 30% 左右，不仅远远低于发达经济体水平（60%~70%），还低于发展中国家的平均值（50%）。此外，当时我国对国际服务贸易还比较陌生，服务贸易的对外开放对我国政府的监管也提出了新的要求。就是在这样的艰难处境下，中国在加入 WTO 时承诺开放服务贸易全部 12 个大部门 160 个分部门中的 9 大类 100 个分部门，接近发达成员平均承诺开放 108 个分部门的水平。[①]　而到2007 年，我国入世服务贸易开放承诺已经全部履行完毕，具体内容详见中华人民共和国商务部《中国入世承诺》。[②]

我国加入 WTO 以后，国内文化企业开始直面国际文化巨头的竞争，在多数情况下国内文化企业不仅没有被打垮，反而培育了它们走出国门参与国际市场竞争的能力，推动了我国文化贸易额大幅度增长。根据商务部统计数据，2019 年我国文化贸易进出口总额为 1 114.5 亿美元。其中，文化产品出口总额为 998.9 亿美元，贸易顺差达到 883.2，表明入世后我国文化产品国际市场占有率和国际市场竞争力都得到了极大的提升，开始步入世界文化贸易大国和对外文化输出大国的行列。

二、国家层面文化贸易政策

2005 年，中共中央办公厅、国务院办公厅颁布的《关于进一步加强和改进文化产品和服务出口工作的意见》与 2006 年国务院办公厅制定的《关于鼓励和支持文化产品和服务出口的若干政策》确定了我国文化"走出去"的基本思路和框架。2011 年"十二五"以来，党和国家又出台一系列重要文件，如《中共中央关于深化文化体制改革推动社会主义文化大发展大繁荣若干重大问题的决定》《中共中央关于全面深化改革若干重大问题的决定》等，对进一步发展对外文化贸易提出了新要求。

为了提高我国文化产业对外贸易份额，提升我国文化产品在国际文化市场的比重，增加我国在世界文化产业的话语权，2014 年 3 月 3 日，国务院印发《关于加快发展对外文化贸易的意见》，这是国家层面制定和颁布的鼓励

[①]　中华人民共和国国务院新闻办公室. 中国与世界贸易组织［EB/OL］. （2018 - 06 - 28）［2018 - 06 - 28］. http：//ipr. mofcom. gov. cn/hwwq_ 2/WTO/file/Whitepaper_ 2018. pdf.

[②]　中国加入 WOT 服务贸易对外开放条款及相关内容源于中国入世承诺，详见中华人民共和国商务部网站《中国入世承诺》。

发展文化对外贸易的专项政策，该《意见》提出了2020年我国对外文化贸易的发展目标。

党的十八大以来，我国确定了进一步扩大对外开放的基本国策，文化领域的对外开放也进一步扩大。2018年4月10日，习近平总书记在博鳌亚洲论坛宣布了包括"大幅度放宽市场准入""加强知识产权保护""主动扩大进口"等扩大对外开放的重大举措，为我国文化产业对外发展提供了新的契机。2017年，国务院印发《关于扩大对外开放积极利用外资若干措施的通知》，提出要推进电信、互联网、文化、教育、交通运输等领域有序开放，并在职责划分中，明确点出了文化部、新闻出版广电总局的名字。可以预见，在国家进一步扩大对外开放的宏观战略引领下，我国文化产业对外贸易的步幅将进一步加快。

三、政府部门的文化贸易政策

（一）文化部文化贸易政策

作为我国文化产业的主要管理部门，2000年以来文化部推动制定了一系列促进文化贸易的政策。具体包括：2002年与外经贸部联合制定了《中外合作音像制品分销企业管理办法》、2002年与海关总署联合颁布了《音像制品进口管理办法》、2004年制定了《国家商业演出展览文化产品出口指导目录》、2006年发布了新的《音像制品批发、零售、出租管理办法》等一系列政策文件，对文化产业对外开放提供了具体指导。

2016年，文化部编制了《文化部"一带一路"文化发展行动计划(2016—2020年)》，提出了对"一带一路"沿线国家和地区加强文化交流、文化传播、文化贸易的具体措施。

（二）商务部、财政部文化贸易政策

为支持我国文化产品和服务出口，2007年商务部与中宣部等部门联合制定了《文化产品和服务出口指导目录》，并于2012年对目录进行了修订。2009年，商务部会同文化部、广电总局、新闻出版总署、进出口银行印发了《关于金融支持文化出口的指导意见》，要促进文化金融合作，全面支持文化贸易发展。

为了加强文化产业发展专项资金管理，2010年财政部制定了《文化产业发展专项资金管理暂行办法》，以重点支持大宗文化产品和服务出口。

（三）广电总局和新闻出版总署文化贸易政策

2001 年我国正式加入 WTO 后，为了推动我国优秀影视作品走向世界，国家广播电影电视总局颁布实施《关于广播影视"走出去工程"的实施细则》。

2003 年，新闻出版总署也确定了"走出去"的战略目标。此后，新闻出版总署先后出台了《关于扶持新闻出版走出去的 8 项政策措施》（2007 年）、《新闻出版业"十二五"时期发展规划》（2011 年）、《加快我国新闻出版业走出去的若干意见》（2012 年）等一系列政策文件，推动对外出版贸易取得实质进展。在政策引领的同时，新闻出版总署还联合相关部门建立了一系列对外出版贸易项目，推动一大批中国精品图书进入国际出版市场。从统计数据看，1995 年我国输出版权仅 354 项，2018 年我国对外输出版权增加到 12 778项，与 1995 年相比增加了 36 倍。①

四、自贸区文化贸易政策

自 2013 年 9 月，中国（上海）自由贸易试验区建立以来，国务院总计批准建立了 21 个自贸试验区，自贸试验区已经成为我国吸引和利用外资、扩大对外开放、加强对外贸易的重要阵地。2019 年以来，随着国际贸易的增速减缓、贸易摩擦风险加大，自贸试验区已经不限于货物贸易自由化，还涉及服务贸易、知识产权保护等更多领域，建立自贸试验区已经成为我国全面深化政府机构改革、实施扩大开放与合作战略的重要手段。

自贸试验区文化贸易政策主要包括两个方面：一是国家和自贸试验区所在地制定的综合性政策制度，如《国务院关于加快实施自由贸易区战略的若干意见》（国发〔2015〕69 号）等；二是推动文化贸易发展的专项性政策制度，如《文化部关于实施中国（上海）自由贸易试验区文化市场管理政策的通知》（文市发〔2013〕47 号）等。

从上海自贸试验区文化产业发展看，自贸试验区对文化产业产生了很大的吸引力，大大推动了文化产业融合和业态创新。在自贸试验区新的政策框架下，文化与娱乐、网络、科技、金融、投资等行业相结合产生的新业务、

---

① 蒋茂凝，钱风强. 新中国 70 年对外出版贸易发展历程阶段性分析［J］. 出版发行研究，2019（12）：13-16.

新业态、新经济蓬勃生长，正在成为推动我国文化对外贸易高质量发展的新平台。

第五节　发达国家文化产业政策及启示

一、美国文化产业政策

（一）重视知识产权保护与管理，为文化产业发展提供制度根基

1. 构建完善的知识产权保护法律体系

美国《版权法》诞生于 1790 年，是世界上最早制定版权保护法的国家之一。此后，《版权法》不断地被修订与完善，使得美国成为世界上版权保护制度最完善的国家之一。除了《版权法》，美国还颁布了《跨世纪数字版权法》《电子盗版禁止法》等一系列有关知识产权保护的法律法规，不仅为美国构筑起了完善的知识产权法律保护体系，也成为日后文化产业繁荣发展的坚实根基。

2. 高水平的知识产权管理

美国的知识产权管理机构非常健全，国会图书馆版权办公室主要负责版权的登记、申请、审核和咨询等工作；美国贸易代表署负责知识产权的国际贸易谈判；海关主要负责涉及知识产权产品的进出口审核等相关工作。

（二）依靠市场机制，为文化产业发展注入强大活力

20 世纪 90 年代以来，美国文化产业总体上实行的是自由主义经济政策，即放松政府管制、提倡经济自由发展和"不干涉主义"经济政策——认为市场机制比政府干预更有效率，政府对经济的干预不仅缺乏效率，还会带来一系列社会、经济问题，是一种反对国家干预经济生活、主张市场自由竞争的经济理论和政策体系。

在自由主义管理模式下，美国政府对所有企业一视同仁，不对企业过多干预。而文化产业的进出壁垒都非常低，这就使得产业内竞争非常激烈。正是这种激烈的竞争环境，迫使企业必须持续创新，不断地开发出独具特色的技术和产品。自由主义经济政策和优胜劣汰的市场法则、竞争法则，鼓励文化企业充分竞争，甚至兼并重组，使得美国文化企业具备了很强的创新意识

和竞争活力。从 20 世纪 90 年代中期开始，美国文化传媒市场不断掀起并购重组风潮，一个个实力超强的文化企业寡头脱颖而出，成为美国乃至全球的文化产业巨头。其中最引人关注的是，2001 年 1 月 10 日美国在线（AOL）宣布以 1 630 亿美元买下时代华纳，合并后的美国在线·时代华纳一跃成为美国乃至全球文化传媒市值最高的超级寡头型企业。

（三）加大科技引领，为文化产业腾飞提供技术支撑

注重科技研发，文化产品的科技含量高是美国文化产业成功的底层原因，是美国文化产业持续领先的根基。尤其是大众传媒业、影视娱乐业和互联网产业，构成了美国文化产业对外扩张的"三驾马车"。互联网、卫星直播、数字视觉特效等高新技术的广泛应用，不仅使美国文化产业具备了更大规模的生产传播能力，还为美国文化产业将各种创意转化为高科技文化产品提供了技术基础。美国有线电视新闻网 CNN 是全球第一个利用通信卫星每周 7 天、每天 24 小时全球直播新闻的电视媒体。美国迪士尼公司通过将高科技融入娱乐节目、电影制作和演艺游乐，而且不断地变换更新，大大提高了企业的经营效益。在互联网领域，美国既是全球互联网技术标准的制定者，也是互联网应用开发的领导者。

（四）推动文化贸易全球化，为文化产业全球扩张打开大门

在经济全球化背景下，美国不遗余力地推动文化贸易全球化、知识产权保护全球化，促使一批又一批美国文化产品通过国际贸易规则源源不断地输入世界其他国家。1988 年，美国国会通过了《伯尔尼公约实施法案》，开始对《伯尔尼公约》成员国提供高水平的版权保护。同时，美国还在国际贸易交往中，利用其政治、经济、外交手段给别国施压，迫使这些国家开放其文化领域，为美国文化产品进入他国市场扫清障碍。

可以说，在美国主导的文化贸易全球化的大潮下，美国的文化跨国企业巨头利用其科技优势、垄断地位和品牌影响力，已经在全球建立起了庞大的销售网络，控制了许多国家的互联网、影视娱乐、音乐和出版业市场，从而在国际文化贸易竞争中占据了主导性位置。

二、法国文化产业政策

法国历史文化遗产丰富，文化产业发达，是欧洲乃至世界的文化中心之一。与美国主要依靠自由市场经济和高科技发展驱动文化产业发展不同，法

国更重视对本国文化产业的保护与扶持，采取的是一种国家保护政策下的文化产业发展模式。

（一）法国文化产业管理体制

法国实行国家文化管理机构和地方文化管理机构两级文化管理模式。文化部是法国国家文化管理机构，其主要职能是制定国家文化政策和法规，编制国家年度文化预算，管理国家文化经费，对国家重点文化设施、文艺团体和艺术院校进行领导和管理等。

地方文化产业管理机构是地区文化局，主要负责地区文化经费的管理与使用，以及协调地区大型文化艺术活动等。

（二）法国文化产业政策

作为全球文化历史大国，在面对美国主导的文化全球化浪潮中，法国高度重视对本国文化独特性的保护。例如，20世纪末在关贸总协定的谈判过程中，法国提出"文化例外"原则，坚决反对把文化列入一般性服务贸易，以保护本国文化不受到其他国家，尤其是美国好莱坞文化的侵袭。

基于"文化例外"理念，法国近年来一直加强对本国传统文化艺术的扶持，法国政府不仅制定了系统的文化扶持政策和规划，每年还有庞大的政府支出用于本国电影、音乐等文化产业发展。为了保护本国文化产品，限制以好莱坞为代表的其他国家文化产品入侵，法国主要采取了以下政策措施：

——设立文化产业信贷，鼓励银行和政府机构投资文化产业。

——对文化组织进行经济资助，调动文化机构积极性。

——对文化机构、团队每年给予固定补贴，促进文化艺术的持续发展。

——成立专门文化基金，扶持在文化市场中难以生存的文化团体。

——对重点文化领域进行投资保护，对重点文化遗产投入巨资修缮或扩建。

——为本国和在法国的外国人提供免费参观法国文化遗迹的机会，鼓励法国人参加各类文化活动。

——采取政策保护国内文化市场，抵制美国文化商品输入，迫使美国同意其对电影业等领域进行补贴。

——积极向外推广法国文化产品，扩大对外文化输出。

三、日本文化产业政策

日本是全球文化产业强国，在世界文化产业中排名领先，在亚洲乃至全球文化市场占有举足轻重的地位。日本文化产业能够发展壮大与该国文化产业政策有着紧密联系。

（一）文化立国战略

1995 年，日本智库组织——文化政策促进会议初步提出了日本"文化立国"的战略设想。1996 年和 1998 年，日本文化厅正式提出《21 世纪文化立国方案》，正式确立了日本文化立国战略。2010 年，日本政府在文化立国的基础上又进一步制定和颁布了《文化产业大国战略》。

具体而言，日本"文化立国"战略的主要内容是建设大型国立文化基地，构建配套的环境政策、观光政策和产业政策，实施地域性"文化街区建设计划"，推动大型"参与型"的文化活动，构筑文化信息的综合系统，致力于新兴文化产业振兴，完善著作权制度，加强日本国语地位，加强文化遗产保护等。不仅如此，日本还设置了中央文化管理部门，全力扶持本国文化产业的发展。

（二）知识财产立国战略

20 世纪 90 年代以来，随着全球信息科技高速发展、日本经济疲软和传统产业竞争力的下降，日本政府决定进行战略调整，以知识产权保护来带动经济发展和国际竞争力提升。为此，2003 年日本政府设立"知识产权战略本部"，并制定了把日本建设成为世界第一知识产权强国的战略规划。为了加快形成知识产权保护体系，日本还制定了《知识产权基本法》等法律法规，成立了知识产权高等法院等法律机构。

（三）"e-Japan"与"u-Japan"战略

从 2001 年开始，为了加快本国信息产业发展，日本制定了《高度信息通信网络社会形成基本法》，并以此为基础提出了"e-Japan 重点计划"战略，重点是推进高水平宽带网、电子商务交易、电子政务、互联网技术（IT）教育以及通信网络安全等方面的建设，努力提升信息时代日本国民的信息综合处理能力和人民的生活质量。

2004 年，日本政府将"e-Japan"战略升级为"u-Japan"战略。"u"即

"ubiquitous"，意为泛在的、普遍的。该战略的目标是要建立一种泛在的，任何人在任何时间、任何地点都能方便连接到的信息网络，目的是要进一步提升日本的网络基础设施水平，并从整体上带动日本经济持续发展。

四、韩国文化产业政策

20 世纪末以来，韩国文化产业迅速崛起，仅用一、二十年时间就成为全球公认的文化产品输出大国。与欧美文化强国相比较，韩国文化产业既没有悠久的发展历史，也没有丰富多样的文化艺术资源，但其文化产业的增长速度却令人震惊。实际上，韩国政府是从 20 世纪 90 年代以后才开始推动文化产业发展。1998 年，为了摆脱金融危机的影响，韩国政府提出了"文化立国"战略，将文化产业确定为 21 世纪国家经济发展的战略性支柱产业。此后，韩国政府先后推出了"文化产业发展五年计划"（1999 年）、"文化产业蓝图 21"（2000 年）、"内容韩国蓝图 21"（2001 年）等政策规划；并制定颁布了《文化产业振兴基本法》（1999 年）、《网络数字内容产业发展法》（2002 年）、《内容产业振兴法》（2010 年）等。此后，韩国通过加大对数字游戏、影视内容等文化产品的研发、生产和对外贸易输出，在全球文化贸易版图中占据了重要地位。

强调文化产业的经济价值，制定切实可行的国家政策和法律制度，重点扶持影视、游戏等重点领域，将文化产品的海外输出作为核心目标，上述内容既是韩国文化立国战略的主要内容，也是韩国文化产业快速崛起的主要原因。[①] 到 21 世纪初，韩国文化产品开始风靡全球，以影视、综艺、游戏为代表的韩国文化产品在很多国家都掀起了一股"韩流"。2018 年，韩国文化产业销售总额高达 1 010.6 亿美元，文化出口总值达 96.2 亿美元，较 21 世纪初增长了近 10 倍。

五、发达国家文化产业政策的启示

发达国家文化产业政策普遍非常支持文化产业的技术创新，尤其是大力推动以数字技术和互联网为代表的新技术与文化内容生产的结合（前文已多

[①]　向勇，权基永．韩国文化产业立国战略研究［J］．华中师范大学学报（人文社会科学版），2013（04）：107－112.

次提到)。除此以外，发达国家文化产业政策还在以下方面给我们带来重要启示。

（一）加强版权保护，发展版权内容产业

知识经济时代，知识的生产、扩散、运用与转化成为社会经济持续发展的关键，知识产权已经成为国际贸易争端的核心。无论从世界头号文化强国美国还是后起文化强国日本、韩国，其文化产业发展的一个共同经验特点就是这些国家都高度注重版权保护及版权产业的开发。美国直接将文化产业称为版权或知识产权产业（Intellectual Property Industry），日本也将文化产业称为内容产业，都将版权视为文化产业最重要的部分。美国、日本、韩国发展版权产业的主要做法都是通过法律手段加强国内外版权保护，以此促进文化产业乃至整个经济的发展。

改革开放以后，特别是加入 WTO 以来，我国知识产权法治工作取得了巨大进展。

一方面，我国加快了知识产权立法进程。1980 年，国家知识产权局的前身中国专利局成立。同年，我国正式加入世界知识产权组织。1982 年，全国人民代表大会常务委员会审议通过了《商标法》（1993 年、2001 年、2013年、2019 年进行了修改），开创了我国知识产权立法之先河。1984 年，全国人民代表大会常务委员会审议通过了《专利法》（1992 年、2000 年、2008年、2020 年进行了修改）。1990 年，全国人民代表大会常务委员会审议通过了《著作权法》（2001 年、2010 年进行了修改）。

另一方面，我国积极加强知识产权保护的国际接轨，实现了知识产权保护的国际化。改革开放后，我国相继加入了《建立世界知识产权组织公约》《保护工业产权巴黎公约》《商标国际注册马德里协定》《保护文学和艺术作品伯尔尼公约》《世界版权公约》等多个知识产权领域的国际公约，在较短的时间内实现了知识产权制度的国际接轨。

总体而言，我国知识产权保护的法治环境已经日益健全，但我国文化领域知识产权的违法问题仍比较突出，知识产权的法治意识与发达国家相比仍有较大差距，需要持续加强知识产权的普法宣传，加大知识产权的保护力度，严厉打击各种知识产权的侵权行为，鼓励知识产权的开发与创造，促使文化产业健康发展。

（二）注重用市场机制配置产业资源

在文化产业发展的高级阶段，以美国为代表的文化产业发达国家，文化产业的资源配置主要是以市场为基础，政府干预较少，通过市场竞争机制实现产业资源要素的配置。从全球来看，美国文化产业市场化程度最高，资源要素不仅可以便利地在美国国内自由流动，甚至在国家之间也可以自由流动，这使得近年来全球文化企业的兼并重组几乎都发生在美国，或与美国企业有关。美国宽松、便利、自由的营商环境吸引了全球范围内的优秀人才、资金、技术和优秀企业向美国汇聚，在美国组建起了全世界规模最大、效率最高、技术最强的跨国文化公司，这些来自世界各国的文化巨头为美国文化产业发展源源不断地贡献着自己的力量。

我国文化产业市场化程度与美国等发达国家相比还有较大差距。我国文化产业发展过去主要依靠政府的行政手段和政策推动，从量方面看，我国已经成为全球文化大国；但在质的方面，和先进国家相比还有很大差距。文化产业高质量发展主要是指质的提升，继续依靠政府行政手段配置资源，其效率、效果将越来越低，将越来越难满足新时代人民群众的精神文化需求。因此，我国文化产业要高质量发展，特别是要在国际文化市场竞争中取得优势，必须真正引入市场竞争机制这个促进文化产业高质量发展的最强驱动力，努力将政府干预减到最少，垄断降到最低，充分利用市场力量和竞争机制促进文化产业质的提升。

（三）高度重视国际文化市场开发

除了构建版权保护的法治环境、注重市场竞争的发展机制，发达国家文化产业发展的另外一个重要手段就是高度重视文化对外贸易，特别是美国、日本、韩国高度重视海外文化市场开发，不断加强对外文化产品输出令人印象深刻。与其他发达国家相比，日本、韩国的国内市场十分有限，仅靠国内市场很难发展成为世界文化产业强国。因此，日本、韩国在文化立国政策推动下，积极扶持本国动漫、游戏、影视等特色产业发展，主动迈向国际市场，为文化产业进入其他国家打开了一条道路。以日本为例，自 20 世纪 90年代以来，日本已经将其优势文化产品——动漫打造成为仅次于汽车、家电的国内第三大产业，国际市场的占有率超过 50%，索尼和任天堂公司已成为全球游戏设备和游戏软件市场中的超级寡头。

从世界范围看，全球各个文化强国无一不是对外文化输出和跨国文化贸易的强国。因此，在我国文化产业进入高质量发展的新时期，我国文化企业必须进一步强化"走出去"战略，学习借鉴美国、日本等先进国家文化产业走出去的策略经验，针对海外市场打造我国文化艺术精品，加强对外文化贸易合作，利用我国文化资源优势和互联网科技优势，对海外市场进行更加深入和系统的研究分析，找准细分市场，有针对性地打造和推出一批有中国特色的文化精品作品，以点带面抢占国际文化市场，让全世界都能欣赏到我国文化的巨大魅力。

结语：大变局时代文化产业高质量发展机遇

一、新一轮经济危机：赋予文化产业高质量发展新机遇

从发达国家文化产业发展的历史看，越是在社会经济的危机或萧条时期，往往越是文化产业发展的机遇期。[①] 在危机时期，物质生产的衰退、失业率的增加、人们对经济前景预期的降低将导致物资生产与社会消费的大幅减少，但以思想、创意、知识产权为特征的文化生产和教育投入往往都会增加。20世纪30年代，美国爆发了规模空前的经济危机，但正是在此期间，美国电影产业成为大萧条时期的经济增长点，也成为普通美国人精神与梦想的寄托。20世纪90年代末，全球经济低迷，日本和韩国实行文化立国战略，大力发展文化娱乐产业，推动了日本的动漫产业、韩国的影视产业在全球迅速崛起。可见，经济全球化进程的减缓、贸易单边主义的抬头，特别是2020年以来新冠肺炎疫情蔓延造成的全球经济衰退，恰恰给我国文化产业高质量发展带来了重大的发展机遇。

一是世纪疫情与百年变局的叠加将促进我国数字经济的快速发展，为数字文化产业发展带来了重大机遇。统计数据显示，2020年在疫情冲击和全球经济下行的不利影响下，我国数字经济却依然保持了蓬勃的发展态势，总规模达到了39.2亿元，GDP占比为38.6%，数字经济增速为同期GDP增速的3.2倍多，数字经济、数字产业已成为稳定我国经济增长的关键动力。[②] 2020年，字节跳动旗下新媒体平台Tik Tok全球用户人数也实现了大幅增长，

[①] 王家新. 文化产业在经济萧条时期的独特作用——以美国、日本与韩国的历史经验为例 [N]. 光明日报，2009 – 01 – 20（03）.

[②] 中国信息通信研究院. 中国数字经济发展白皮书 [EB/OL]. [2021 – 04]. http: //www. caict. ac. cn/kxyj/qwfb/bps/202104/t20210423_ 374626. htm

活跃用户人数达到了 2018 年的三倍。2021 年发布的《财富》世界 500 强榜单中，全球互联网企业七强里面中国占据了四席（京东、阿里巴巴、腾讯、小米）。四家企业 2021 年排名较上一年均有提升，其中小米集团排名提升幅度最大，上升 84 位，排名第 338 位。腾讯也较上一年大幅提高 65 位（排名第 132 位），并以超 33.2% 的利润率位居我国内地上榜公司利润率之首。上述数据表明，在疫情冲击和经济下行的不利环境下，我国数字经济和互联网企业不仅没有倒退，反而取得了更好的发展。

二是疫情与经济危机的叠加，将加快我国文化产业的数字化转型进程。一方面，疫情会加速我国数字基础设施的建设和完善，推动社会数字化转型，为文化产业数字化发展提供强大的技术支撑。以支撑数字经济发展的 5G 通信网络为例，2020 年，我国 5G 网络建设速度可谓是突飞猛进，不仅提前 3 个月完成了全年 5G 基站建设目标，还按照适度超前的原则，打造出了全球领先的高质量 5G 网络。目前，我国 5G 网络无论从覆盖范围、通信质量还是用户规模都远超其他国家，有力推动了我国经济数字化转型。另一方面，企业在危机时期为了生存发展，也有利用数字技术打造新产品、新模式、新业态的强大动力，从而大大加速了文化产业与其他产业的交叉融合。例如，在疫情冲击下，线上演出已成为传统演出行业和艺术机构逆势而上的突破点，"直播带货"成为传统产业加快与互联网融合打造新业态的重要方式，互联网则成为企业应对疫情冲击、增加销售业绩的有力渠道。从这个角度看，疫情与经济危机的叠加将大大加速我国文化产业转型，倒逼传统文化产业加快实现在线化、数字化、智能化发展。

二、新一代数字技术：赋予文化产业高质量发展新动能

大变局时期，新一轮科技革命已经成为推动社会变革的最重要变量之一，而新一轮科技革命的核心是数字化、网络化和智能化，[①] 生产方式的智能化、信息处理的高速化、网络互联的泛在化将成为文化产业高质量发展的重要推动力。

首先，新一代数字技术将智能化文化内容生产变为现实。随着 5G 通信、

① 谢伏瞻. 论新工业革命加速拓展与全球治理变革方向 [J]. 经济研究，2019（7）：4 – 13.

大数据、人工智能等新一代数字技术的加速迭代发展，智能移动终端、智能拍摄器材、智能家居设备等智能化科技产品的快速普及，将推动文化内容生产方式朝着智能化深入发展。在今天，随着我国 5G 网络的普及，利用手机、摄像头、全景相机等设备进行超高清视频直播已经能给用户带来非常极致的观影体验。今日头条研制的智能写作机器人"张小明（Xiaomingbot）"已经发展到第二代，能够在数据库更新的两秒内生成新闻稿并自动发布。英伟达公司（NVIDIA）人工智能算法不仅能快速地对海量图片进行分析处理，还能快速生成人类肉眼难辨真假的人像照片。因此，文化生产与人工智能的结合不再是"喊口号"和"玩概念"，人工智能在新闻生产、影视娱乐、内容创意等领域的应用已经进入稳步发展的轨道。

其次，新一代数字技术将极大提升文化内容生产的效率。随着数字文化产业的快速发展，人们对超高清、环绕声、VR/AR 等沉浸式文化产品的需求将越来越大，对文化产品生产制作的质量、效率、算力的要求将越来越高。而大数据、云计算等新一代数字技术的发展和普及，将极大提高数字文化产品的生产效率，为数字影视、数字创意、数字音乐、数字出版、数字游戏、数字文旅等数字文化产业高质量发展提供坚实的技术支撑。目前，华为、腾讯、阿里巴巴等互联网企业都已经开始研发数字影视创作的云平台解决方案，通过各自云平台强大的计算能力和海量的存储能力为用户提供更高效的影视创作生产方案。例如，2021 年华为公司为上海市开发的"5G 数字影视创制云平台"，涵盖了前期创意、中期拍摄、后期制作、发行衍生等全部影视生产全环节，能打造数字内容云上创意制作新的产业生态，有助于上海市创建 5G 数字影视创新应用示范区。2021 年上映的《刺杀小说家》《唐人街探案 3》《你好李焕英》等贺岁大片的后期特效制作则是基于阿里云高性能弹性计算云平台，其视频特效生产制作效率较过去已经有了成倍的增长。

再次，新一代数字技术将使文化内容生产、分享和传播泛在化，激发全社会的创意热情。随着电子设备的制程工艺越来越先进，芯片的集成度越来越高，运算速度越来越快，数字化移动终端设备、拍摄传感设备、穿戴感应设备等日益呈现出体积小微化、操作智能化、分布泛在化的趋势，各种摄像头、传感器、感应器无处不在，随时随地都在生成文化内容生产所需的音视频、图片、图表、数据等内容资料，为文化创意生产提供了取之不尽、用之不竭的原生素材。2020 年 1 月，在新冠肺炎疫情暴发初期，全球有近 5 000

万网民通过高清监控摄像头观看了武汉市雷神山和火神山两家医院的建设过程，这些视频素材成为日后媒体和网民制作各种抗击新冠肺炎疫情节目的宝贵资料。而随着区块链技术的不断成熟和普及，这些源源不断生产出来的数字化内容，在区块链智能化版权保护技术的加持下将从更大层面重塑文化生产关系，释放文化生产力，保护内容原创者的利益，鼓励和吸引更多社会成员参与优质内容生产，提升文化产业的整体创造力和产业活力。

三、高水平对外开放：赋予文化产业高质量发展新内涵

展望未来，世界经济大变局、国际关系大变局、全球生态环境大变局已经成为一种不可逆转的潮流，而大变局的本质在于国际秩序的重建，[①] 以中国为代表的新兴国家的崛起，导致西方发达国家主导的国际秩序发生了一系列剧烈变动与调整，全球治理体系正处于重大转型期，我国的发展与崛起为我国参与全球治理提供了强大实力，这为我国维护多边主义和自由贸易原则，推动全球化良性发展提供了战略机遇。为了应对全球大变局下错综复杂的国际形势，我国在当前国际关系中只有坚定不移地推进全球化，积极引领全球治理与全球化再平衡，以人类命运共同体的理念来增强国际关系中的世界主义色彩，才能克服现有国际关系中的不足，推进国际关系朝着更公正、合理的方向前进。[②]

在此背景下，2020年党的十九届五中全会提出，要全面提高对外开放水平，建设更高水平的开放型经济新体制，实行更大范围、更宽领域、更深层次的高水平对外开放、开拓合作来促进改革发展。正如习近平总书记所说，中国对外开放的大门一旦打开就不会关上，中国对外开放的大门只会越开越大。[③] 中国高水平的对外开放将为中国文化产业高质量发展不断赋予新的

---

① 杜运泉．"百年未有之大变局"：重识中国与世界的关键［J］．探索与争鸣，2019
（01）：4＋141.
蔡拓．理性与非理性的博弈——全球大变局的症结与应对［J］．探索与争鸣，2019
（01）：5－9.

② 蔡拓．理性与非理性的博弈——全球大变局的症结与应对［J］．探索与争鸣，2019
（01）：5－9.

③ 中国政府网．习近平在博鳌亚洲论坛2018年年会开幕式上的主旨演讲（全文）
［EB/OL］．［2018－04－10］．http：//www.gov.cn/xinwen/2018－04/10/content_
5281303.htm

内涵。

　　一方面，高水平对外开放，将促进中外文化交流不断提升，推动我国文化产业高质量发展。"十四五"期间，我国将建设更高水平的开放型经济新体制、进一步推动共建"一带一路"高质量发展，积极参与全球治理体系改革和建设，在文化、经贸、旅游、教育等领域的对外交流合作将会推出更多举措，推动中外文化交流走深走实。

　　另一方面，高水平对外开放，将使更多中国的产品、技术、标准、品牌走向海外，有利于中国文化走向世界，促进文化产业高质量发展。与以往主要依靠在国外开设孔子学院，通过"灌输式"的方式对外输出中国文化不同，随着中国科技实力、综合国力和国际地位的快速提升，今后中国将更多地向国外输出中国的技术标准、高科技产品和高附加值品牌，将更多地通过让国外用户使用中国技术、中国产品、中国品牌来认识和感受中国优秀文化。目前，在高铁、核能、5G 等高端制造和网络通信领域，以及移动支付等金融科技领域，中国标准正在成为世界标准。支付宝已经覆盖全球 50 多个国家和地区，小米手机已经超过苹果成为全球第二大手机厂商，并且在全球12 个国家和地区排名第一。可以说，随着中国科技实力的进一步提升，中国在经贸、投资、旅游、文化等领域对外开放的进一步扩大，中国优秀的文化产品、文化内容、文化精神必将伴随中国的科技标准、科技产品和强势品牌的大规模对外输出，以一种"润物细无声"的方式进入世界其他国家和地区，让更多海外用户了解、认识和认同中国优秀文化。在坚定文化自信、增加文化自豪的同时，也能让中国文化在全球产生更大的向心力和吸引力，推动对外文化商品出口不断增加，使中国真正成为世界文化贸易强国。

后 记

　　本书系 2018 年立项的湖北省技术创新专项（软科学）项目"品牌战略视域下湖北科技文化产业发展路径研究"成果之一。经过三年多的努力与积累，虽然今年暑期课题顺利通过了湖北省科技厅组织的结项验收，但这里交上的仍是一份不甚完美的答卷。

　　近年来，本人在高校除了教学，主要就是从事文化产业研究。一是国家发展所需。党的十六大以来，伴随着我国文化事业的快速发展，以及国家对文化建设的高度重视，文化经济研究一时之间成为学术研究的一大热点，经济学、管理学、新闻传播学等相关学科的学者从各自学科视角对文化产业进行了系统研究，产生了大量成果，也激励着更多学者关注和研究我国文化经济问题。二是本人兴趣所致。我本科和研究生都是学习的新闻传播学专业，但在读书期间对经济学和传媒经济却产生了浓厚的兴趣，常常利用课余时间去旁听和学习经济学课程。2012 年，我申报立项的第一个校级科研课题即与文化产业相关。此后，我申报主持的湖北省教育厅科研项目、湖北省社科基金项目、湖北省思想库重点项目等一系列课题都属于文化经济的范畴。回过头看，能乐此不疲地去申报和完成一个又一个科研项目，正是印证了"兴趣是最好的老师"这句话。

　　这几年，随着学习和研究的不断深入，我觉得自己并没有进入一种豁然开朗的境界，反倒是学术焦虑与疑惑越来越多。由于文化建设、文化经济涉及的知识面非常广，需要用到的跨学科理论、工具、方法越来越多，越来越感觉到自己学术底子的单薄。我虽然一直在坚持学习，但非经济学出身的学科背景对做好这种跨学科研究还是有很大影响。好在学术著作原本就是一种"遗憾的艺术"，希望自己能在学术研究的道路中谨记"博学笃志、本立道生"的校训，勤勤恳恳，不骄不躁，厚积薄发，用更高质量的学术成果回馈国家和社会。

　　在这里要特别感谢我的家人，在我撰写这本专著期间，我父母对我的鼓励，我妻子对我工作上的支持和生活上的照顾，我女儿对我工作的理解，使我少了很多的牵挂，能安心从事科学研究和学术专著的撰写工作。家人的理解、支持和鼓励给予了我科研道路上强大的动力！

　　最后，由于才学所限和时间紧迫，本书可能存在一些问题、缺点和不足，敬请批评指正！

黄龙

2021 年 8 月 20 日

附　录

I：文化产业集群发展评价指标体系框架

目标层		维度层	指标层描述
核心能力	经营创新	动态学习能力指数	反映文化企业通过提高核心能力以适应环境变化的能力，主要体现在企业新产品、新技术研发等方面。
	产业战略	战略能力指数	反映文化产业应对市场变化的能力水平，通过企业和产业新战略、新理念、新方案体现。
基础能力	产业集群发展	经济指数	通过文化产业经济总量、增长速度、对地区经济贡献考察其经济规模和发展成果。
		效益指数	通过对资源利用、要素产出、利润率等指标，反映文化产业集群内涵式发展水平。
	产业集群集聚	主业指数	反映主导产业集群对地区经济发展的贡献，可用主导产业收入、利润总额等指标体现。
		竞争力指数	反映主导产业在全国的竞争力以及重点企业和品牌的影响力，用旗舰企业数、境内外上市公司数、知名品牌数等指标体现。
	产业集群创新	创新指数	衡量文化产业的自主创新能力，主要从区域新增文化产业园区与基地数量、地区文化产业发展基金规模、企业研发投入、专利成果、科技产出等指标来考察。

目标层	维度层		指标层描述
环境能力	产业集群培育	经济指数	反映文化产业招商引资和企业入驻情况、文化产业招商引资项目总额以及地区年度 GDP 总值、人均 GDP 等指标。
		人才指数	人才是文化产业的核心和关键要素，人才指数通过文化创意产业从业人员数量与占比、高校培养相关人才的数量等指标来考察。
	公共服务	公共平台	公共平台是提升产业集聚的资源集约性和运转有效性的重要保障，通过平台数量、平台投入、平台规模、配套服务等指标来考察文化产业公共平台的发展状况。
		中介组织	考察文化产业行业中介组织的专业化发展情况，通过中介机构经济规模、专业程度等指标来反映。
		产业联盟	通过行业协会、产业联盟的数量、企业成员的规模、专业化程度等指标反映。

II：文化产业品牌发展评价指标体系框架

目标层	维度层		指标描述
核心能力	品牌经营	经济指数	反映品牌企业的经营状况和收入情况，是体现品牌经济实力的主要因素。通过品牌企业总资产值、总市值、平均市值、年收入来衡量。
		效益指数	反映品牌经营效果的指标，主要通过品牌利润额等来衡量。
		成长指数	反映的是品牌的成长速度与发展状况，主要通过品牌收入年增长值、品牌资产年增长值来衡量。
	品牌影响	品牌优势	体现的是品牌的地位情况，主要通过上市公司（品牌）数量、入选"中国文化企业 30 强"次数、入选"中国互联网企业 100 强"次数来衡量。

续表

目标层		维度层	指标描述
基础能力	科技实力	科技创新与科研投入	反映的是地区及品牌（企业）科研创新与科研投入情况，主要由地区每百万人拥有专利授权数、区域内授权专利数年增长率、品牌（企业）科研投入总额来衡量。
	产业支撑	产业规模	反映的是地区经济规模体量和文化产业总量，主要由文化产业增加值、文化产业增加值 GDP 占比、第三产业 GDP 占比等指标构成。
		产业创新	产业创新体现的是地区文创产业创新特征，主要由国家级和省级文化产业示范园区（基地）总数、地区文化产业基金数额等指标构成。
环境能力	环境支撑	经济发展	经济发展指数反映的是地区宏观经济发展状况，主要由地区 GDP 总值、人均 GDP 均值等指标构成。
		人才优势	人才优势指数反映的是地方人才培养情况，主要通过区域内高校总数、区域内大学生总数等指标来衡量。
		网络发展	网络发展指数反映的是区域网络建设、数字经济发展的整体状况，主要通过地区域名总数、地区网站总数，以及权威研究机构发布的"数字中国""数字经济"和"科技文化"省级排名来衡量。

III：2008—2019 年"中国文化企业 30 强"情况统计

届别 年份 地区	第一届 2008	第二届 2010	第三届 2011	第四届 2012	第五届 2013	第六届 2014	第七届 2015	第八届 2016	第九届 2017	第十届 2018	第十一届 2019	合计
北京	8	9	11	8	10	11	10	8	10	9	9	103
浙江	1	2	2	2	2	4	3	3	4	4	4	31
上海	4	2	1	4	5	2	2	2	2	3	2	29
江苏	2	4	4	4	3	2	3	3	2	2	2	31
广东	3	3	4	3	3	2	2	2	2	2	2	26
湖北	0	1	0	0	0	0	0	1	2	1	1	6
湖南	2	2	3	2	2	2	2	2	1	2	3	23
河南	0	1	0	0	0	0	0	1	1	1	1	5
安徽	2	2	1	2	2	2	3	3	1	2	2	22
陕西	1	0	0	1	1	1	1	1	1	1	1	9
四川	1	1	1	1	1	0	0	0	1	1	1	8
山东	0	1	1	1	1	1	1	1	1	1	1	10
江西	1	1	1	1	1	1	1	1	1	1	1	11
河北	0	0	0	0	0	1	1	1	1	0	0	4
福建	0	0	0	0	1	1	1	1	0	0	0	4
辽宁	1	1	1	1	0	0	0	0	0	0	0	4
云南	2	0	0	0	0	0	0	0	0	0	0	2
广西	2	0	0	0	0	0	0	0	0	0	0	2
合计	30	30	30	30	30	30	30	30	30	30	30	330

参考文献

[1] 范周，杨乔. 改革开放 40 年中国文化产业发展与成就［J］. 社会科学文摘，2018（11）.

[2] 范周，齐骥. 2017 中国文化产业年度报告［M］. 北京：知识产权出版社，2017.

[3] 魏鹏举. 中国文化产业高质量发展的战略使命与产业内涵［J］. 深圳大学学报（人文社会科学版），2020，37（5）：48－55.

[4] 钟杏云. 产业化发展阶段论［J］. 技术经济与管理研究，2003（2）：67－68.

[5] 雷光华. 西方国家文化产业发展模式与发展趋向探析［J］. 湘潭大学学报（哲学社会科学版），2004（2）：130－133.

[6] 秋石. 论社会主义核心价值体系［J］. 求是，2006（24）：3－6.

[7] 陈柏福，刘莹. 我国对外文化贸易竞争力状况分析——基于"一带一路"沿线国家核心文化产品贸易的比较［J］. 湖湘论坛，2021，34（1）：115－128.

[8] 李艳丽. 社会事业产业化、市场化、社会化概念及关系辨析［J］. 烟台大学学报（哲学社会科学版），2008，21（2）：55－60.

[9] 韩永进. 中国文化产业近十年发展之路回眸［J］. 华中师范大学学报（人文社会科学版），2011，50（1）：85－90.

[10] 金元浦. 文化生产力与文化产业［J］. 求是，2002（20）：38－41.

[11] 金元浦. 我国文化创意产业发展的三个阶梯与三种模式［J］. 中国地质大学学报（社会科学版），2010，10（1）：20－24.

[12] 张曾芳，张龙平. 论文化产业及其运作规律［J］. 中国社会科学，

2002（2）：98 – 106.

［13］李书文，尹作升. 文化产业化与传统文化资源的开发［J］. 社会科学研究，2004（3）：64 – 66.

［14］范玉刚. 文化产业价值新论［J］. 探索与争鸣，2013（5）：74 – 79.

［15］杨阳，焦郑珊，孙显斌. 产业演化的动力模型与经验研究——以全球汽车产业发展史为典型［J］. 产经评论，2018，9（6）92 – 103.

［16］解学芳. 基于科技创新的文化产业发展脉络研究［J］. 科技进步与对策，2008，25（11）：88 – 90.

［17］李凤亮，谢仁敏. 文化科技融合：现状·业态·路径——2013年中国文化科技创新发展报告［J］. 福建论坛（人文社会科学版），2014（12）：56 – 65.

［18］李凤亮，宗祖盼. 科技背景下文化产业业态裂变与跨界融合［J］. 学术研究，2015（1）：137 – 141.

［19］李昕烨，罗紫初. 文化市场体系对文化产业发展的支持机制与机理研究［J］. 湖北民族学院学报（哲学社会科学版），2016，34（2）：91 – 93，107.

［20］厉无畏，王慧敏. 创意产业促进经济增长方式转变——机理·模式·路径［J］. 中国工业经济，2006（11）：5 – 13.

［21］周莹，刘华. 以创意为核心的文化产业发展驱动要素研究［J］. 管理现代化，2014，34（5）：19 – 21.

［22］张慧娟. 美国文化产业发展的历程及启示［J］. 中国党政干部论坛，2011（10）：29 – 31.

［23］张慧娟. 美国文化产业政策的形成与发展［J］. 科学社会主义，2012（6）：147 – 150.

［24］潘澍，陈思，孙程程. 面向世界科技强国的文化科技创新机理与路径［J］. 科技导报，2018，36（21）：84 – 89.

［25］张彬，杜晓燕. 美国文化产业国际竞争力现状及影响因素分析［J］. 国际商务（对外经济贸易大学学报），2012（4）：81 – 91.

［26］向勇，权基永. 韩国文化产业立国战略研究［J］. 华中师范大学学报（人文社会科学版），2013，52（4）：107 – 112.

［27］张宏伟．产业集群研究的新进展［J］．经济理论与经济管理，2004（4）：69－73.

［28］李嘉珊，张莹雨．韩国文化创意产业概况与特点［J］．北京文化创意，2020（5）．

［29］金碚．关于"高质量发展"的经济学研究［J］．中国工业经济，2018（4）：5－18.

［30］汪同三．深入理解我国经济转向高质量发展［N］．人民日报，2018－06－07（07版）．

［31］汪同三．中国品牌战略发展报告（2017）［M］．北京：社会科学文献出版社，2017.

［32］赵剑波，史丹，邓洲．高质量发展的内涵研究［J］．经济与管理研究，2019，40（11）：15－31.

［33］史丹，赵剑波，邓洲．推动高质量发展的变革机制与政策措施［J］．财经问题研究，2018（9）：19－27.

［34］侯彬，邝小文．熊彼特的创新理论及其意义［J］．科学社会主义，2005（2）：86－88.

［35］王俊豪．产业经济学［M］．第三版．北京：高等教育出版社，2016.

［36］王俊豪．市场结构与有效竞争［M］．北京：人民出版社，1995.

［37］吴晓波，胡松翠，章威．创新分类研究综述［J］．重庆大学学报（社会科学版），2007，13（5）：35－41.

［38］任胜钢，吴娟，王龙伟．网络嵌入结构对企业创新行为影响的实证研究［J］．管理工程学报，2011，25（4）：75－80.

［39］陆国庆．产业创新：超越传统创新理论的新范式［J］．江汉论坛，2003（2）：10－13.

［40］李美云．国外产业融合研究新进展［J］．外国经济与管理，2005，27（12）：12－20，27.

［41］植草益．信息通讯业的产业融合［J］．中国工业经济，2001（2）：24－27.

［42］马健．产业融合理论研究评述［J］．经济学动态，2002（5）：78－81.

[43] 陈柳钦. 产业集群与产业竞争力 [J]. 南京社会科学, 2005 (5): 15 - 23.

[44] 科特勒, 洪瑞云, 梁绍明, 等. 市场营销管理 [M]. 梅清豪, 译. 亚洲版, 第二版. 北京: 中国人民大学出版社, 2001.

[45] 潘爱玲. 促进文化产业转型升级 [EB/OL]. 中国社会科学网, [2018 - 08 - 15]. http://www.cssn.cn/sf/bwsfgyk/yc_ysx/201808/t2018 0817_ 4544702.shtml.

[46] 夏维力, 孙晓菲. 高新技术企业的产业创新路径研究 [J]. 中国软科学, 2006 (11): 151 - 155.

[47] 刘健. 区域创新网络的实质及其意义 [J]. 当代经济研究, 2006 (1): 36 - 39.

[48] 冉华, 周丽玲, 等, 著. 传媒风云——来自武汉传媒市场的报告 [M]. 武汉: 武汉大学出版社, 2007.

[49] 黄晨熹. 社会政策概念辨析 [J]. 社会学研究, 2008 (4): 163 - 181.

[50] 中共中央文献研究室. 十八大以来重要文献选编 (中) [M]. 北京: 中央文献出版社, 2016.

[51] 王永昌, 尹江燕. 论经济高质量发展的基本内涵及趋向 [J]. 浙江学刊, 2019 (1): 91 - 95.

[52] 祝合良. 战略品牌管理 [M]. 北京: 首都经济贸易大学出版社, 2013.

[53] 祝合良, 王平. 中国品牌发展的现状、问题与对策 [J]. 经济与管理研究, 2007 (8): 23 - 28.

[54] 胡彬. 创意产业价值创造的内在机理与政策导向 [J]. 中国工业经济, 2007 (5): 22 - 29.

[55] 李具恒. 创意人力资本 "信念硬核" 认知 [J]. 中国软科学, 2007 (10): 68 - 75, 103.

[56] 杨屏. 文化创意对制造业影响的机理研究 [D]. 南京: 南京艺术学院, 2015.

[57] 周济. 智能制造——"中国制造 2025" 的主攻方向 [J]. 中国机械工程, 2015, 26 (17): 2273 - 2284.

[58] 黄阳华. 德国"工业4.0"计划及其对我国产业创新的启示 [J].
经济社会体制比较, 2015 (2): 1-10.

[59] 熊珹. 湖北省工业与旅游产业融合发展研究 [D]. 武汉: 中南民
族大学, 2019.

[60] 张劲松, 阮丹阳. "互联网+"背景下湖北制造业创新驱动及实
施路径 [J]. 中南民族大学学报 (人文社会科学版), 2021 (7).

[61] 王宝恒. 我国工业旅游研究的回顾与思考 [J]. 厦门大学学报
(哲学社会科学版), 2003 (6): 108-114.

[62] 李曜坤. 建设现代化设计产业强国: 中国设计产业高质量发展基
本方略 [J]. 装饰, 2020 (8): 33-36.

[63] 管宁. 设计文化: 理念、实践与文化产业转型 [J]. 艺术百家,
2018 (6): 1-7.

[64] 潘鲁生. 传统文化资源转化与设计产业发展——关于"设计新六
艺计划"的构想 [J]. 山东社会科学, 2014, (6): 87-92.

[65] 龙炳煌. 打造千亿设计产业促进湖北跨越式发展 [J]. 中国发展,
2011, 11 (4): 88-89.

[66] 武汉市人民政府网站. 武汉市人民政府关于印发武汉设计之都建设
规划纲要 (2018—2021年) 的通知 [EB/OL]. (2019-05-10) [2019-05-
10]. http://www.wuhan.gov.cn/zwgk/xxgk/ghjh/zzqgh/202003/t20200316_
970799.shtml.

[67] 设计驱动产业升级加快"湖北制造"迈向"湖北智造"——省经
信厅多措并举推动湖北工业设计发展 [N]. 湖北日报, 2020-12-11
(16).

[68] 中国政府网. 国务院关于推进文化创意和设计服务与相关产业融
合发展的若干意见 [EB/OL]. (2014-03-14) [2014-03-14]. http://
www.gov.cn/zhengce/content/2014-03/14/content_8713.htm.

[69] 黄宗智. 再论内卷化, 兼论去内卷化 [J]. 开放时代, 2021 (4).

[70] 李宇, 林菁菁. 产业升级的内生驱动及其企业持续创新本质挖掘
[J]. 改革, 2013 (6): 118-127.

[71] 魏鹏举, 孔少华. 内生增长视野下的文化产业创新发展思路分析
[J]. 同济大学学报 (社会科学版), 2016, 27 (3): 27-34.

[72] 李向民，杨昆．新时代的文化生态与文化业态［J］．深圳大学学报（人文社会科学版），2021，38（2）：39-48.

[73] 徐金龙，姬厚祥．美国迪士尼对中国木兰传说的跨文化演绎［J］．文化遗产，2021（3）：102-107.

[74] 孙立军，刘跃军．中国虚拟现实产业发展报告（2019）［M］．北京：社会科学文献出版社，2019.

[75] 吴易风，朱勇．内生增长理论的新发展［J］．中国人民大学学报，2000，14（5）：25-32.

[76] 朱勇，吴易风．技术进步与经济的内生增长——新增长理论发展述评［J］．中国社会科学，1999（1）．

[77] 李拯．区块链，换道超车的突破口［N］．人民日报，2019-11-04（05）．

[78] 周忠，周颐，肖江剑．虚拟现实增强技术综述［J］．中国科学（信息科学），2015，45（2）：157-180.

[79] 孙其博，刘杰，黎羴，等．物联网：概念、架构与关键技术研究综述［J］．北京邮电大学学报，2010，33（3）：1-9.

[80] 张之益．大力推进文化物联网建设［N］．人民日报，2018-11-19（07）．

[81] 吴延兵．不同所有制企业技术创新能力考察［J］．产业经济研究，2014（2）：53-64.

[82] 水常青，许庆瑞．企业创新文化理论研究述评［J］．科学学与科学技术管理，2005，26（3）：138-142.

[83] 周忠英．企业文化——未来企业的第一竞争力［J］．商业研究，2004（3）：164-165.

[84] 陈春花．企业文化的改造与创新［J］．北京大学学报（哲学社会科学版），1999（3）：51-56.

[85] 束军意．论创新管理视角下的"企业创新文化建设"［J］．科学学与科学技术管理，2010，31（10）：108-111.

[86] 刘朝臣，鲍步云，彭建涛．企业创新文化的精神层结构及其建设［J］．技术经济，2008，27（1）：53-58.

[87] 凯勒．战略品牌管理［M］．第4版．吴水龙，何云，译．北京：

中国人民大学出版社,2014.

[88] 刘玉堂,刘纪兴,张硕. 荆楚文化与湖北文化产业发展研究 [J].
湖北社会科学, 2003 (12): 35-38.

[89] 王国梁. 论湖北红色文化的渊源、特色及地位 [J]. 理论界,
2007 (3): 126-127.

[90] 中国政府网. 国务院办公厅关于发挥品牌引领作用推动供需结构
升级的意见 [EB/OL]. (2016-06-20) [2016-06-20]. http://
www.gov.cn/zhengce/content/2016-06/20/content_ 5083778. htm.

[91] 波特. 国家竞争优势 (上下册) [M]. 李明轩, 邱如美, 译. 北
京: 中信出版社, 2012.

[92] 黄晓华. 湖北文化产业发展报告 (2018) [M]. 北京: 社会科学
文献出版社, 2018.

[93] 黄晓华. 湖北省文化产业发展报告 (2017) [M]. 北京: 社会科
学文献出版社, 2017.

[94] PORTER M E. The Five Competitive Forces That Shape Strategy [J].
Harvard Business Review, 2008, 86 (1).

[95] PORTER M E. Clusters And The New Economics of Competition [J].
Harvard Business Review, 1998, 76 (6): 77-90.

[96] TEECE D J, PISANO G, SHUEN A. Dynamic Capabilities and Strategic
Management [J]. Strategic Management Journal, 1997, 18 (7): 509-533.

[97] 王兴元, 于伟, 张鹏. 高科技品牌生态系统特征、成长机制及形
成模式研究 [J]. 科技进步与对策, 2009, 26 (1): 87-90.

[98] 黄永林, 吴天勇. 武汉文化创意产业发展报告 (2017) [M]. 北
京: 社会科学文献出版社, 2017.

[99] 黄永林, 纪东东. 湖北省文化体制改革现状分析与对策研究 [J].
中国地质大学学报 (社会科学版), 2015, 15 (4): 96-102.

[100] 黄永林. 黄冈红色文化资源特质与文化产业发展 [J]. 湖北大学
学报 (哲学社会科学版), 2014, 41 (2): 48-52.

[101] 舒咏平. 中国大品牌 [M]. 北京: 人民出版社, 2012.

[102] 赵顺龙, 杨世伟. 科技创新企业品牌竞争力指数报告 [M]. 北
京: 经济管理出版社, 2017.

[103] 谢京辉.上海品牌之都发展报告(2018)[M].上海:上海人民出版社,2018.

[104] 荣跃明.超越文化产业:创意产业的本质与特征[J].毛泽东邓小平理论研究,2004(5):18-24.

[105] 熊澄宇.世界文化产业研究[M].北京:清华大学出版社,2012.

[106] 熊澄宇,等.中国文化产业政策研究[M].北京:清华大学出版社,2017.

[107] 范秀成.顾客体验驱动的服务品牌建设[J].南开管理评论,2001,4(6):16-20.

[108] 卢泰宏,吴水龙,朱辉煌,等.品牌理论里程碑探析[J].外国经济与管理,2009,31(1):32-42.

[109] 张银银.高质量发展阶段的产业政策优化研究[J].当代经济管理,2018,40(12):1-5.

[110] 张金桥,王健.论体育产业与文化产业的融合发展[J].上海体育学院学报,2012,36(5):41-44,76.

[111] 沈桂龙.产业融合及其对产业组织的影响[J].上海经济研究,2008(8):38-43.

[112] 王关义,高海涛.浅析网络经济下企业组织结构变化的特征[J].生产力研究,2007(17):113-115.

[113] 孙耀吾,卫英平.高技术企业联盟知识扩散研究——基于小世界网络的视角[J].管理科学学报,2011,14(12):17-26.

[114] 任保平,李禹墨.新时代我国高质量发展评判体系的构建及其转型路径[J].陕西师范大学学报(哲学社会科学版),2018,47(3):104-113.

[115] 李勇.湖北文化产业文化市场研究[M].武汉:湖北人民出版社,2008.

[116] 陈庚,邹荣.湖北文化强省战略十年评估及改进策略[J].湖北社会科学,2015(9):55-62.

[117] 傅才武,邹荣.推动文化产业成为湖北支柱产业的政策与路径研究[J].江汉学术,2012(4):26-33.

[118] 马雪荣,刘建刚.文化产业科技创新能力亟待提升[J].人民论

坛，2018（23）：130-131.

［119］卓战科技. 技术创新+商业模式创新威力更大［EB/OL］.（2018-11-21）［2018-11-21］. https://www.jianshu.com/p/e43a64267eb6.

［120］武汉市经信局. 武汉5G产业发展：五链统筹三轮驱动［N］. 人民日报，2019-10-11（19）.

［121］湖北文化产业发展迎来最佳机遇期［N］. 长江商报，2015-09-14（A06）.

［122］于泽. 基于"钻石理论模型"的城市文化产业竞争力评价体系设计［J］. 科技管理研究，2013，33（11）：88-92.

［123］张昆，周钢. 省级党报集团融合发展中的现实困境及路径选择——以湖北日报传媒集团为例［J］. 新闻界，2016（03）：38-44.

［124］中国证券监督管理委员会. 中国证监会2017年1季度上市公司行业分类结果［EB/OL］.（2017-06-01）［2017-06-01］. http://www.csrc.gov.cn/csrc/c100103/c1452007/content.shtml.

［125］花建. 经济全球化与中国文化产业的发展导向［J］. 上海改革，2000（12）：18-22.

［126］陈伟军. 广东文化产业发展战略研究［M］. 广州：暨南大学出版社，2013.

［127］蒋莉莉. 文化产业融合发展路径研究［M］. 上海：中国出版集团东方出版中心，2016.

［128］王慧敏，王兴全，曹祎遐，等. 上海文化创意产业发展报告（2015—2016）［M］. 北京：社会科学文献出版社，2016.

［129］向志强. 中国传媒产业发展实证研究［M］. 北京：学习出版社，2016.

［130］崔保国. 中国传媒产业发展报告（2017）［M］. 北京：社会科学文献出版社，2017.

［131］唐绪军. 中国新媒体发展报告（2017）［M］. 北京：社会科学文献出版社，2017.

［132］吕铁，周叔莲. 中国的产业结构升级与经济增长方式转变［J］. 管理世界，1999（1）：113-125，138.

［133］许梦博，许罕多. 文化产业结构的演进及中国的战略选择［J］.

社会科学战线, 2009 (3): 243 – 246.

[134] 方英. 现行中国文化贸易政策体系的主要内容 [EB/OL].
(2017 – 01 – 22) [2017 – 01 – 22]. http://www. bjicet. cn/html/83/5650. html.

[135] 搜狐网. 中国对外文化贸易真正迈向世界的必经之路 [EB/OL].
(2019 – 01 – 05) [2019 – 01 – 05]. http://www. sohu. com/a/286915632_ 182272.

[136] 商务部新闻办公室. 商务部服务贸易和商贸服务业司负责人就
《国务院关于加快发展对外文化贸易的意见》进行解读 [EB/OL]. [2014 –
03 – 18]. http://www. mofcom. gov. cn/article/ae/ai/201403/2014030052138
0. shtml

[137] 田纪鹏, 刘少洋, 蔡萌, 等. 自贸区与文化产业发展: 上海问题
与国际经验 [J]. 世界贸易组织动态与研究, 2015, 22 (2): 29 – 38, 48.

[138] 沈孝泉. 谈谈 "文化例外" (笔谈) ——法国: "文化例外" 是
确保文化安全的国策 [J]. 红旗文稿, 2014 (19): 33 – 36.

[139] 李宁. "自由市场" 还是 "文化例外" ——美国与法 – 加文化产
业政策比较及其对中国的启示 [J]. 世界经济与政治论坛, 2006 (5):
106 – 109.

[140] 陆娅楠. 向着高质量发展迈进 [N]. 人民日报, 2017 – 12 – 22
(02).

[141] 郑作广. 充分发挥竞争在市场经济中的杠杆作用 [J]. 广西大学
学报 (哲学社会科学版), 1998 (2): 33 – 37.

[142] 王军. 民营企业座谈会为文化民企送去 "春风" [N]. 中国文化
报, 2018 – 12 – 01 (01).

[143] 韩文嘉, 林洲璐. 规模总量领跑全国结构布局持续优化新型业态
蓬勃发展广东文化产业交出高质量成绩单 [N]. 深圳特区报, 2019 – 05 –
18 (A02).

[144] 许小年. 供给侧的源头—— "萨伊定律" [M] //吴敬琏, 等.
供给侧改革——经济转型重塑中国布局. 北京: 中国文史出版社, 2016.

[145] 欧阳友权. 让文化资源按市场规律集聚——文化企业集团化不应
"拉郎配" [N]. 人民日报, 2009 – 06 – 23 (11).

[146] 唐未兵, 傅元海, 王展祥. 技术创新、技术引进与经济增长方式
转变 [J]. 经济研究, 2014, 49 (7): 31 – 43.

[147] 王艾青. 技术创新、制度创新与产业创新的关系分析 [J]. 当代经济研究, 2005 (8): 31-34.

[148] 李悦, 等. 产业经济学 [M]. 第四版. 大连: 东北财经大学出版社, 2018.

[149] 郭克莎. 中国产业结构调整升级趋势与"十四五"时期政策思路 [J]. 中国工业经济, 2019 (7): 24-41.

[150] 蒋茂凝, 钱凤强. 新中国 70 年对外出版贸易发展历程阶段性分析 [J]. 出版与发行研究, 2019 (12): 13-16.

[151] 蓝庆新, 郑学党. 中国文化产业国际竞争力评价及策略研究——基于 2010 年横截面数据的分析 [J]. 财经问题研究, 2012 (3): 32-39.

[152] 阿克. 管理品牌资产 [M]. 吴进操, 常小虹, 译. 北京: 机械工业出版社, 2012.

[153] 赵毅, 牟松. 突出特色是旅游规划的灵魂 [J]. 经济地理, 2002, 22 (5): 624-627.

[154] 石磊, 刘蓉洁, 朱庆伟. 城市品牌的塑造 [J]. 城市问题, 2007 (5): 19-22.

[155] 王志东, 闫娜. 山东文化旅游品牌战略研究 [J]. 理论学刊, 2011 (6): 106-109.

[156] 刘嘉毅. 城市文化旅游品牌演化: 规律、动力与机制研究 [J]. 商业经济与管理, 2014 (8): 73-80, 88.

[157] 宋伟, 李钧. 红色旅游品牌的发展与提升——以赣南红色旅游品牌为例 [J]. 企业经济, 2018 (6): 149-153.

[158] 刘安乐, 杨承玥, 明庆忠, 等. 中国文化产业与旅游产业协调态势及其驱动力 [J]. 地理经济, 2020, 40 (6): 203-213.

[159] 刘润为. 红色文化: 中国人的精神脊梁 [J]. 红旗文稿, 2013 (18): 4-9.

[160] 张三元. 论文化自信与文化创新 [J]. 思想理论教育, 2019 (1): 39-45.

[161] 刘兰芳. 弘扬井冈山精神传承好红色文化 [J]. 党建, 2018 (3): 50.

[162] 王丹, 刘君慧. 陕西延安: 打造中国红色文化之都助力全域旅游

再发展［EB/OL］.（2018 - 10 - 11）［2018 - 10 - 11］. http：//sn. cri. cn/
2018 - 10 - 11/d30ba860 - 6621 - 6374 - d3f2 - e18d482a5e54. html.

［163］王砚. 推进红色旅游优质发展的遵义路径［N］. 中国旅游报,
2018 - 12 - 20（11）

［164］湖南省文化和旅游厅网站. 黄得意, 李耀华. 湖南: 推进红色旅游
融合发展的生动实践［EB/OL］.（2016 - 12 - 21）［2016 - 12 - 21］. http：//
whhlyt. hunan. gov. cn//whhlyt/news/szyw/201909/t20190912_ 5484038. html.

［165］刘纪兴. 红色文化的湖北特色及其现实意义［J］. 江汉论坛,
2012（11）: 124 - 127.

［166］周鹍鹏. 品牌定位与品牌文化辨析［J］. 山东社会科学, 2011
（1）: 117 - 120.

［167］苏萱, 李锦华. 城市文化品牌概念模型及分析［J］. 城市问题,
2010（6）: 35 - 38.

［168］国秋华, 程夏. 移动互联时代品牌传播的场景革命［J］. 安徽大
学学报（哲学社会科学版）, 2019, 43（1）: 133 - 137.

［169］黄清华. 媒介融合时代的品牌传播策略［J］. 现代传播（中国
传媒大学学报）, 2016, 38（3）: 167 - 168.

［170］王家新. 文化产业在经济萧条时期的独特作用——以美国、日本
与韩国的历史经验为例［N］. 光明日报, 2009 - 01 - 20（03）.

［171］谢伏瞻. 论新工业革命加速拓展与全球治理变革方向［J］. 经济
研究, 2019, 54（7）: 4 - 13.

［172］王一鸣. 百年大变局、高质量发展与构建新发展格局［J］. 管理
世界, 2020, 36（12）: 1 - 12.

［173］中国信息通信研究院. 中国数字经济发展白皮书［EB/OL］.
（2021 - 04 - 23）［2021 - 04 - 23］. http：//www. caict. ac. cn/kxyj/qwfb/bps/
202104/t20210423_ 374626. htm.

［174］蔡拓, 赵可金, 张胜军, 等. "百年未有之大变局": 重识中国
与世界的关键［J］. 探索与争鸣, 2019（1）: 4 - 31.

［175］蔡拓. 理性与非理性的博弈——全球大变局的症结与应对［J］.
探索与争鸣, 2019（1）.

［176］中国共产党新闻网. 中国共产党第十九届中央委员会第五次全体

会议公报［EB/OL］.（2020 - 10 - 29）［2020 - 10 - 29］. https：//www. 123 71. cn/2020/10/29/ARTI1603964233795881. shtml.

［177］王喜文. 新产业政策［M］. 北京：新华出版社，2017.

［178］万安伦. 数字出版研究——运行模式与发展趋势［M］. 北京：中国传媒大学出版社，2017.

［179］哈默，普拉哈拉德. 竞争大未来［M］. 李明，罗伟，译. 北京：机械工业出版社，2020.

［180］弗里曼，苏特. 工业创新经济学［M］. 华宏勋，华宏慈，等译. 北京：北京大学出版社，2004.

［181］Lei D T. Industry Evolution and Competence Development：the Imperatives of Technological Convergence［J］. International Journal of Technology Management，2000，19（7/8）.

［182］MARKUSEN A. Sticky Places in Slippery Space：A Typology of Industrial Districts［J］. Economic Geography，1996，72（3）：293 - 313.

［183］MULLER M. Telecom Policy and Digital Convergence［M］. Hong Kong：City University of Hong Kong Press，1997.

［184］YOFFIE D B. Introduction—CHESS and competing in the age of digital convergence［M］//YOFFIE D B, ed. Competing in the Age of Digital Convergence. Boston：Harvard Business School Press，1997.

［185］GREENSTEIN S M, KHANNA T. What does industry convergence mean?［M］//YOFFIE D B, ed. Competing in the Age of Digital Convergence. Boston：Harvard Business School Press，1997.